Repetitorium der Makroökonomik

Von
Dr. Helge Majer
Professor für Volkswirtschaftslehre
Unter Mitarbeit von
Marion Aschmann, M. A.

6., verbesserte Auflage

R. Oldenbourg Verlag München Wien

Die Deutsche Bibliothek - CIP-Einheitsaufnahme

Majer, Helge:
Repetitorium der Makroökonomik / von Helge Majer. Unter Mitarb. von Marion Aschmann. - 6., verb. Aufl. - München ; Wien : Oldenbourg, 1995
ISBN 3-486-23363-7

Gesamtherstellung: R. Oldenbourg Graphische Betriebe GmbH, München

ISBN 3-486-23363-7

Inhaltsverzeichnis

Vorwort zur 6. Auflage

Bei der 5. Auflage ist leider ein technisches Mißgeschick passiert: Ich habe eine falsche PC-Version zum Druck freigegeben. Dadurch sind in der 5. Auflage noch zahlreiche Fehler enthalten. Was tun? Ich bin mit dem Verlag übereingekommen, diese 5. Auflage zurückzunehmen, den Einband zu wechseln, ein ausführliches Korrekturblatt beizulegen und den Leserinnen und Lesern die Übertragung der Korrekturen zuzumuten. Ich tröste mich etwas bei dem Gedanken, daß bei der Korrektur ein Lerneffekt auftritt.

Dennoch bleibe ich in der Schuld meiner Leserinnen und Leser und des Verlages, der meinen kostenintensiven Wunsch ohne Zögern sofort erfüllt hat.

Helge Mayer

Vorwort zur 5. Auflage

Dies Repetitorium ist vollständig neu bearbeitet worden; es gibt kaum Aufgaben (mit Ausnahme des V. Kapitels), die sich nicht verändert haben. Bei der Überarbeitung haben drei Gesichtspunkte die größte Rolle gespielt: (1) Die Konsistenz ähnlicher Fragestellungen und deren Lösungen (z.B. die Steigung/Lage-Aufgaben), (2) die Eindeutigkeit von „richtig" und „falsch" und (3) die Möglichkeit der maschinellen Korrektur. Auch dieses Repetitorium ist eng an mein Lehrbuch Makroökonomik (5. Auflage im selben Verlag) angelehnt.

Herr Dietmar Franke, Mitautor der ersten vier Auflagen dieses Repetitoriums, ist seit Jahren in der Wirtschaft tätig und konnte bei diesem Repetitorium nicht mitarbeiten. Dafür hat sich Frau Marion Aschmann, M.A. sehr engagiert, und Herr Dipl. Kfm. Thorsten Dinkela gab dem Ganzen dann noch in der letzten Phase der Fertigstellung einen wichtigen Schub. Das Technische und die Textverarbeitung hatte ein außergewöhnliches Team, Frau Silke Pfander, Frau Julia Cser und Frau Christiane Scheuing-Bartelmess, im Griff. Allen danke ich sehr herzlich!

Helge Majer

Verzeichnis der Symbole

a	Spekulationsneigung $\frac{dL_s}{di}$ (in DM)
a_0, a_1, a_2, a_3, a_4	Koeffizienten (o. Dim.)
A, A^{ZB}	reales gesamtwirtschaftliches Angebot (in Mrd. DM)
A*	reales, um die unverteilten Gewinne bereinigtes Volkseinkommen
A_v	verfügbares Einkommen (in Mrd. DM)
AN	tatsächliche(s) Angebot/Nachfrage (in Mrd. DM)
AN*	Vollbeschäftigungsangebot/-nachfrage (in Mrd. DM)
b	Investitionsneigung $\frac{dI}{di}$ (in DM)
b_0, b_1, b_2	Koeffizienten (o. Dim.)
B	Beschäftigtenstunden (in Mrd. Std.)
B*	Anzahl Beschäftigte
B_d	Nachfrage nach Arbeitskräften (in Mrd. Std.)
B_s	Angebot an Arbeitskräften (in Mrd. Std.)
BG	Bargeldumlauf (in Mrd. DM)
c	Konsumneigung $\frac{dC}{dN}$ bzw. $\frac{dC}{dA}$ (o. Dim.)
c_1	Konsumneigung in bezug auf den Zins
c_2	Konsumneigung in bezug auf das Realvermögen
C	realer privater gesamtwirtschaftlicher Konsum (in Mrd. DM)
C_a	autonomer Konsum (in Mrd. DM)
C_a^*	autonomer Konsum in der "neoklassischen" Konsumfunktion
C_{pr}	reale Konsumnachfrage der privaten Haushalte (in Mrd. DM)
C_{ST}	reale Konsumnachfrage des Staates (in Mrd. DM)
d	Exportneigung $\frac{dEx}{dP}$ (o. Dim.)
D	Abschreibungen
DE	Termineinlagen

e	Devisenkurs (DM/$), Kassakurs
$\hat{e}$	erwarteter Devisenkurs (DM/$), Terminkurs
Ex	realer Export (in Mrd. DM)
Ex_a	autonomer Export (in Mrd. DM)
F	Wertpapierertrag pro Periode (in DM)
F_d	Wertpapiernachfrage (in Mrd. DM)
F_s	Werpapierangebot (in Mrd. DM)
g, g^*	Bargeldquote (o. Dim.)
g_{BG}	Bargeldquote (o.Dim.)
g_{TE}	Termineinlagenquote (o.Dim.)
g_{SE}	Spareinlagenquote (o.Dim.)
$g_{ÜR}$	Überschußreservenquote (o.Dim.)
G	Gewinnsumme (in Mrd. DM); erwartete Gewinne
H	Zentralbankgeldmenge, Basisgeld (in Mrd. DM)
i	Realzins (o. Dim.)
i^*	ausländischer Realzins (o. Dim.)
i_b	Zins für Bonds (o. Dim.)
i_e	Zins für Aktien (o. Dim.)
I	reale private gesamtwirtschaftliche Investitionen
I_a	autonome Investitionen (in Mrd. DM)
I_{St}^{br}	reale Investitionsnachfrage des Staates (in Mrd. DM)
Im	nominale Importe (in Mrd. DM)
Im^*	reale Importe (in Mrd. DM)
Im_a	autonome Importe (in Mrd. DM)
k	gewünschter Kassenhaltungskoeffizient (o. Dim.)
k^*	reziproke Umlaufgeschwindigkeit v_N
K	realer Kapitalstock (in Mrd. DM)
K^*	Kapitalstunden bei maximaler Auslastung
$\bar{K}$	Kurs (o. Dim.)
K_{I0}	Anschaffungskosten der Investitionen (in DM)

K_W	Kapitalwert einer Investition zur Zeit der Anschaffung
KEx	nominale Kapitalexporte (in Mrd. DM)
KEx*	reale Kapitalexporte (in Mrd. DM)
KIm	nominale Kapitalimporte (in Mrd. DM)
KIm*	reale Kapitalimporte (in Mrd. DM)
KO	Kosten (in Mrd. DM)
ℓ	Nominallohnsatz (in DM)
$\frac{\ell}{P}$	Reallohnsatz (in DM)
L	Geldnachfrage (in Mrd. DM)
L_S	Spekulationskasse (in Mrd. DM)
L_T	Transaktionskasse (in Mrd. DM)
m	Geldangebotsmultiplikator (o. Dim)
m*	Importneigung (o. Dim.)
m_3	Geldangebotsmultiplikator (o. Dim.)
M	Geldangebot (in Mrd. DM)
M_1, M_2, M_3	Geldmengendefinitionen (vgl. Text)
MR	Mindestreserven
N	reale gesamtwirtschafltiche Nachfrage (in Mrd. DM)
P	Preisniveau (o. Dim.)
P*	ausländisches Preisniveau (o. Dim.)
P^e	erwartetes Preisniveau (o. Dim.)
P_A	Angebotspreisniveau (o. Dim.)
P_N	Nachfragepreisniveau (o. Dim.)
POP	Popularität der Regierung
q	Angebotsneigung der Arbeitskräfte (o. Dim.)
Q	Produktionsmenge
Q*	physisches Produktionspotential
r	Kapitalkostensatz, Profitrate (o. Dim.)

r_{DE}	Mindestreservesatz für Sichteinlagen (o. Dim.)
r_{TE}	Mindestresrvesatz für Termineinlagen (o. Dim.)
r_{SE}	Mindestresrvesatz für Spareinlagen (o. Dim.)
R	reale Staatsausgaben (in Mrd. DM)
RB	Einlagen der Banken bei der Zentralbank
s	Sparneigung $\frac{dS}{dN}$ bzw. $\frac{dS}{dA}$ (o. Dim.)
S	reales Sparen (in Mrd. DM)
SE	Spareinlagen (in Mrd. DM)
t	Zeitindex
T	Steuern abzügl. Transfers (in Mrd. DM)
T*	reale Steuern (in Mrd. DM)
TE	Termineinlagen (in Mrd. DM)
u	Arbeitslosenquote (in %)
u*	strukturelle Arbeitslosenquote (in %)
u_k	konjunkturelle Arbeitslosenquote (in %)
ÜR	Überschußreserven (in Mrd. DM)
w	Wachstumsrate
W	Lohnsumme (in Mrd. DM)
$W_{\bar{K}}$	relative Kursverlustrate
v_N	Umlaufgeschwindigkeit des Geldes (o. Dim.)
V	nominales Vermögen (in Mrd. DM)
V_r	reales Vermögen (in Mrd. DM)
x	Einstellungsneigung der Unternehmen
Y	Sozialprodukt
Y_m^{br}	reales Bruttosozialprodukt zu Marktpreisen (in Mrd. DM)
ZB	nominale Zahlungsbilanz
ZB*	reale Zahlungsbilanz
α	Produktionselastizität der Arbeit
α^*	Parameter der Okun-Gleichung

β	Produktionselastizität des Kapitals
β_1^*, β_2^*	Akzelerator
γ	Auslastungsgrad
δ	Prohibitivzins
ε	(Hicksscher Super-) Mulitplikator
π	Technologieniveau
ρ	Bündel politischer Faktoren
ξ	Grenzleistungsfähigkeit des Kapitals
μ	Präferenzen
λ	sonstige Arbeitsnachfragefaktoren
ω	festes Verhältnis zwischen Arbeitsvermögen und den anderen Vermögensarten
η	Elastizität

Kapitel I:
Ziele der Wirtschaftspolitik
(Helge Majer, Makroökonomik, S. 1-23)

LERNZIELE:

- Ziele der Wirtschaftspolitik
  (Definition, Messung, Beziehungen)
- Träger der Wirtschaftspolitik
- Methoden (Theorien, Modelle)
- Denkrichtungen

AUFGABEN:

1. Welche der folgenden Ziele werden im § 1 des "Stabilitätsgesetzes" genannt?
o A: Erhaltung der natürlichen Lebensgrundlagen.
o B: Hoher Beschäftigungsstand.
o C: Maximales Wirtschaftswachstum.
o D: Stabile Preise.
o E: Außenwirtschaftliches Gleichgewicht.

2. Wie definiert der Sachverständigenrat (zur Begutachtung der gesamtwirtschaftlichen Entwicklung) die Arbeitslosenquote?

o A: $u = \frac{\text{Arbeitslose}}{\text{Erwebspersonen}}$

o B: $u = \frac{\text{Arbeitslose}}{\text{Erwerbstätige}}$

o C: $u = \frac{\text{Arbeitslose}}{\text{abhängige Erwerbspersonen}}$

o D: $u = \frac{\text{Arbeitslose}}{\text{abhängige Beschäftigte}}$

o E: $u = \frac{\text{Arbeitsangebot - Arbeitsnachfrage}}{\text{Arbeitsnachfrage}}$

3. Die Inflationsrate wird als Wachstumsrate des Lebenshaltungsikostenindex (des Preisniveaus P) aller privaten Haushalte in % gemessen:

o A: $w_P = \frac{P_{t-1} - P_t}{P_{t-1}} * 100$

o B: $w_P = \frac{P_t - P_{t-1}}{P_{t-1}} * 100$

o C: $w_P = \frac{P_t - P_{t-1}}{P_t} * 100$

o D: $w_P = \left(\frac{P_t}{P_{t-1}} - 1 \right) * 100$

o E: $w_P = \frac{P_{t-1} - P_t}{P_t} * 100$

4. Außenwirtschaftliches Gleichgewicht ist definiert als
o A: Gleichheit von Leistungs- und Devisenbilanz.
o B: Fester Anteil des Außenbeitrags am Bruttosozialprodukt.
o C: Ausgeglichene Übertragungsbilanz.
o D: Ausgeglichene Handelsbilanz.
o E: Überschuß der Leistungsbilanz.

5. Das Wirtschaftswachstum ist definiert als
o A: eine stetige und angemessene Wohlfahrtssteigerung.
o B: schwankungsfreies Wachstum.
o C: Trend des Bruttosozialprodukts.
o D: Wachstumsrate des realen Bruttosozialprodukts.
o E: Erhöhung der Lebensqualität.

6. In welcher Größenordnung lag die Inflationsrate im Durchschnitt von

	1960 - 1970	1970 - 1980	1980 - 1990
o A:	6%	3%	5%
o B:	3%	3%	3%
o C:	3%	5%	3%
o D:	5%	5%	5%
o E:	6%	5%	3%

7. Im nachfolgenden Schaubild ist die Entwicklung der .... in der Bundesrepublik Deutschland dargestellt:

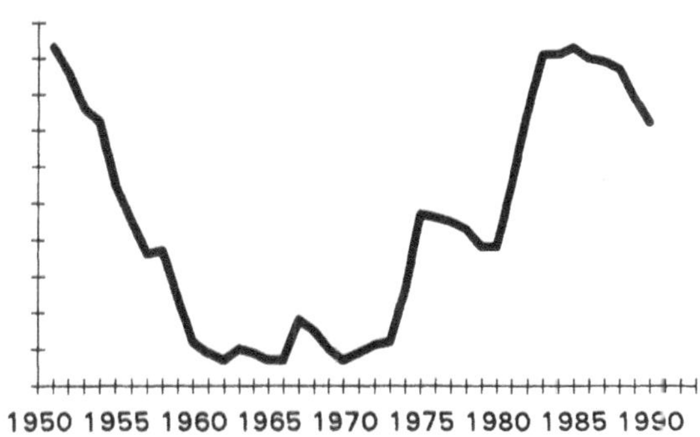

o A: Inflationsrate.
o B: Arbeitslosenquote.
o C: Zentralbankgeldmenge.
o D: konjunkturellen Arbeitslosenquote.
o E: Wachstumsrate des nominalen Bruttosozialprodukts

8. Die Wachstumsrate des realen Bruttosozialprodukts
o A: ist eine Größe, die heute als qualitatives Wachstum bezeichnet wird.
o B: wird als Indikator für die Messung des materiellen Wohlstands verwendet.
o C: ist identisch mit der Zunahme der Wohlfahrt.
o D: ist ein Indikator für die Sozialleistungen.
o E: ist eine Größe, die heute als quantitatives Wachstum bezeichnet wird.

9. Die Deutsche Bundesbank ist Entscheidungsträgerin in der
o A: Finanzpolitik.
o B: Vermögenspolitik.
o C: Geldpolitik.
o D: Kreditpolitik.
o E: Einkommenspolitik.

10. Finanzpolitische Entscheidungsträger sind
o A: der Staat.
o B: die Gebietskörperschaften und weitere Fisci.
o C: die Deutsche Bundesbank.
o D: Bund und Länder, ohne die Gemeinden.
o E: die Geschäftsbanken.

11. Die Tarifpartner sind
o A: Arbeitgeber- und Arbeitnehmerorganisationen.
o B: Gewerkschaften und Vertreter der Großunternehmen.
o C: Bund, Länder und Gemeinden.
o D: Gewerkschaften und Unternehmerverbände.
o E: Öffentliche Unternehmen.

12. Ein Zielkonflikt zwischen wirtschaftspolitischen Zielen liegt vor, wenn
o A: Inflationsrate und Arbeitslosenquote sinken.
o B: ein Ziel nur auf Kosten eines anderen Ziels erreicht werden kann.
o C: Substitutionalität zwischen zwei Zielen vorliegt.
o D: zwei Ziele neutral sind.
o E: Komplementarität zwischen zwei Zielen vorliegt.

13. Ein ökonomisches Modell ist ein(e)
o A: komplexe Beschreibung der ökonomischen Realität.
o B: vereinfachtes gedankliches Abbild der wirtschaftlichen Wirklichkeit.
o C: Beschreibung der wirtschaftlichen Wirklichkeit mit Hilfe empirisch getesteter Gleichungen.
o D: partielles Abbild der Vergangenheit.
o E: System von Definitions- und Verhaltensgleichungen zur Erklärung wirtschaftlicher Fragestellungen.

14. Welche Aussagen in ökonomischen Modellen sind immer wahr?
o A: Ex post Aussagen.
o B: Verhaltensgleichungen.
o C: Theoretische Aussagen.
o D: Tautologische Gleichungen.
o E: Definitionsgleichungen.

15. Eine Partialanalyse liegt vor, wenn
o A: die Komplexität des wirtschaftlichen Geschehens reduziert wird.
o B: in einem gesamtwirtschaftlichen Modell Geld- und Gütermarkt betrachtet werden.
o C: in einem gesamtwirtschaftlichen Modell alle Märkte betrachtet werden.
o D: die Zeit im Modell keine Rolle spielt.
o E: die Anzahl der abhängigen Variablen gleich der Anzahl der Gleichungen ist.

16. Unter einem statischen Modell versteht man
o A: das Modell einer Volkswirtschaft, die nicht wächst.
o B: ein ökonomisches Modell, in dem alle Variablen auf einen Zeitpunkt bezogen sind.
o C: ein Modell mit einem stabilen Gleichgewicht.
o D: ein Modell mit einem labilen Gleichgewicht.
o E: ein Modell, das die Zeit nicht berücksichtigt.

17. Was besagt die "ceteris-paribus-Klausel" in einem ökonomischen Modell?
o A: Das betreffende Modell ist kein vereinfachtes Abbild der Realität.
o B: Es besteht ein ausgewogenes Verhältnis zwischen exogenen und endogenen Variablen.
o C: Die Wirkung der Veränderung einer exogenen Variablen wird bei Konstanz der anderen untersucht.
o D: Die Wirkung der Veränderung einer endogenen Variablen wird bei Konstanz der anderen untersucht.
o E: "Unter sonst gleichen Bedingungen".

18. Was versteht man unter exogenen Variablen?
o A: Autonome Größen.
o B: Parameter, die im betrachteten Modell erklärt sind.
o C: Ökonomische Größen, die nur langfristig veränderbar sind.
o D: Feste Verhaltensparameter eines Modells.
o E: Aggregate, die im betrachtetem Modell festgesetzt sind.

Kapitel II:
Beschäftigung und Gesamtnachfrage

(Helge Majer, Makroökonomik, S. 25-105)

<u>LERNZIELE:</u>

- Ex post und ex ante
- Komponenten der gesamtwirtschaftlichen Nachfrage
- Gütermarkt
    - Konsumnachfrage
    - Investitionsnachfrage
    - Staatsnachfrage
    - Exportnachfrage
- Geldmarkt
    - Geldangebot
    - Geldnachfrage
- Gesamtwirtschaftliche Nachfragefunktion bei unterschiedlichen Paradigmen
- Beschäftigung und Nachfrage
- Multiplikatorprozeß
- Expansive und kontraktive Prozesse

AUFGABEN:

19. Die Unterscheidung zwischen ex post und ex ante betrifft
o A: Vergangenheit und Zukunft.
o B: Definitions- und Verhaltensannahmen.
o C: Ergebnis und Plan.
o D: öffentlichen und privaten Sektor.
o E: Identität und Gleichgewichtsbedingung.

20. Die Gesamtnachfrage einer offenen Volkswirtschaft mit staatlicher Aktivität ist nach der Volkswirtschaftlichen Gesamtrechnung wie folgt definiert:
o A: Summe aus Konsum (C), Sparen (S), Investitionen der Privaten (I) und Export (Ex).
o B: Bruttosozialprodukt zuzüglich der Importe.
o C: Die Summe in- und ausländischer Nachfrage privater und staatlicher Wirtschaftssubjekte nach marktgehandelten Gütern und Dienstleistungen., inkl. der Vorleistungsnachfrage.
o D: Die Summe aus Konsums- und Investitionsnachfrage der privaten, öffentlichen und ausländischen Wirtschaftssubjekte.
o E: Bruttosozialprodukt abzüglich Importe.

21. Der Gütermarkt ist dadurch gekennzeichnet, daß
o A: sich dort Angebot und Nachfrage nach Gütern und Dienstleistungen treffen.
o B: Angebot und Nachfrage nach Konsum- und Investitionsgütern für Inland und Ausland erklärt wird.
o C: alle Vorgänge in einer Volkswirtschaft, außer denen auf dem Geldmarkt, erklärt werden.
o D: das Angebot fest vorgegeben ist.
o E: keine Überschüsse entstehen.

22. Welcher definitorische Zusammenhang besteht zwischen Konsum (C) und Sparen (S)?
o A: $-S = C$
o B: $S = -C$
o C: $Av = C + S$
o D: $C = S + I$
o E: $S = Av - C$

23. Welche der folgenden Aussage(n) ist (sind) richtig?

o A: Die Entscheidungen der privaten Haushalte über ihren Gesamtkonsum sind unabhängig von ihren Sparentscheidungen.

o B: Konsum und Sparen unterliegen identischen Einflußgrößen.

o C: Bei Kenntnis der Konsumentscheidung läßt sich das Sparverhalten bestimmen.

o D: Bei Kenntnis der Sparentscheidung läßt sich das Konsumverhalten bestimmen.

o E: Die Konsumfunktion läßt sich nicht aus einer Sparfunktion herleiten.

24. In einem Textbeitrag heißt es: "Hohe feste Kosten, die nicht ohne weiteres abgebaut werden konnten, erzwangen in vielen Haushalten Sparmaßnahmen im Bereich der laufenden Ausgaben." Diese Aussage betrifft

o A: das Zusammenspiel zwischen Produktionskosten und Verhalten privater Haushalte.

o B: eine Größe (die Fixkosten), die mit der Konsumtheorie nichts zu tun hat.

o C: Strukturverlagerungen der Haushaltsausgaben.

o D: die Spar- und Investitionsfunktion.

o E: das Konsumverhalten.

25. Welche der folgenden Formulierungen von Konsumhypothesen sind richtig?

o A: Die permanente Einkommenshypothese betrifft das zukünftige Einkommen.

o B: Die permanente Einkommenshypothese betrifft das vergangene Einkommen.

o C: Die absolute Einkommenshypothese betrifft das gegenwärtige Einkommen.

o D: Die "Habit-persistence-Hypothese" betrifft das gegenwärtige Einkommen.

o E: Die relative Einkommenshypothese betrifft das zukünftige Einkommen.

26. Zeichen Sie den Verlauf der Konsumfunktion $C = C_a + c\,A_v$ für $C_a = 50$ und $c = 0{,}5$ in nachfolgendes Schaubild ein!

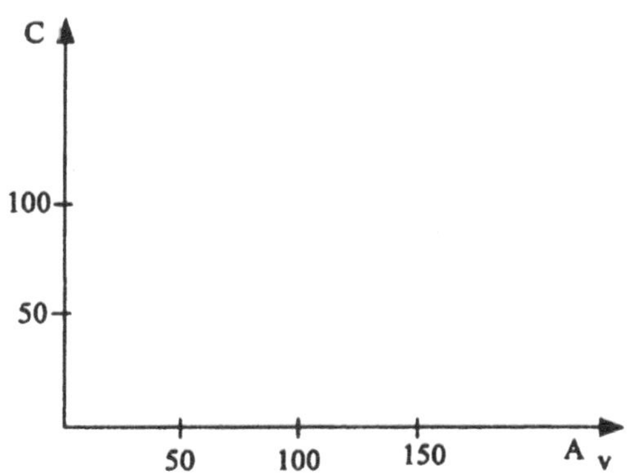

27. Gegeben sei folgende makroökonomische Konsumfunktion:

$C = cA_V + C_a$ mit: c = const., $0 < c < 1$
C_a = const., $C_a > 0$

Welche der folgenden Aussagen gelten für diese Funktion?
o A: Die marginale Konsumquote ist stets gleich der durchschnittlichen Konsumquote.
o B: Die Elastizität des Konsums in bezug auf das Einkommen ist stets kleiner als eins.
o C: Die durchschnittliche Konsumquote ist konstant.
o D: Für sehr große Werte von A_V nähert sich die durchschnittliche Konsumquote an die Konsumneigung an.
o E: Die Elastizität des Konsums in bezug auf das Einkommen nimmt mit steigendem Einkommen ab.

28. Durch welche Größe(n) wird die Steigung der Konsumfunktion in einem C-A_V-Diagramm bestimmt?
o A: Autonomer Konsum.
o B: Einkommenselastizität des Konsums.
o C: Konsumneigung.
o D: Verhalten der Konsumenten und Konsumentinnen in bezug auf ihr Einkommen.
o E: Vermögensbestand.

29. Die Konsumneigung kann wie folgt definiert werden:
o A: Sie gibt das Verhalten der Konsumenten und Konsumentinnen in bezug auf ihr Einkommen wieder.
o B: Sie bestimmt die Lage der Konsumfunktion.
o C: Sie gibt die Beziehung zwischen der abhängigen und der (einer) unabhängigen Variablen der Konsumfunktion wieder.
o D: Sie gibt das Verhalten der Konsumenten und Konsumentinnen in bezug auf ihren Vermögensstand wieder.
o E: Sie sagt aus, wie stark die realen Konsumausgaben gesteigert werden, wenn das nominale Einkommen um einen (infinitesimal) kleinen Geldbetrag steigt.

30. Durch welche Größe(n) wird die Lage der Konsumfunktion in einem C-A_V-Diagramm bestimmt?
o A: Autonomer Konsum.
o B: Einkommenselastizität des Konsums.
o C: Konsumneigung.
o D: Verhalten der Konsumenten und Konsumentinnen in bezug auf ihr Einkommen.
o E: Vermögensbestand.

31. Was bedeutet "autonomer Konsum"?
o A: Der Konsum, den die privaten Haushalte bei einem Volkseinkommen von Null nachfragen.
o B: Ein von den Haushaltsentscheidungen unabhängiger Konsum.
o C: Die exogene Größe in der Konsumfunktion.
o D: Ein Bündel von Einflußfaktoren des Konsums, außer der (den) unabhängigen Variablen.
o E: Der Konsum, den die privaten Haushalte bei einem Vermögen von Null nachfragen.

32. Gegeben sind die folgenden Daten für die Perioden t und t-1:

	t-1	t
Nominales verfügbares Einkommen	1000	1100
Preisniveau	1,0	1,1
Nominale Konsumausgaben	500	660

Planen die dahinterstehenden privaten Haushalte
o A: mit Geldillusion.
o B: ohne Geldillusion.

33. In den Textbeiträgen (Makroökonomik, S. 28, 36) sind die folgenden Determinanten der Spar- bzw. Konsumentscheidung genannt:

	C_a	c	A_Y
(1) Realeinkommen			
(2) Arbeitslosigkeit			
(3) Kurzarbeit			
(4) Staatlicher Sozialtransfer			
(5) Lohnpause			
(6) Sättigungsgrenzen			
(7) Sparneigung			
(8) Konsumentenkredite			
(9) Darlehensverlängerung			
(10) Weltpolitische Spannungen			
(11) Wirtschaftliche Aussichten			
(12) Vorsichtsparen			
(13) Konsumklima			
(14) Pessimistische Stimmung			
(15) Lohnsteuer			
(16) Bevölkerungsentwicklung			

Ordnen Sie diese Punkte durch ein Kreuz den Determinanten der Konsumentscheidung zu, wie sie in der Konsumfunktion (absolute Einkommenshypothese) formuliert sind!

34. Zwischen der Konsum- und Sparfunktion besteht ein enger Zusammenhang. Graphisch kann die Sparfunktion aus der Konsumfunktion abgeleitet werden indem man

o A: die Konsumfunktion an der 45°-Achse spiegelt.
o B: die Konsumfunktion von der 45°-Achse abzieht.
o C: die Konsumfunktion von der Abzisse abzieht.
o D: die Konsumfunktion von der Ordinate abzieht.
o E: den jeweiligen Konsum vom jeweiligen Einkommen abzieht

35. Für eine Volkswirtschaft gelte die folgende Konsumfunktion: $C = cA_V + C_a$
mit: $c = 0{,}7$ und $C_a = 50$
Bestimmen Sie die Sparfunktion!

o A: $S = 0{,}3\,A - 50$
o B: $S = 0{,}7A + 50$
o C: $S = -0{,}3A + 50$
o D: $S = 0{,}3A + 50$
o E: $S = 0{,}7A - 50$

36. Ein Wirtschaftspolitiker steht vor der Aufgabe, kurzfristig den gesamtwirtschaftlichen Konsum anzukurbeln. Sein Referent arbeitet ihm eine Liste mit folgenden Vorschlägen aus. Welche Maßnahmen sind unter den Annahmen der "keynesianischen" Konsumfunktion $C = C_a + cA_V$ falsch?

o A: Kürzung der Renten- und Transferzahlungen.
o B: Senkung des Diskontsatzes.
o C: Senkung der Einkommenssteuern.
o D: Erhöhung der Sparprämien.
o E: Erhöhung des Kindergeldes.

37. Ein keynesianisch orientierter Wissenschaftler möchte den Diskontsatz und die Einkommenssteuer senken sowie das Kindergeld erhöhen, um den gesamtwirtschaftlichen Konsum anzukurbeln. Welche der folgenden Einwände könnte ein "neoklassisch" orientierter Referent vorbringen?

o A: Abgesehen von der Erhöhung des Kindergeldes handelt es sich um wirksame Maßnahmen.
o B: Alle vorgeschlagenen Maßnahmen sind wirkungslos, weil der Konsum nur von langfristigen Größen abhängt.
o C: Zinssenkungen beeinflussen den Konsum nicht; nur das laufende Einkommen kann den Konsum finanzieren.
o D: Alle vorgeschlagenen Maßnahmen sind wenig geeignet, kurzfristig die Konsumausgaben zu beeinflussen.
o E: Bis auf die Senkung der Einkommenssteuern handelt es sich um wirksame Maßnahmen.

38. Sparen gilt im allgemeinen als eine soziale Tugend. Wie beurteilen Sie die Rolle einer zusätzlichen Ersparnis in einer Wirtschaft mit unterausgelasteten Kapazitäten?

o A: Vom gesamtwirtschaftlichen Standpunkt aus gesehen ist eine zusätzliche Ersparnis in einer Krisenzeit immer von Nutzen.

o B: Zusätzliche Ersparnis ist deshalb von Nutzen, weil sie zu zusätzlichen Investitionen führt.

o C: Zusätzliche Ersparnis führt zu einem Rückgang des Konsums, der die Beschäftigungsprobleme noch verschlimmern kann.

o D: Durch übermäßiges Sparen kann Arbeitslosigkeit entstehen.

o E: Zusätzliches Sparen treibt die Zinsen nach oben.

39. Geben Sie eine Konsumprognose auf der Grundlage des folgenden Textes ab: "Das Jahr 1981 brachte für die privaten Haushalte .... eine reale Einkommenseinbuße. Die Preissteigerungsrate von fast 6% zehrte den nominalen Einkommenszuwachs nicht nur auf, sondern brachte sogar ein Minus von rund einem Prozent .... An Energiekosten mußten die privaten Haushalte fast 20% mehr aufwenden als im Vorjahr. Harte wirtschaftliche Auswirkungen bekamen vor allem die wachsende Zahl jener Haushalte zu spüren, die von Arbeitslosigkeit oder Kurzarbeit betroffen wurden ...". Unterstellen sie die absolute Einkommenshypothese.

o A: Der Realkonsum steigt.

o B: Der Realkonsum sinkt.

o C: Keine eindeutige Aussage möglich.

o D: Der Realkonsum bleibt konstant.

o E: Gilt die Habit-persistence-Hypothese, dann bleibt der Realkonsum gleich.

40. Welche der folgenden Zuordnungen von Investitionshypothesen und Gleichungen ist richtig?

(1) $I = I_a$

(2) $I = I^*_a + b_0 N$

(3) $I = I^{**}_a + b_1(\Delta C)$

(4) $I = b_2 (\xi - i)$

o A: Akzelerationshypothese (1).

o B: Autonome Investitionen (2).

o C: "Keynesianische" Investitionshypothese (4).

o D: Einkommensabhängige Investition (3).

o E: Akzelerationshypothese (3).

41. Welchen Verlauf nimmt die Investitionsfunktion in der keynesianischen Theorie?

o A: I
o B: II
o C: III
o D: IV (vereinfacht)
o E: V

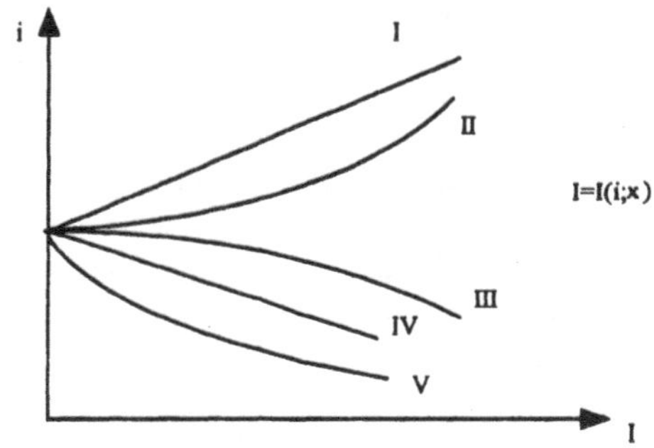

42. Wie ist die Elastizität der Investition bezüglich des Zinses definiert?

o A: $\eta_{I,i} = \frac{dI/I}{i/di}$

o B: $\eta_{I,i} = \frac{dI/I}{di/i}$

o C: $\eta_{I,i} = \frac{dI/i}{I/di}$

o D: $\eta_{I,i} = \frac{dI/di}{I/i}$

o E: $\eta_{I,i} = \frac{di}{i} \cdot \frac{dI}{I}$

43. Mit der keynesianischen Investitionsfunktion ist (sind) die folgende(n) Aussage(n) vereinbar:

o A: Die Investitionen hängen vom herrschenden Marktzins ab, Realrechnung unterstellt.
o B: Die Investitionen hängen über die Grenzleistungsfähigkeit des Kapitals von den erwarteten Gewinnen und dem Marktzins ab.
o C: Die Grenzleistungsfähigkeit des Kapitals stellt die Verbindung zwischen Investitionsnachfrage und Angebot her.
o D: Die Grenzleistungsfähigkeit des Kapitals ist mit den autonomen Investitionen identisch.
o E: Die Investitionen hängen vom herrschenden Marktzins ab, Nominalrechnung unterstellt.

44. Durch welche Größe(n) wird die Steigung der Investitionsfunktion in einem i-I-Diagramm wiedergegeben?
o A: Autonome Investition.
o B: Grenzleistungsgähigkeit des Kapitals.
o C: Verhalten der Investoren in bezug auf den Zins.
o D: Investitionsneigung.
o E: Erwartete Gewinne.

45. Wie kann man den Begriff der Investitionsneigung b allgemein definieren?
o A: b stellt die Beziehung zwischen der unabhängigen und der abhängigen Variablen in der Investitionsfunktion dar.
o B: b bezieht sich immer auf die Abhängigkeit der Investition vom Zinssatz.
o C: b kann sich auf eine Differentialgleichung oder auf konstante (statistische) Größen beziehen.
o D: b bezieht sich auf die Abhängigkeit der Investitionen von den erklärenden (unabhängigen) Variablen.
o E: b definiert die Steigung der Investitionsfunktion und ist -1.

46. Durch welche Größe(n) wird die Lage der Investitionsfunktion in einem i-I-Diagramm wiedergegeben?
o A: Autonome Investition.
o B: Grenzleistungsfähigkeit des Kapitals .
o C: Verhalten der Investoren in bezug auf den Zins.
o D: Investitionsneigung.
o E: Erwartete Gewinne.

47. Die Grenzleistungsfähigkeit des Kapitals ist wie folgt definiert:
o A: Sie ist der Zinssatz, bei dem die Summe der abgezinsten erwarteten Gewinne gleich ist den Anschaffungskosten der Investition.
o B: Sie ist der Zinssatz, bei dessen Steigen vermehrt investiert wird .
o C: Sie ist das Niveau des Kapitalstocks, bei dem das Gesamtangebot maximiert wird.
o D: Sie ist der Zinssatz, bei dem die Investitionen Null sind.
o E: Sie ist der Zinssatz, der über dem internen Zins liegt.

48. Die Kapitalwertmethode gehört zu den einfacheren finanzmathematischen Methoden der Investitionsrechnung. Sie besagt, daß sich eine Investition immer dann lohnt, wenn der Gegenwartswert aller zukünftigen Nettoeinnahmen höher ist als die Anschaffungskosten des Investitionsobjekts - für den Fall, daß Risikogesichtspunkte einmal außer acht bleiben. Durch welche der folgenden Formeln wird diese Kapitalwertmethode ausgedrückt?

o A: $K_{I0} - \sum_{t=0}^{n} \frac{G_t}{(1+i)^t} = 0$

o B: $K_{I0} < \sum_{t=1}^{n} \frac{G_t}{(1+i)^t}$

o C: $K_{I0} < \sum_{t=1}^{n} G^t (1+i)^t$

o D: $K_{I0} = \sum_{t=0}^{n} \frac{G_t}{(1+i)^t}$

o E: $K_{I0} = \sum_{t=0}^{n} \frac{G_t}{(1+i)^t}$

49. In einem Textbeitrag (Makroökonomik, S. 38) sind die folgenden Determinanten der Investitionsentscheidung genannt:

	b	ξ	i
(1) Leitzins			
(2) Kreditzinsen			
(3) Gewinn			
(4) Investitionsklima			
(5) Erwartungen			
(6) Investitionszulage			
(7) Rationalisierung			
(8) Private Nachfrage			

Ordnen Sie diese Punkte durch ein Kreuz den Determinanten der Investitionsfunktion $I = b\,(\xi - i)$ zu.

50. Ein Unternehmer plant ein Investitionsprojekt, das mit starken Risiken verbunden ist. Renditeberechnungen nach der Kapitalwertmethode ergeben, daß die Anschaffungskosten der Investition durch die über die Nutzungsperiode zu erwartenden Nettoeinnahmen genau dann abgedeckt werden, wenn man diese mit dem herrschenden Marktzinssatz abzinst. Wird er das Projekt durchführen?

o A: ja

o B: nein

51. Ein Taxiunternehmer plant die Anschaffung eines neuen Taxis. Der Anschaffungspreis des von ihm ausgewählten Fahrzeugs beträgt 20 000 DM. Das Fahrzeug soll zwei Jahre genutzt werden und verursacht in dieser Zeit jährlich gleichbleibende Betriebskosten (einschließlich der Lohnkosten) von jeweils 80 000 DM. Die erwarteten Einnahmen werden auf jährlich 100 000 DM veranschlagt. Mit einem Restwert nach Ablauf der Nutzungszeit wird nicht gerechnet. Wird er das Fahrzeug anschaffen, wenn der Marktzins für vergleichbare Anlagen bei 5 % liegt? Wird der Taxiunternehmer die Investition durchführen? Und wie hoch ist der Kapitalwert dieser Investition? Gehen Sie davon aus, daß der erste Gewinn ein Jahr nach Anschaffung des Taxis anfällt.

o A: Ja, weil $K_W = 37188$.
o B: Nein, weil $K_W = 27188$.
o C: Ja, weil $K_W = 22188$.
o D: Ja, weil $K_W = 17000$.
o E: Nein, weil $K_W = 19000$.

52. Wie fällt seine Entscheidung aus, wenn der Marktzinssatz auf 10 % steigt und der Unternehmer beim Autokauf einen Rabatt von 1000 DM erhält? Wie hoch ist nun der Kapitalwert der Investition zum Zeitpunkt der Anschaffung?

o A: Ja, weil $K_W = 37188$.
o B: Nein, weil $K_W = 27188$.
o C: Ja, weil $K_W = 34710$.
o D: Ja, weil $K_W = 17000$.
o E: Nein, weil $K_W = 19000$.

53. Ein Reiseunternehmer sieht sich einem Nachfrageboom gegenüber. Als vorsichtig kalkulierender Unternehmer entschließt er sich, seine Buskapazität durch den Kauf eines gebrauchten Busses aufzustocken. Er bekommt ein Fahrzeug angeboten, das noch zwei Jahre genutzt werden kann. Der Unternehmer rechnet mit jährlichen Nettoerträgen von 10.000 DM, der Marktzinssatz liegt bei 10 %. Welchen Kaufpreis kann er gerade noch akzeptieren, wenn sich die Sache für ihn lohnen soll? Gehen Sie davon aus, daß der erste Gewinn ein Jahr nach der Anschaffung anfällt.

o A: 20 000 DM
o B: 18 000 DM
o C: 17 000 DM
o D: 19 000 DM
o E: 21 000 DM

54. Für folgende Gleichung

$$K_{I0} < \sum \frac{G_t}{(1+i)^t}$$

gilt

o A: $(\xi - i) = 0$
o B: $(\xi - i) > 0$
o C: $\xi = i$
o D: $(\xi - i) < 0$
o E: $\xi > i$

55. Handelt es sich bei der Investitionsfunktion $I = b(\xi - i)$ um
o A: Realplanung.
o B: Nominalplanung.

56. Welche der folgenden Aussage(n) ist (sind) richtig?
o A: Es gibt Unternehmen, die ihre Investitionen aus dem Eigenkapital finanzieren können. Für ihre Investitionsentscheidung ist der Marktzins unwichtig.
o B: Die Zinskosten stellen nur einen geringen Teil der Investitionskosten dar. Die Annahme einer zinsabhängigen Investitionsfunktion ist daher unrealistisch.
o C: Jedes Unternehmen, das über liquide Mittel verfügt, kann diese investieren oder anlegen. Diese Entscheidung wird stark durch den Marktzins beeinflußt.
o D: Investitionsentscheidend sind immer die Gewinnerwartungen.
o E: Der Marktzins spielt direkt bei manchen Investitionen, indirekt bei allen Investitionen eine Rolle.

57. Was ist von einer Senkung der Leitzinsen zu erwarten?
o A: Die Leitzinsen haben keinen direkten Einfluß auf die Investitionen.
o B: Eine Senkung der Leitzinsen bedeutet, daß die Bundesbank liquide ist, daher "saufen die Pferde" (J.M. Keynes).
o C: Die Senkung der Leitzinsen erhöht unmittelbar die Investitionsneigung und die Investitionen steigen.
o D: Eine Senkung der Leitzinsen wird von den Geschäftsbanken nie an das Publikum weitergegeben.
o E: Eine Senkung der Leitzinsen verpufft oft, weil sie antizipiert wird.

58. "Positiv könnte ... sich die Investitionszulage auswirken ...". Über welche Größe in der Investitionsfunktion wirkt eine solche Zulage auf die Investitionen?
o A: Grenzleistungsfähigkeit des Kapitals.
o B: Investitionsneigung.
o C: Gewinnerwartung.
o D Anschaffungskosten.
o E Zinssatz.

59. Zeichnen Sie - mit stichwortartigen Erläuterungen - in nachfolgendes Diagramm den Fall (die Fälle) ein, in dem (denen) trotz sinkender Zinsen die Investitionen gleichbleiben

60. Welche wirtschaftswissenschaftliche Teildisziplin beschäftigt sich vor allem mit den Ursachen und Wirkungen staatlichen Handelns?
o A: Politische Ökonomie (Public choice).
o B: Finanzwissenschaft.
o C: Makroökonomik.
o D: Staats- und Verwaltungswissenschaft.
o E: Bürokratismus.

61. Wie werden in einer parlamentarischen Demokratie in der Regel Staatsaufgaben festgestellt? Durch
o A: Umfragen bei den Bürgerinnen und Bürgern.
o B: allgemeine Wahlen, die eine Abstimmung über Parteiprogramme darstellen.
o C: Initiativen der Verwaltung.
o D: Festlegung in der mittelfristigen Finanzplanung.
o E: Volksentscheide.

62. Was besagt das "Gesetz" von Adolph Wagner?
o A: Der Anteil der öffentlichen Güter wächst ständig.
o B: Es besteht ein enger Zusammenhang zwischen Industrialisierung und Staatsausgaben.
o C: Die Staatsausgaben wachsen stetig, und zwar relativ und absolut.
o D: Die Zahl der im öffentlichen Dienst Beschäftigten wächst ständig.
o E: Mit der Wandlung vom Macht- zum Kulturstaat wachsen die Staatsausgaben.

63. Die bei weitem wichtigsten Einnahmen des Staates sind in der Bundesrepublik
o A: die Neuverschuldung.
o B: die direkten Steuern.
o C: die indirekten Steuern.
o D: die Gebühren und Beiträge.
o E: die Einnahmen aus wirtschaflicher Tätigkeit.

64. Die "Neue Politische Ökonomie"
o A: betrachtet die Wirtschaft aus der Sicht der Politikwissenschaften.
o B: versucht, den Staat als endogenen Faktor in ökonomische Modelle aufzunehmen.
o C: wendet bewährte ökonomische Methoden auf politische Probleme an.
o D: faßt den Staat als Wirtschaftsgebilde auf.
o E: erklärt das Handeln des Staates.

65. "Die Finanzminister von Bund und Ländern sind heute mit Ausgabezwängen konfrontiert, die oft über
o A: 50 Prozent
o B: 60 Prozent
o C: 70 Prozent
o D: 80 Prozent
o E: 90 Prozent

der Etatrahmen ausfallen, so daß die Spielräume für neue gezielte Maßnahmen zusammenschrumpfen ..." (K 5, Makroökonomik, S. 46).

66. Skizzieren Sie die Exportfunktion $Ex = Ex_a + d\left(\frac{P^* e}{P}\right)$ im folgendem Diagramm:

67. Mit dieser Funktion lassen sich die folgenden Aussagen vereinbaren:
o A: Die Exportnachfrage ist weitgehend autonom.
o B: Die Exportnachfrage wird von den Terms of trade bestimmt.
o C: Die Exportnachfrage hängt nach Maßgabe der Exportneigung von den realen Austauschverhältnissen ab.
o D: Devisenkurs und die Preisniveaus von In- und Ausland bestimmen wesentlich den Export.
o E: Die Exportnachfrage hängt vor allem von der Qualität der Exportgüter ab.

68. Die Terms of trade sind definiert als der Quotient aus
o A: Import- und Exportpreisniveau.
o B: Export- und Importvolumen
o C: Export- und Importpreisniveau.
o D: Inlands- und Auslandspreisniveau.
o E: Auslands- und Inlandspreisniveau.

69. Die Steigung der Exportfunktion $Ex = Ex_a + d\left(\frac{P_a e_a^*}{P}\right)$ hängt im P-Ex-Diagramm von den folgenden Größen ab:
o A: Verhalten der Exporteure in bezug auf die Terms of trade.
o B: Autonomer Export.
o C: Devisenkassakurs.
o D: Terms of trade.
o E: Ausländisches Preisniveau.

70. Als Exportneigung bezeichnet man
o A: die Steigung der Exportfunktion.
o B: die Beziehung zwischen abhängiger und unabhängiger Variablen in der Exportfunktion.
o C: die relativen Exportelastizitäten.
o D: das Verhalten der Exporteure in bezug auf die Terms of Trade.
o E: die Lage der Exportfunktion.

71. Die Lage der Exportfunktion $Ex = Ex_a + d\left(\frac{P_a e_a^*}{P}\right)$ hängt im P-Ex-Diagramm von den folgenden Größen ab:
o A: Verhalten der Exporteure in bezug auf die Terms of trade.
o B: Autonomer Export.
o C: Devisenkassakurs.
o D: Terms of trade.
o E: Ausländisches Preisniveau.

72. Ordnen Sie die folgenden Faktoren den einzelnen Termen bzw. Parametern der Exportfunktion zu:

	Ex	d	$\frac{P^*e}{P}$
(1) Devisenterminkurs			
(2) Exportneigung			
(3) Ausländisches Zinsniveau			
(4) Heimische Bodenschätze			
(5) Protektionistische Politik der Handelspartner			
(6) Terms of trade			
(7) Devisenkassakurs			
(8) Qualität der Exportgüter			
(9) Elastizität der Nachfrage			

73. Welche der folgenden Veränderungen verlagert die Exportfunktion im P-Ex-Diagramm nach rechts (vom Ursprung weg)?

o A: Erhöhung des ausländischen Preisniveaus.

o B: Senkung der Exportneigung.

o C: Erhöhung des autonomen Exports.

o D: Senkung des Devisenkurses.

o E: Konjunkturaufschwung in den USA.

74. Berechnen Sie das Gleichgewichtseinkommen auf der Grundlage der folgenden Aussagen:

(a) Geschlossene Volkswirtschaft mit Staat

....

(b) Private Konsumausgaben hängen ab vom Einkommen A sowie von einem Bündel von Einflußfaktoren, die unter einer Größe C_a (= 30) zusammengefaßt werden. Dabei wird angenommen, daß die Konsumenten und Konsumentinnen stets 80 % ihres zusätzlichen Einkommens ausgeben.

....

(c) Die Investitionen und die Staatsausgaben sollen jeweils mit I_a = 100 bzw. R_a = 100 festgestellt sein.

....

(d) Die Anbieter passen sich immer sofort an die herrschende Gesamtnachfrage an.

(e) Das Gleichgewichtseinkommen liegt bei:

o A: 1050

o B: 1100

o C: 1150

o D: 1125

o E: 1075

75. Durch welche Aussagen läßt sich ein güterwirtschaftliches Gleichgewicht in einer geschlossenen Volkswirtschaft mit staatlicher Aktivität beschreiben?

o A: Gesamtwirtschaftliche Investitionen und gesamtwirtschaftliche Ersparnisse sind gleich.

o B: Die Summe aus Staatsausgaben und Investitionen entspricht der Summe aus Ersparnis und Steuern.

o C: Der Staatshaushalt ist ausgeglichen.

o D: Es existieren keine ungeplanten Größen.

o E: Gesamtwirtschaftliche Nachfrage und gesamtwirtschaftliches Angebot sind gleich.

76. Welche Annahmen werden für die folgende gesamtwirtschaftliche Angebotsfunktion unterstellt?

o A: Die Anbieter bieten nur bei steigendem Preisniveau an.
o B: Die Anbieter stellen zu einem gegebenen Preisniveau jede gewünschte Angebotsmenge zur Verfügung.
o C: Die Anbieter erwirtschaften hohe Gewinne.
o D: Es werden die Angebotsbedingungen einer Volkswirtschaft bei Unterbeschäftigung dargestellt.
o E: Es werden die Angebotsbedingungen einer Volkswirtschaft bei Überbeschäftigung dargestellt.

77. Gegeben sei folgendes Gütermarktmodell

(1) $C = C_a + c\, A_V$ (2) $A_V = A - \frac{T}{P}$ (3) $T = T_a$

(4) $I = b\,(\xi - i)$ (5) $I = I_a$ (6) $R = R_a$

(7) $Ex = Ex_a + d\left(\frac{P^* e}{P}\right)$ (8) $P^* = P^*_a$ (9) $e = e_a$

(10) $P = P_a$

für die Variablen N,C, I, R, Ex, A_V , A, T, P, i, P* , e.
Folgende Größen werden festgesetzt:

a) Vervollständigen Sie das gegebene Gleichungssystem!
Die analytische Lösung dieses Modells lautet

o A: $N = \frac{1}{c}\left(C_a + b\xi + R_a + Ex_a - bi_a\right) - \frac{1}{s}\left(dP_a^* e_a - cT_a\right)\frac{1}{P_a}$

o B: $N = \frac{1}{s}\left(C_a + b\xi + R_a + Ex_a - bi_a\right) + \frac{1}{s}\left(dP_a^* e_a - cT_a\right)$

o C: $N = \frac{1}{s}\left(C_a + b\xi + R_a + Ex_a - bi_a\right) + \frac{1}{s}\left(dP_a^* e_a - cT_a\right)\frac{1}{P_a}$

o D: $N = -\frac{1}{s}\left(C_a + b\xi + R_a - Ex_a + bi_a\right) + \frac{1}{s}\left(dP_a^* e_a + cT_a\right)\frac{1}{P_a}$

o E: $N = \frac{1}{s}\left(C_a + b\xi + I_a + R_a + Ex_a - bi_a\right) + \frac{1}{s}\left(dP_a^* e_a - cT_a\right)\frac{1}{P_a}$

b) Die Gesamtnachfrage läßt sich mit dem folgenden Wert berechnen

o A: N = 300
o B: N = 2000
o C: N = 7000
o D: N = 3000
o E: N = 400

78. Geben Sie die analytische Lösung der Aufgabe 77 mit variablem P an:

o A: $N = \frac{1}{s}\left(C_a + b\xi + R_a + Ex_a - bi_a\right) + \frac{1}{s}\left(dP_a^* e_a - cT_a\right)\frac{1}{P_a}$

o B: $N = \frac{1}{s}\left(C_a + b\xi + R_a + Ex_a - bi_a\right) + \frac{1}{s}\left(dP_a^* e_a - cT_a\right)$

o C: $N = \frac{1}{s}\left(C_a + b\xi + R_a + Ex_a - bi_a\right)\frac{1}{P_a} + \frac{1}{s}\left(dP_a^* e_a - cT_a\right)\frac{1}{P}$

o D: $N = \frac{1}{s}\left(C_a + b\xi + R_a + Ex_a - bi_a\right) + \frac{1}{s}\left(dP_a^* e_a - cT_a\right)\frac{1}{P}$

o E: $N = \frac{1}{s}\left(C_a + b\xi + R_a + Ex_a - bi_a\right) + \frac{1}{s}\left(dP_a^* e_a - cT_a\right)P$

79. Zeichnen Sie die errechnete Nachfragefunktion lt. Aufgabe 78 mit den Parameterwerten lt. Aufgabe 77 in ein Diagramm.

a) Die Funktion lautet:

o A: $N = 1000 + 1000\frac{1}{P}$

o B: $N = 3000$

o C: $N = 1900 + 1100\frac{1}{P}$

o D: $N = 1000 + 1100 * P$

o E: $N = 1900 + 1100 * P$

b) Die graphische Darstellung:

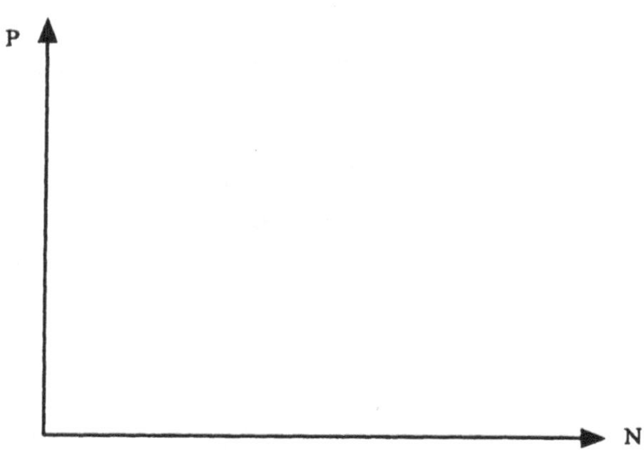

80. Welche Menge wird zu einem Angebotspreisniveau von $P_a = 1$ (bei unendlich elastischem Angebot) bei einer gesamtwirtschaftlichen Nachfragefunktion lt. Aufgabe 79 angeboten?

a)

o A: A = N = 2000

o B: A = N = 2500

o C: A = N = 1500

o D: A = N = 3500

o E: A = N = 3000

b) Zeichnen Sie die Gleichgewichtslösung!

81. Ersetzen Sie die Konsumfunktion des Modells in Aufgabe 77 durch die ("neoklassische") Konsumfunktion

$C = C^*_a - c_1 i + c_2 V_r$

und fügen Sie für V_r, das Realvermögen, die (freilich unrealistische) Hypothese hinzu, daß dieses der herrschenden Nachfrage gleich sei. Berechnen Sie nun mit

$C_a = 63.5$, $c_1 = 1000$ und $c_2 = 0.7$

die Gesamtnachfrage.

o A: N = 3750

o B: N = 1700

o C: N = 1250

o D: N = 3500

o E: N = 975

82. Wie lautet die analytische Form des ("neoklassischen") Nachfragemodells lt. den Aufgaben 77 und 81, wenn Sie N und P variabel halten?

o A: $N = \frac{1}{1 - c_2}\left(C^*_a + b\xi + R_a + Ex_a - (b + c_1) i_a\right) + \frac{1}{P}$

o B: $N = \frac{1}{1-c_2}\left(C_a^* + b\xi + R_a + Ex_a - (b + c_1)i_a\right) + \frac{dP_a^* e_a}{1-c_2}\frac{1}{P}$

o C: $N = \frac{1}{1-c_2}\left(C_a^* + b\xi + R_a + Ex_a - (b + c_1)i_a\right) + \frac{dP_a^* e_a}{1-c_2}\frac{1}{P_a}$

o D: $N = \frac{1}{1-c_2}\left(C_a^* + b\xi + R_a + I_a + Ex_a - (b + c_1)i_a\right) + \frac{dP_a^* e_a}{1-c_2}\frac{1}{P}$

o E: $N = \frac{1}{1-c}\left(C_a^* + b\xi + R_a + Ex_a - (b + c_2)i_a\right) + \frac{dP_a^* e_a}{1-c_1}\frac{1}{P}$

83. Setzen Sie die oben vorgegebenen numerischen Werte in diese Gleichung des "neoklassischen" Nachfragemodells ein.
Wie lautet die Funktion?

o A: $1070 - 1800\frac{1}{P}$

o B: $1770 + 1800\frac{1}{P}$

o C: $-1370 + 880 * P$

o D: $\frac{1800}{P} + 1770$

o E: $1070 + 1800$

84. Warum verläuft die keynesianische Nachfragefunktion im P-N- Diagramm steiler als die "neoklassische"?
o A: Die Verschiebungsparameter haben sich geändert (C_a und C^*_a).
o B: Die Verhaltensparameter haben sich geändert.
o C: Verschiebungs- <u>und</u> Verhaltensparameter haben sich geändert.
o D: Der bremsende Effekt der Steuern fällt weg.
o E: Der Zins fällt in der Neoklassik als Transmissionsriemen aus und die Geldangebotsänderung wirkt sofort auf Konsum und Investition.

85. Der Gütermarkt einer geschlossenen Volkswirtschaft ohne Staat werde durch folgendes Modell beschrieben:
(1) $N = C + I$
(2) $C = cA + C_a$
(3) $I = b(\xi - i)$

a) Wie lautet die Lösung dieses Modells in i und N?

o A: $i = \frac{-(N \cdot s - C_a - b\xi)}{b}$

o B: $i = \frac{-N \cdot s - C_a - b\xi}{b}$

o C: $i = \frac{1}{b} \cdot (C_a + b\xi) - N \cdot \frac{s}{b}$

o D: $i = \frac{-(N \cdot s - C_a - b\xi)}{b \cdot s}$

o E: $i = (C_a + b\xi) - N \cdot \frac{s}{b}$

b) Skizzieren Sie diese Gleichung in folgendem Diagramm

c) Wie nennt man diese Funktion in den Lehrbüchern?
o A: IS-Kurve.
o B: (Zinsabhängige) Nachfragefunktion.
o C: Gütermarktgleichgewichtskurve.
o.D: IRST-Kurve.
o.E: Zinskurve.

86. "Die Münchner Konjunkturforscher empfehlen, die Geldpolitik der Bundesbank sollte möglichst schnell auf einen Kurs einschwenken, der eine stabile Entwicklung von Geldmenge, Preisniveau und Zins nicht behindert ..." Welcher definitorische Zusammenhang steht hinter dieser Aussage?
o A: Die Nachfragegleichung.
o B: Die Fishersche Verkehrsgleichung.
o C: Eine Angebotsfunktion bei vollbeschäftigter Wirtschaft.
o D: Eine keynesianische Nachfragefunktion.
o E: Die Tatsache, daß das Produkt aus Umlaufgeschwindigkeit und Geldmenge immer gleich dem (nominalen) Handelsvolumen ist.

87. Der kurzfristige Zins wird gebildet
o A: auf dem Kapitalmarkt.
o B: auf dem Geldmarkt.
o C: auf dem Kapitalmarkt, nach den Vorgaben der Bundesbank.
o D: durch das Zusammenspiel von Geldangebot und -nachfrage.
o E: durch das Verhältnis von Transaktions- und Spekulationskasse.

88. Ordnen Sie den verschiedenen Geldmengenbegriffen die folgenden definitorischen Elemente (mit ihren Ordnungsnummern) zu:

1 Sichtguthaben
2 Giralgeld
3 Bargeld
4 Termineinlagen bis 4 Jahre
5. Sichteinlagen bei der Zentralbank
6 Spareinlagen mit gesetzlicher Kündigungsfrist
7 Mindestreserve
8 Überschußreserve
9 Termineinlagen über 4 Jahre
10 Einlagen der Banken bei der Zentralbank
11 Währungsreserven
12 Kredite an Nichtbanken

o A: $M_1 = 2 + 3$
o B: Geldbasis = 3 + 7 + 10
o C: $M_2 = 3 + 7 + 9$
o D: Zentralbankgeld = 3 + 7 + 8
o E: $M_3 = 3 + 5 + 4 + 6$

89. "Wichtige Anstöße für den Geldschöpfungsprozeß gingen ... vor allem von der Kreditgewährung der Banken an ihre inländischen Kunden aus, die sich etwas verstärkt hat."
Eine solche Geldschöpfung ist möglich, weil
o A: die Kunden sich im Ausland verschulden können.
o B: die Nichtbanken nur einen Teil ihrer Einlagen abheben.
o C: die Bundesbank hohe Mindestreservesätze vorgibt.
o D: die Banken ihre Überschußreserve teilweise ausleihen können.
o E: vermehrt Kreditkarten Verbreitung finden.

90. Der Geldmengenmultiplikator ergibt sich als Quotient aus der Geldmenge (hier: M_3) und der Zentralbankgeldmenge (H).
Vervollständigen Sie den nachfolgenden Ausdruck für m_3.

$$m_3 = \frac{BG + DE + \ldots\ldots + SE}{BG + \ldots\ldots + \ldots\ldots}$$

91. Gegeben ist das folgende Geldangebotsmodell

(1) $M_1 = BG + DE$
(2) $H = BG + MR + ÜR$
(3) $MR = r_{DE} * DE$
(4) $BG = g_{BG} * DE$
(5) $ÜR = 0$

Welche Beziehung besteht zwischen der Zentralbankgeldmenge H und der Geldmenge M_1, wenn angenommen wird, daß die Banken eine maximal mögliche Kreditausweitung betreiben und keinerlei Überschußreserven halten?

o A: $M_1 = [(1 + g_{BG}) / (r_{DE} + g_{BG})] * H$

o B: $M_1 = [g_{BG} / (r_{DE} + g_{BG})] * H$

o C: $M_1 = [1 / (r_{DE} + g_{BG})] * H$

o D: $M_1 = [(\gamma_{DE} + g_{BG}) / (1 + g_{BG})] * H$

o E: $M_1 = [(\gamma_{DE} + 1) / (g_{BG} + \gamma_{DE})] * H$

92. Ein (anspruchsvolles) Geldangebotsmodell sollte folgende Bestandteile enthalten:
o A: Eine Beziehung zwischen Geldmenge und Zins.
o B: Hypothesen über das Anlageverhalten der Nichtbanken.
o C: Eine Verhaltensgleichung, die die Bargeldhaltung beschreibt.
o D: Definitorische Zusammenhänge, die auch das Bankenverhalten erklären.
o E: Eine Vermögenstheorie, die auf dem Geldangebotsmultiplikator aufbaut.

93. Die einfachen Geldangebotsmodelle unterstellen einen festen Zusammenhang zwischen dem maximal möglichen Geldangebot M und der Zentralbankgeldmenge H (M = m H). Das Geldangebot ist demnach unabhängig vom Zins, kann aber durch die Zentralbank, die Geschäftsbanken und das Publikum beeinflußt werden, da der Wert des Multiplikators m vom Verhalten dieser Gruppen bestimmt wird. Für die Geldmenge M_3 ist der Zusammenhang im nachfolgenden Schaubild dargestellt. Die Geldangebotsfunktion M verschiebt sich nach rechts, wenn c.p. folgende Verhaltensänderungen unterstellt werden:
o A: sämtliche Mindestreservesätze werden erhöht.
o B: durch Förderung des bargeldlosen Zahlungsverkehrs wird der Bargeldbedarf des Publikums verringert.
o C: durch eine Ausdehnung der Diskontkontingente können die Banken ihre Zentralbankbestände erhöhen.
o D: sämtliche Mindestreservesätze werden gesenkt
o E: die Abgabesätze für Offenmarktpapiere werden gesenkt.

94. Wodurch kann eine Ausweitung der Geldmenge bewirkt werden?
o A: Senkung der Mindestreservesätze.
o B: Erhöhung der Mindestreservesätze.

o C: Senkung des Lombardsatzes.
o D: Erhöhung des Lombardsatzes.
o E: Senkung der Rediskontkontingente.

95. "Wenn sich ... die Sparer in Zeiten ungewisser Kursentwicklung verstärkt dem kursrisikofreien Bundesschatzbrief oder ähnlichen Anlagen zuwenden, dann ist das durchaus sachgerecht ... Es (wäre) wenig rational, wenn alle Ersparnisse in hochliquider Form (Geld) gehalten würden, ohne daß dies nach individueller Lage und persönlichem Bedürfnis notwendig wäre. Solche Haltung ... "kostet" natürlich Zinsen ..."
Welche der folgenden Aussagen sind mit dem Text vereinbar?
o A: Die Anleger richten sich nach einem Portfolio, das sie bei gegebenen Bedürfnissen nach Ertrag und Risiko optimieren.
o B: Die Anleger treffen ihre Spar-, Wertpapieranlage- und Bargeldhaltungsentscheidungen so, daß sie nur ihren Ertrag maximieren.
o C: Die Anleger suchen ausschließlich ihr Risiko zu minimieren.
o D: Die Geldnachfrage hängt vom Anlageverhalten ab.
o E: Die Geldnachfrager richten sich ausschließlich nach ihren individuellen Präferenzen.

96. Wie gelangt Friedman von einer Geldnachfragefunktion mit vielen Determinanten zu der Hypothese einer stabilen Geldnachfragefunktion in L und N * P?
o A: Friedman hat versucht, in umfangreichen empirischen Untersuchungen die Stabilität der Geldnachfragefunktion nachzuweisen.
o B: Friedman nimmt an, daß die zinsabhängige Geldnachfrage von der Umlaufgeschwindigkeit des Geldes kompensiert wird.
o C: Friedman muß eine ganze Reihe von Annahmen setzen, die den Gehalt seiner ursprünglichen Theorie aushöhlen.
o D: Friedmann postuliert eine relative Stabilität der Geldnachfragefunktion.
o E: Über die zinsabhängige Geldnachfrage lassen sich viele Determinanten substituieren.

97. "Firmen ebenso wie Private benötigen mehr Geld. Die einen, weil sie Weihnachtsgeschenke kaufen oder sich zu diesem Termin langgehegte Konsumwünsche erfüllen, die anderen, weil sie zusätzliche Gehälter und Gratifikationen zahlen müssen". Welches Geldnachfragemotiv wird in diesem Text beschrieben?
o A: das Spekulationsmotiv.
o B: das Bedarfsmotiv.
o C: das Transaktionsmotiv.
o D: das Vorsichtsmotiv.
o E: keine Zuordnung möglich.

98. Von welchen der folgenden Größen hängt die reale Geldnachfrage nach Transaktionszwecken ab?
o A: Zinssatz.
o B: Gesamtnachfrage.
o C: Umlaufgeschwindigkeit des Geldes.
o D: Prohibitivzins.
o E: Spekulationsneigung.

99. Herr Verschwender hebt am Monatsanfang sein gesamtes Monatsgehalt in Höhe von 6000 DM ab. Er gibt täglich gleichbleibende Beträge aus, hat aber bereits nach fünf Tagen sein Monatsbudget aufgebraucht. Wie hoch ist sein durchschnittlicher Kassenhaltungskoeffizient, wenn keiner bereit ist, ihm zusätzliches Geld zu leihen? Gehen Sie von einem Monat mit 30 Tagen aus.
o A: $k^* = 0{,}0667$
o B: $k^* = 0{,}1$
o C: $k^* = 0{,}0333$
o D: $k^* = 0{,}0550$
o E: $k^* = 0{,}0750$

100. Von welchen der folgenden Größen hängt die reale Geldnachfrage nach Spekulationszwecken ab?
o A: Zinssatz.
o B: Gesamtnachfrage.
o C: Umlaufgeschwindigkeit des Geldes.
o D: Prohibitivzins.
o E: Spekulationsneigung.

101. Welcher Wertpapiertyp wird bei der Ableitung der Keynesschen Geldnachfragetheorie unterstellt?
o A: Ein festverzinsliches Papier mit kurzer Laufzeit, das mit seinem Nominalwert rückzahlbar ist.
o B: Ein festverzinsliches und nicht rückzahlbares Wertpapier mit unendlich langer Laufzeit.
o C: Bonds mit unendlicher Laufzeit.
o D: Aktien.
o E: Schuldverschreibungen (Typ A).

102. Setzen Sie die folgenden Aussagen über das Anlageverhalten von Wirtschaftssubjekten in Gleichungen um und lösen Sie das Gleichungssystem für eine Gleichgewichtssituation:
(1) Der Effektivzins (i) ergibt sich als Quotient aus Wertpapierertrag (F) und Kurs ($\overline{K}_0$).

(2) Die Beziehung zwischen Wertpapierkursen der laufenden ($\overline{K}_0$) und der zukünftigen Periode ($\overline{K}_1$) läßt sich mit einer Kursverlustrate ($w\overline{K}$) herstellen. Ist die Kursverlustrate Null, dann entspricht der erwartete Kurs ($\overline{K}_1$) dem aktuellen ($\overline{K}_0$), ist $w\overline{K}$ größer (kleiner) Null, dann erwartet der Anleger, daß der aktuelle Kurs ($\overline{K}_0$) fällt (steigt).

(3) Die Anleger werden weder Wertpapiere kaufen noch verkaufen, wenn der laufende Kurswert ($\overline{K}_0$) gleich der Summe aus Wertpapierertrag (F) und erwartetem Kurs ($\overline{K}_1$) ist.

(4) Aus (1) bis (3) läßt sich die Entscheidungsregel der Anleger aufgrund von Gewinn- oder Verlusterwartungen ableiten, ausgedrückt in Zins und Kursverlustrate.

(1)...
(2)...
(3)...
(4)...

103. In der Keynesianischen Geldnachfragetheorie gibt es einen bestimmten Zinssatz, der als Prohibitivzins bezeichnet wird. Welche Aussagen gelten für diesen Zinssatz?

o A: Die Wertpapierkurse sind so hoch, daß kein Wirtschaftssubjekt mehr mit einer Steigerung rechnet (Hausse).

o B: Die Wertpapierkurse sind so niedrig, daß nur noch eine Steigerung erwartet wird (Baisse).

o C: Kein Wirtschaftssubjekt ist mehr bereit, beim gegebenen Zinssatz noch Spekulationskasse zu halten.

o D: Zusätzliche Geldzuflüsse werden vollständig als Spekulationskasse gehortet.

o E: Der Schnittpunkt zwischen der LS-Kurve und der Ordinate (Zinsachse) ergibt den Pohibitivzinssatz.

104. a) Zeichnen Sie in dem vorgegebenen Schaubild den Verlauf der Geldnachfragefunktion zu Spekulationszwecken ein, wenn i_{min} den kritischen Mindestzinssatz (Liquiditätsfalle) darstellt.

b) Bei Vorliegen einer Liquiditätsfalle ist die Zinselastizität der Geldnachfrage

o A: gleich Null.

o B: gleich Eins.

o C: gleich Unendlich.

o D: größer Null.

o E: kleiner Eins.

105. Gehen Sie von einem beliebigen Punkt auf dem negativem Ast der L_S-Kurve lt. Aufgabe 104 aus. Was kann die Wirtschaftssubjekte dazu veranlassen, mehr Spekulationskasse nachzufragen?

o A: Die Transaktionskasse nimmt ab.

o B: Der Zins ist höher als die Kursverlustrate.

o C: Der Zins liegt unter der Kursverlustrate.

o D: Die Anleger erwarten Kursverluste.

o E: Die Anleger erwarten Kursgewinne.

106. Wie lautet die Geldnachfragefunktion der Liquiditätspräferenztheorie von Keynes?

o A: $L/P = a\delta + kN - ai$

o B: $L = L_S + L_T$

o C: $L/P = M/P$

o D: $L = M$

o E: $L/P = \frac{1}{\varepsilon}\left(\delta + \frac{k}{a} N\right) - ai$

107. Zeichnen Sie diese Funktion in folgendes Diagramm, wobei

$a = 4000$
$\delta = 0{,}1$
$k = 0{,}2$
$N = 2000$
$P = 1$

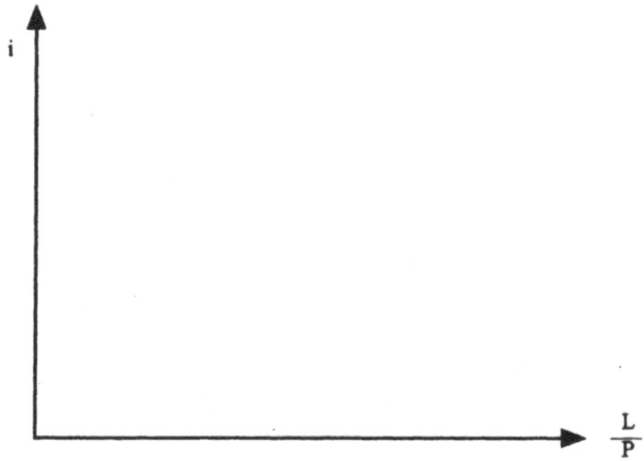

108. Nehmen Sie an, die Deutsche Bundesbank biete bei einem Preisniveau von 1 eine (reale) Zentralbankgeldmenge von 300 an. Der Geldangebotsmultiplikator sei 1.6. Wie hoch ist der Gleichgewichtszins?

o A: $i = 0{,}06$
o B: $i = 6\%$
o C: $i = 0{,}08$
o D: $i = 60\%$
o E: $i = 8\%$

109. Der Geldmarkt einer geschlossenen Volkswirtschaft ohne Staat werde durch folgendes Modell beschrieben:

(1) $\frac{M}{P} = \frac{L}{P}$
(2) $M = M_a$
(3) $L = L_T + L_S$
(4) $L = k\,N\,P$
(5) $L_S = a\,(\delta - i)\,P$

a) Wie lautet die Lösung dieses Modells in i und N?

o A: $i = \frac{1}{a}\left(a\delta - \frac{M_a}{P_a}\right) + \frac{k}{a}$

o B: $i = \frac{k}{a}\left(a\delta - \frac{M_a}{P_a}\right) + \frac{1}{a}N$

o C: $i = \frac{1}{a}\left(a\delta - \frac{M_a}{P_a}\right) + \frac{k}{a}N$

o D: $i = a\left(a\delta - \frac{M}{P_a}\right) + \frac{k}{a}N$

o E: $i = \left(a\delta - \frac{M_a}{P_a}\right) + \frac{k}{a}N$

b) Skizzieren Sie diese Gleichung in folgendem Diagramm:

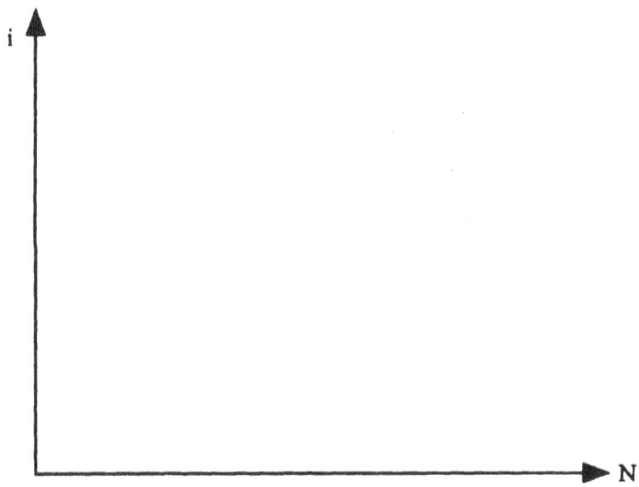

c) Wie wird diese Funktion in den Lehrbüchern genannt?
o A: IS-Kurve
o B: LM-Kurve
o C: Zinskurve
o D: Geldmarktgleichgewichtskurve
o E: IRST-Kuve

110. " Binnenwirtschaftlich sind weiter sinkende Zinsen ... ein Beitrag zur Konjunkturreglung ..., denn nur durch billiges Geld kann die Bauwirtschaft wieder angekurbelt, der private Konsum belebt und die Investitionsneigung der Wirtschaft gesteigert werden ..."
Was kann die Deutsche Bundesbank tun, um die Forderung des Textautors zu erfüllen?

o A: Rediskontkontingente erhöhen.
o B: Kurse erhöhen.
o C: Preisniveau senken.
o D: Mindestreservesätze erhöhen.
o E: Diskontsatz senken.

111. Durch eine Ausweitung der Geldmenge entsteht (nach einer Gleichgewichtssituation) ein Geldmarktungleichgewicht, das gekennzeichnet ist durch
o A: eine Übernachfrage nach Wertpapieren.
o B: ein Überangebot an Wertpapieren.
o C: ein Überangebot an Geld.
o D: eine Übernachfrage nach Geld.
o E: ein Überschuß an Kapital.

112. Die Anpassung auf dem Geldmarkt an eine Ausweitung der Geldmenge erfolgt dadurch, daß
o A: das Überangebot an Geld zu steigenden Kursen und sinkenden Zinsen führt.
o B: das Überangebot an Geld zu einem Überangebot an Wertpapieren und damit zu steigenden Kursen und Zinsen führt.
o C: das Überangebot an Geld zu sinkenden Kursen führt.
o D: das Überangebot an Geld zu steigenden Zinsen führt.
o E: Wertpapiertransaktionen auf den Effektivzins wirken.

113. Wie bildet sich der Zins bei den "Neoklassikern"?
o A: Auf dem Geldmarkt, weil die "Neoklassiker" langfristig denken.
o B: Auf dem Geldmarkt, weil Geld- und Kapitalmarkt definitorisch zusammenhängen.
o C: Auf dem Wertpapiermarkt, weil dieser die Mittel für Investitionen und Staatsverschuldung bereitstellt.
o D: Auf dem Kapitalmarkt.
o E: Auf dem Anleihemarkt.

114. Welche Beziehung besteht ex post gesamtwirtschaftlich zwischen Sparen (S), Investitionen (I), Steuern (T^*) und Staatsausgaben (R)?
o A: $S + R = T^* - I$
o B: $R = T^*$
o C: $S = I$
o D: $S + T^* = R + I$
o E: $S = R - T^*$

115. Stellen Sie die Ergebnisgleichung der vorherigen Aufgabe so um, daß der Haushaltssaldo des Staates explizit erscheint.

o A: $S + T^* = R + I$
o B: $S = I + (R - T^*)$
o C: $S - I = R - T^*$
o D: $S + R = T^* - I$
o E: $R = T^*$

116. Zeichnen Sie die Beziehung aus Aufgabe 115 in folgendes Diagramm und unterstellen Sie als Funktionen

$S = S(i)$
$I = I(i)$
$R = R_a$
$T^* = T_a^*$

117. Zeigen Sie im Diagramm (Aufgabe 116) die Wirkungen einer Erhöhung des staatlichen Haushaltsdefizits.

118. Welche der folgenden allgemeinen Beschreibungen der gesamtwirtschaftlichen Nachfragefunktion im P-N-System ist richtig?

o A: Die Funktion sagt aus, daß bei steigenden Preisen die Konsumenten und Investoren ihre Nachfrage direkt einschränken.
o B: Die Funktion ist eine Kurve simultanen Gleichgewichts auf dem Güter- und Geldmarkt, die P und N einander zuordnet.
o C: Die Funktion gibt auf der Grundlage von Strukturgleichungen an, welche Beziehungen zwischen Preisniveau und Gesamtnachfrage bestehen.

o D: Die Funktion drückt die Verhaltensweisen auf den Märkten als aggregierte Form der Einzelnachfragefunktionen aus.

o E: Die Nachfrage ist die Summe aus Konsum, Investitionen, Staatsausgaben und Export.

119. Gegeben sei folgendes einfache Modell einer geschlossen Volkswirtschaft ohne staatliche Aktivität:

Gütermarkt: (1) $N = C + I$ (2) $C = C_a + cA$
(3) $I = b\,(\xi - i)$ (4) $A = N$

Geldmarkt: (5) $\frac{L}{P} = \frac{M}{P}$ (6) $L = L_T + L_S$
(7) $L_S = a\,(\delta - i)\,P$ (8) $L_T = k * P * N$
(9) $M = M_a$

Die gesamtwirtschaftliche Nachfragefunktion lautet (mit $\varepsilon = \frac{1}{s + \frac{b\,k}{a}}$):

o A: $N = \varepsilon\,(C_a + b\xi - b\delta) + \varepsilon\,\frac{b}{a} M_a \frac{1}{P}$

o B: $N = \varepsilon\,(C_a - b\xi + b\delta) + \varepsilon\,\frac{b}{a} M_a \frac{1}{P}$

o C: $N = \varepsilon\,(C_a + b\xi - b\delta) - \varepsilon\,\frac{b}{a} M_a \frac{1}{P}$

o D: $N = \varepsilon\,(b\xi + C_a - b\delta) + \varepsilon\,\frac{b}{a} M_a \frac{1}{P}$

o E: $N = \varepsilon\,(b\xi + C_a - b\delta) + \varepsilon\,\frac{b}{a} M_a \frac{1}{P}$

120. Bei der Ableitung der Gesamtnachfragefunktion muß man wie folgt vorgehen:

o A: Berechnung des Zinses aus dem Güter- und dem Geldmarkt, Gleichsetzung und Auflösung nach N.

o B: Lösung des Gütermarktgleichgewichts und Einsetzen des Zinses aus L_S. Auflösung nach N.

o C: Lösung des Geldmarktgleichgewichts und Einsetzen von N aus dem Gütermarkt.

o D: Ermittlung des Schnittpunktes der IS- und LM-Kurve und Zuordnung der P/N-Kombinationen.

o E: Zuordnung von Preisen und Mengen.

121. Berechnen Sie die gesamtwirtschaftliche Nachfragefunktion lt. Aufgabe 119 und zeichnen Sie sie in folgendes Diagramm. Verwenden Sie die Parameterwerte der Aufgabe 77 sowie a = 4000 k = 0,2 δ = 0,1 M_a = 500

a) die Nachfragefunktion lautet

o A: N = 1000 + 100/P

o B: $N = 100 + 1000 * \frac{1}{P}$

o C: N = 100 + (1000/P)

o D: N = P * 100 + 1000

o E: N = 1100 + P

b)

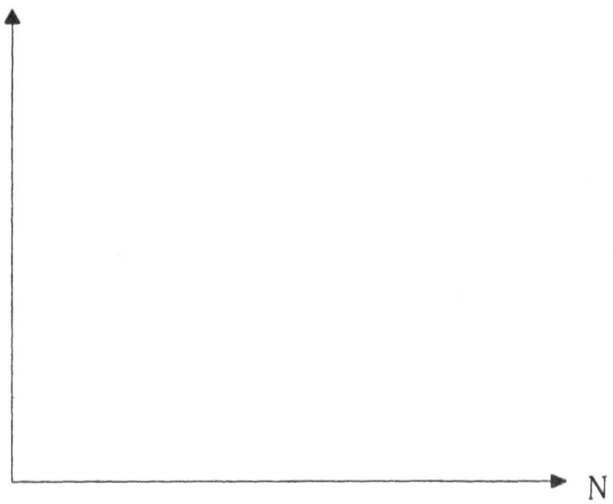

122. Wie verändert sich die gesamtwirtschaftliche Nachfragefunktion, wenn sich die Gewinnerwartungen verbessern? Stellen Sie die Veränderung graphisch dar. Als Ausgangssituation sei die Nachfragefunktion lt. Aufgabe 121 gegeben. ξ steige nun auf 0,12.

a) Wie lautet die Funktion jetzt?

o A: N_1 = 260 + (1000/P)

o B: N_1 = 1000 + 260 * P

o C: N_1 = 360 + 1000 * P

o D: N_1 = 260 + 1000 * P

o E: N_1 = 360/P + 1000

b) Zeichnen Sie beide Funktionen in folgendes Bild.

123. Die Steigung der gesamtwirtschaftlichen Nachfragefunktion läßt sich durch folgende keynesianische Kausalkette begründen:

P → .... → N

124. Mehr Flexibilität auf dem Geld- und dem Gütermarkt führt dazu, daß die gesamtwirtschaftliche Nachfragefunktion im P-N-Diagramm
o A: steiler verläuft.
o B: flacher verläuft.
o C: nicht verändert wird.
o D: nacht rechts verlagert wird.
o E: nach links verlagert wird.

125. Die Lage der gesamtwirtschaftlichen Nachfragefunktion hängt - im Modell einer offenen Volkswirtschaft mit Staat und keynesianischem Paradigma - ab
o A: von den autonomen Größen.
o B: von der Geldmenge.
o C: von den endogenen Größen.
o D: von der Gesamtnachfrage.
o E: vom Verhalten der Wirtschaftssubjekte.

126. Gegeben sei folgendes einfache Modell einer geschlossenen Volkswirtschaft ohne staatliche Aktivität:

(1) $N = C + I$ (2) $C = C^*_a - c_1 i + c_2 V_r$

(3) $V_r = \frac{M}{P}$ (4) $I = b(\xi - i)$ (5) $I = S$

(6) $S = N - C$ (7) $\frac{M}{P} = \frac{L}{P}$

(8) $L = k^* PN = \frac{1}{v_N} PN$ (9) $M = M_a$

Die gesamtwirtschaftliche Nachfragefunktion lautet:

o A: $N = v_N * M_a \frac{1}{P}$

o B: $N = k^* M_a \frac{1}{P}$

o C: $N = \frac{1}{b + c_1} (C^*_a + b\xi) - \frac{b}{a} M_a \frac{1}{P}$

o D: $N = \frac{1}{v_N} * M_a * \frac{1}{P}$ o E: $N = \frac{1}{k^*} * M_a * \frac{1}{P}$

127. Die "neoklassische" Nachfragefunktion wird berechnet aus den Gleichungen

o A: für den Gütermarkt.
o B: für den Geldmarkt.
o C: für den Güter- und den Geldmarkt.
o D: für den Kapitalmarkt.
o E: für den Güter- und Kapitalmarkt.

128. Zeichnen Sie die Gesamtnachfragefunktion lt. Aufgabe 126 mit $k^* = 0{,}2$ und $M_a = 500$ in folgendes Diagramm ein:

129. Die Steigung der "neoklassisschen" Gesamtnachfragefunktion läßt sich durch folgende Kausalkette begründen:

P → .... → N

130. Die "neoklassische Theorie über den Zusammenhang zwischen Preisniveau und Nachfrageänderung unterscheidet sich von der keynesianischen, weil bei den "Neoklassikern"
o A: in einer Volkswirtschaft nur Geld eine Rolle spielt.
o B: der Transmissionsriemen der Zinsabhängigkeit der Investitionen fehlt.
o C: auf dem Geldmarkt Zinsen keine Rolle spielen.
o D: der Zins auf dem Kapitalmarkt gebildet wird, der dem Gütermarkt entspricht.
o E: der Konsum zinsabhängig ist.

131. Die Lage der ("neoklassischen") Gesamtnachfragefunktion hängt ab
o A: von den autonomen Größen.
o B: von der Geldmenge.
o C: von den endogenen Größen.
o D: von der Gesamtnachfrage.
o E: vom Verhalten der Wirtschaftssubjekte.

132. Wie verändert sich die ("neoklassische") Gesamtnachfragefunktion, wenn sich die Gewinnerwartungen der Unternehmen verbessern? ξ steige auf 0,12. Dies führt dazu, daß die Gesamtnachfragefunktion
o A: nach rechts verlagert wird.
o B: nach links verlagert wird.
o C: nicht verändert wird.
o D: steiler verläuft.
o E: flacher verläuft.

133. Die mit "neoklassischen" Prämissen abgeleitete Nachfragefunktion verlagert sich nach rechts, wenn
o A: der autonome Konsum steigt.
o B: die Umlaufgeschwindigkeit des Geldes steigt.
o C: das Geldvolumen steigt.
o D: die Staatsausgaben steigen.
o E: der Kassenhaltungskoeffizient sinkt.

134. Zeichnen Sie in nachfolgendes Diagramm eine gesamtwirtschaftliche Nachfragefunktion und Angebotsfunktion. Gehen Sie bei der Angebotsfunktion davon aus, daß die Unternehmen ihr Angebot für ein bestehendes Preisniveau immer sofort der herrschenden Nachfrage anpassen.

a)

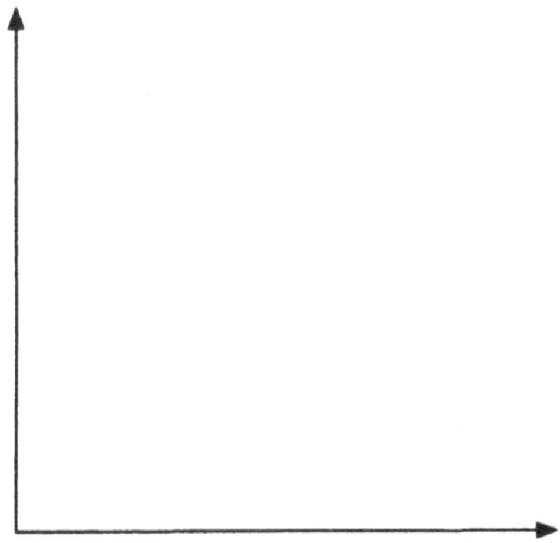

b) Der Schnittpunkt der beiden Kurven im Diagramm ist

o A: ein Gütermarktgleichgewicht bei simultanem Geldmarktungleichgewicht.

o B: ein Geldmarktgleichgewicht bei simultanem Gütermarktungleichgewicht.

o C: eine Situation, in der die Pläne der Wirtschaftssubjekte auf allen betrachteten Märkten erfüllt sind.

o D: dadurch gekennzeichnet, daß die Unternehmen ihren angestrebten Gewinn nicht erreichen, während die Nachfrager ihre Bedürfnisse zu herrschenden Einkommen und Preisen erfüllt sehen.

o E: der Punkt, bei dem Gesamtangebot und Gesamtnachfrage ex ante gleich sind.

135. Folgt man der Argumentation der "Neoklassiker" (definiert als Nicht-Keynesianer), so sind Veränderungen der autonomen Größen (außer der autonomen Geldmenge) nicht geeignet, Verlagerungen der gesamtwirtschaftlichen Nachfragefunktion zu bewirken, da die beabsichtigten Wirkungen durch andere Veränderungen kompensiert werden. Dieser crowding-out Effekt läßt sich mit der Veränderung von vier Größen darstellen, die aus der folgenden Abbildung hervorgehen.

C = realer privater gesamtwirtsch. Konsum	i = Realzins
I = reale private gesamtw. Investitionen	R = reale Staatsausgaben
S = reales Sparen	T^*= reale Steuern

Welche der folgenden Zuordnung(en) ist/sind richtig?

o A: 1. R steigt
o B: 2. I sinkt
o C: 3. C steigt
o D: 4. S steigt
o E: 5. i sinkt

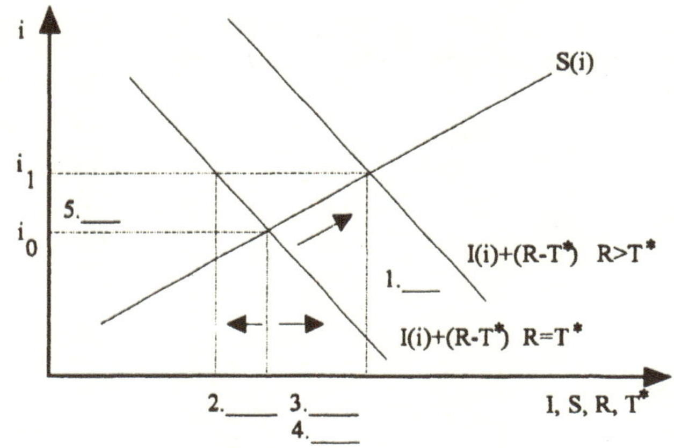

136. Unterstellt man die Beschreibung der Volkswirtschaft mit Hilfe eines keynesianischen Systems, so wird die Lage der gesamtwirtschaftlichen Nachfragefunktion bestimmt durch die autonomen Größen (Verschiebungsparameter) und die Niveaus von P und N. Genannt sind nun die Veränderungen von fünf Größen, bei denen die angegebene Richtung ceteris paribus zu einer Rechtsverlagerung der gesamtwirtschaftlichen Nachfragefunktion führt. Geben Sie an, welche Vorschläge richtig sind.

o A: autonome Geldmenge sinkt.
o B: autonomer Konsum sinkt.
o C: Grenzleistungsfähigkeit des Kapitals steigt.
o D: autonome Staatsausgaben steigen.
o E: autonome Steuern sinken.

137. Unter keynesianischen Prämissen verlagert eine Erhöhung der Staatsausgaben die Gesamtnachfragefunktion trotz steigender Zinsen nach rechts, weil

o A: die Staatsausgaben eine Komponente der Gesamtnachfrage sind.
o B: die Staatsausgaben durch eine Erhöhung des Einkommens finanziert werden.
o C: die Zinserhöhung durch eine Erhöhung der Spekulationskasse aufgefangen wird.
o D: die Investitionen zwar sinken, aber der Konsum vom Einkommen abhängt.
o E: die Investitionen und der Konsum sinken.

138. "Doch welche Anstrengungen die Regierungen auch unternahmen, nichts ging mehr. Zusätzliche öffentliche Investitionen, billige Kredite für die Industrie, Investitionsanreize aller Art - keine Medizin schaffte anhaltende Linderung" (K 16 Makroökonomik, S. 94). Mit welchem(n) Argument(en) könnte ein Keynesianer die Erfolglosigkeit erklären?

o A: Die Verhaltensweisen haben sich geändert

o B: Die volkswirtschaftlichen Rahmenbedingungen haben sich geändert.

o C: Das komplexe Wirtschaftsgeschehen läßt sich vom Staat nicht beliebig lenken; die Koordination der Wirtschaftspläne muß stärker den Marktkräften überlassen werden.

o D: Die demokratisch gewählten Regierungen sind starken Interessengruppen ausgesetzt; daher kann keine vernünftige Wirtschaftspolitik betrieben werden.

o E: Bei der starken außenwirtschaftlichen Verflechtung bleibt eine keynesianische Wirtschaftspolitik wirkungslos, wenn sie ohne internationale Koordinierung betrieben wird.

139.

(1) $N = C + I$

(2) $C = C_a + cA$

(3) $I = I_a$

a) Vervollständigen Sie das gegebene Gleichungssystem:
Die analytische Lösung dieses Modells lautet

o A: $N = \frac{1}{s}\left(C_a - I_a\right)$

o B: $N = \frac{1}{s}\left(C_a + I_a\right)$

o C: $N = s\left(C_a + I_a\right)$

o D: $N = \frac{C_a}{s} + \frac{I_a}{s}$

o E: $N = \frac{1}{s} C_a$

b) Wie hoch ist N für $s = 0.3$, $C_a = 50$ und $I_a = 100$?

o A: N = 300

o B: N = 450

o C: N = 400

o D: N = 500

o E: N = 475

c) Wenn I_a um 60 erhöht wird, dann erhöht sich N um

o A: 60

o B: 100

o C: 200

o D: 80

o E: 120

140. Ein Multiplikator wird ausschließlich von den Verhaltensannahmen in einem wirtschaftstheoretischen Modell bestimmt. Ändert man die Hypothesen der Verhaltensgleichungen, dann ändert sich auch der Multiplikator. Durch welche Annahmen läßt sich der Hickssche Supermultiplikator

$\varepsilon = 1/\left(s + (b * k)/a\right)$ auf die Form $\varepsilon = 1/s$ reduzieren?

o A: man unterstellt zinsabhängige Investitionen.
o B: man setzt b = a = 1.
o C: man setzt den Kassenhaltungskoeffizienten k = ∞.
o D: man läßt den Geldmarkt unberücksichtigt (k = 0).
o E: man unterstellt die Liquiditätsfalle.

141. Die genaue Beschreibung des Ablaufs eines Multiplikatorenprozesses
o A: ist nur in einem statischen Modell möglich.
o B: ist nur in einem dynamischen Modell möglich.
o C: ist nur graphisch möglich.
o D: ist durch komparativ-statische Analyse möglich.
o E: kann in einem stationären Modell erfolgen.

142. Ist es für den Ablauf eines Multiplikatorprozesses von Bedeutung, ob der Impuls, der ein Ausgangsgleichgewicht stört, einmalig oder dauerhaft auftritt?
o A: Es ist belanglos.
o B: Ein einmalig auftretender Impuls kann das Volkseinkommen nur geringfühig erhöhen.
o C: Ein einmalig auftretender Impuls bewirkt nur vorübergehend eine Steigerung des Volkseinkommens.
o D:Ein einmalig auftretender Impuls bewirkt keine dauerhafte Erhöhung des Volkseinkommens.
o E: Ein dauerhafter Impuls führt zu steigenden Ungleichgewichten.

143. Um die rechnerische Darstellung eines Multiplikatorprozesses zu ermöglichen, wurden die Grundannahmen eines einfachen dynamischen Modells in der Kopfzeile einer Sequenztabelle zusammengestellt:

Periode	$A_t = N_t$ $N_t = C_t + I_t$	$C_t = C_a + cA_{t-1}$ mit $C_a = 100$ und $c = 0{,}7$	I_t	ΔA
0	1000	800	200	-
1				
2				
3				
4				
.				
.				
∞				

a) Welche Werte ergeben sich für N_4/C_4, wenn die autonomen Investitionen in der Periode 1 einmalig um $\Delta I = 100$ erhöht werden?
Bitte tragen Sie zur Beantwortung der Frage die Werte in der Tabelle ein!
o A: 1025,5 / 825.5
o B: 1034,3 / 834,3
o C: 1043,7 / 843,7
o D: 1049,5 / 849,5
o E: 1025,5 / 843,5

b) Stellen Sie den Verlauf des Multiplikatorprozesses bei einmaliger Investitionserhöhung mit Hilfe der errechneten Werte in dem Schaubild graphisch dar.

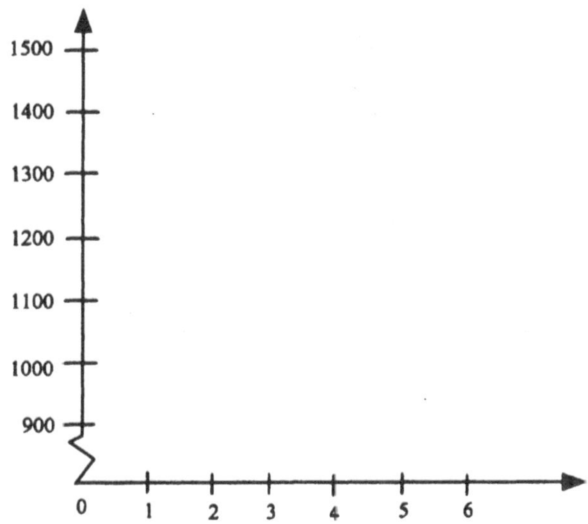

144. Um die rechnerische Darstellung eines Multiplikatorprozesses zu ermöglichen, wurden die Grundannahmen eines einfachen dynamischen Modells in der Kopfzeile einer Sequenztabelle zusammengestellt:

Periode	$A_t = N_t$ $N_t = C_t + I_t$	$C_t = C_a + cA_{t-1}$ mit $C_a = 100$ und $c = 0,7$	I_t	ΔA
0	1000	800	200	-
1				
2				
3				
4				
.				
.				
∞				

a) Welche Werte ergeben sich für N_4/C_4 in der Periode 4, wenn die autonomen Investitionen ab Periode 1 dauerhaft um Δ I = 100 erhöht werden? Bitte tragen Sie zur Beantwortung der Frage die Werte in der Tabelle ein!

o A: 1070,5 / 870,5
o B: 1179,3 / 979,3
o C: 1219,7 / 919,7
o D: 1253,3 / 953,3
o E: 1423,3 / 1014,3

b) Stellen Sie den Verlauf des Multiplikatorprozesses bei dauerhafter Investitionserhöhung mit Hilfe der errechneten Werte in dem Schaubild graphisch dar.

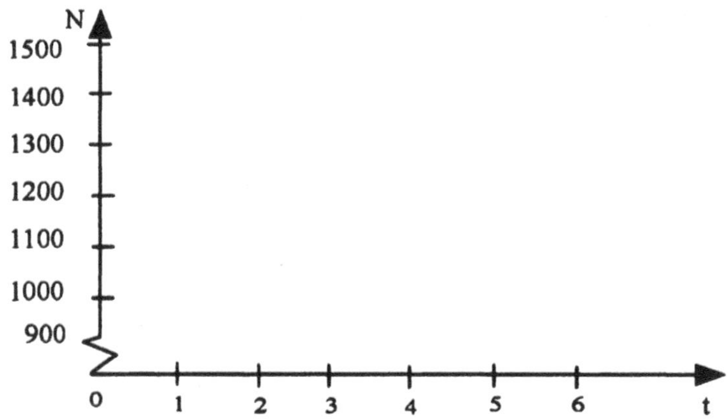

145. Ein Wirtschaftspolitiker verspricht im Wahlkampf eine dauerhafte Erhöhung des gegenwärtigen Sozialprodukts. Nach geglückter Wahl schlagen ihm seine Berater vor, die staatlichen Ausgaben für Straßenbau für eine Haushaltsperiode zu verdoppeln. Kann er damit sein Versprechen einlösen?

o A: Ja.
o B: Nein.
o C: Es kommt auf die Rahmenbedingungen an.

146. Gegeben sei die folgende Lösung eines gesamtwirtschaftlichen Angebots-Nachfragemodells:

$$N = \varepsilon\,(C_a + b\xi + R_a + Ex_a - b\delta) + \varepsilon\,(\frac{b}{a} M_a + dP^*{}_a e_a - cT_a)\,\frac{1}{P_a}$$

mit $\varepsilon = \dfrac{1}{s + \dfrac{b\,k}{a}}$ und $P_a = 1$

Um welchen Multiplikator handelt es sich bei ε ?

o A: Staatsausgabenmultiplikator.
o B: Steuermultiplikator.
o C: Geldmengenmultiplikator.
o D: Exportmultiplikator.
o E: Investitionsmultiplikator.

147. Welche der folgenden Aussage(n) ist (sind) richtig?

o A: Staatsausgaben- und Steuermultiplikator unterscheiden sich nur durch ihr Vorzeichen.

o B: Der Exportmultiplikator hängt nur vom Verhalten der Exporteure ab.

o C: Geldmengen- und Geldangebotsmultiplikator sind identisch.

o D: Die (statischen) Multiplikatoren können ausschließlich mit Hilfe der c.p.-Klausel abgeleitet werden.

o E: Der Staatsausgabenmultiplikator hängt davon ab, wie das Verhalten aller Wirtschaftssubjekte modelliert wurde.

148. Welche Darstellung der realen Gesamtnachfrage der Bundesrepublik Deutschland (1963 - 1990) ist die realistische?

o A: I

o B: II

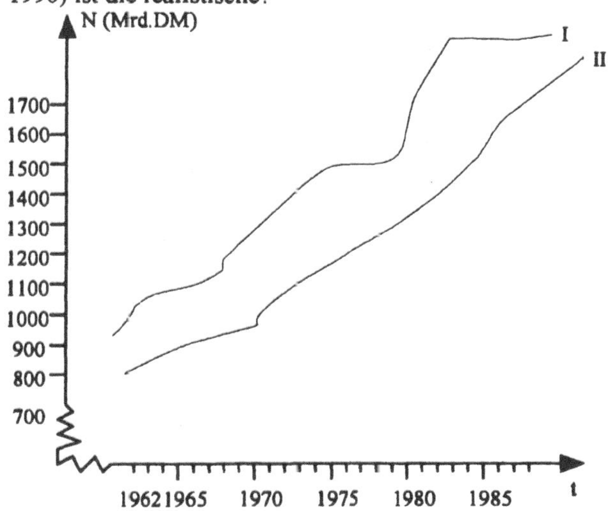

149. In der Darstellung lt. Aufgabe 148 überwiegen

o A: kontraktive Prozesse.

o B: expansive Prozesse.

o C: kontraktive und expansive Prozesse halten sich etwa die Waage.

o D: inflatorische Lücken.

o E: deflatorische Lücken.

150. Ungleichgewichte in Form einer inflatorischen Lücke liegen bei folgenden Konstellationen vor:

o A: A > N

o B: A < N

o C: A = N

o D: I < S

o E: I > S

151. Das Schaubild zeigt eine gesamtwirtschaftliche Ungleichgewichtssituation: Durch die Verschiebung der gesamtwirtschaftlichen Nachfragefunktion von N_0 nach N_1 entstand - c.p. - eine inflatorische Lücke.

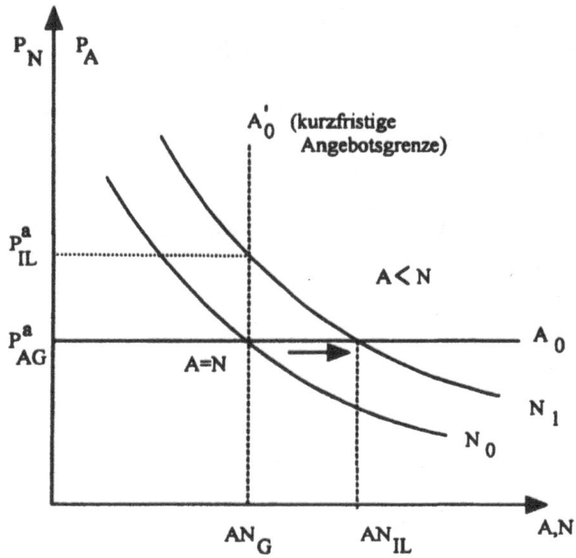

Welche der drei grundsätzlichen Anpassungsmöglichkeiten wird stattfinden, wenn die betrachtete Volkswirtschaft vollständig ausgelastet war, d.h. wenn sie sich im Ausgangsgleichgewicht an der Kapazitätsgrenze befand?

o A: Preisniveauanpassung.
o B: Angebotsmengenanpassung.
o C: Mischform zwischen A und B.

152. Eine inflatorische Lücke liegt vor, wenn

o A: die gesamtwirtschaftliche Nachfrage größer ist als das gesamtwirtschaftliche Angebot.
o B: kein Einkommen existiert, das für Gleichgewicht auf dem Gütermarkt sorgt.
o C: die geplante Ersparnis größer ist als die geplante Investition.
o D: die geplante Investition größer ist als die geplante Ersparnis.
o E: das gesamtwirtschaftliche Angebot größer ist als die gesamtwirtschaftliche Nachfrage.

153. Welche stabilitätspolitischen Maßnahmen könnten nach dem keynesianischen Paradigma die inflatorische Lücke schließen?
o A: Steuererhöhungen.
o B: Steuersenkungen.
o C: Steigerung der Staatsausgaben.
o D: Senkung der Staatsausgaben.
o E: Geldmengenkontraktion.

154. In nachstehendem Schaubild sind gesamtwirtschaftliche Gleichgewichts- und Ungleichgewichtssituationen dargestellt. In welcher Angebotssituation (I, II oder III) auf der Geraden A_0 liegt eine deflatorische Lücke vor?

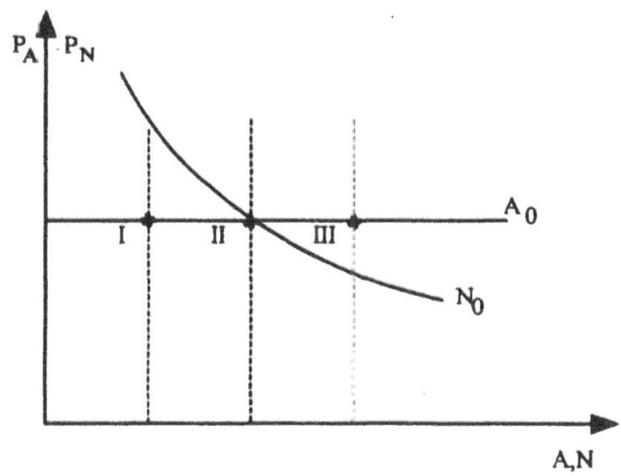

o A: I
o B: II
o C: III

155. Eine deflatorische Lücke liegt vor, wenn
o A: die gesamtwirtschaftliche Nachfrage größer ist als das gesamtwirtschaftliche Angebot.
o B: kein Einkommen existiert, das für Gleichgewicht auf dem Gütermarkt sorgt.
o C: die geplante Ersparnis größer ist als die geplante Investition.
o D: die geplante Investition größer ist als die geplante Ersparnis.
o E: das gesamtwirtschaftliche Angebot größer ist als die gesamtwirtschaftliche Nachfrage.

156. Welche Möglichkeiten gibt es nach keynesianischem Paradigma, eine deflatorische Lücke zu schließen?
o A: Steuererhöhungen.
o B: Steuersenkungen.

o C: Steigerung der Staatsausgaben.
o D: Senkung der Staatsausgaben.
o E: Geldmengenkontraktion.

157. Welche Prinzipien verfolgt die Konzeption der antizyklischen Konjunktursteuerung?
o A: Im Aufschwung soll die deflatorische Lücke, im Abschwung die inflatorische Lücke geschlossen werden.
o B: Im Aufschwung sind expansive, im Abschwung kontraktive Maßnahmen zu ergreifen.
o C: Im Aufschwung ist der expansive, im Abschwung der kontraktive Prozeß zu bremsen.
o D: Im Aufschwung ist die inflatorische, im Abschwung die deflatorische Lücke zu schließen.
o E: Im Aufschwung sind kontraktive, im Abschwung expansive Maßnahmen zu ergreifen.

158. Ein Gütermarktgleichgewicht in einer Volkswirtschaft wird durch eine Reduktion autonomer Investitionsausgaben gestört. Trotzdem ist zu beobachten, daß die Haushalte ihre Konsumausgaben in dieser Periode unabhängig von der Einkommensminderung auf demselben Niveau belassen. Welche Anpassungshypothese liegt zugrunde?
o A: Robertson - lag.
o B: Lundberg - lag.

Kapitel III:
Beschäftigung und Gesamtangebot

(Helge Majer, Makroökonomik, S. 107-164)

LERNZIELE:

- Produktion, Kosten, Angebot
- "Komponenten" des gesamtwirtschaftlichen Angebots
- Nachfrage nach Arbeitskräften } Arbeitsmarkt
- Angebot an Arbeitskräften } Arbeitsmarkt
- Gleichgewicht und Ungleichgewicht auf dem Arbeitsmarkt
- "Neoklassiche" Gesamtangebotsfunktion
- Gewinn, Staat, Importe
- Keynesianische Gesamtangebotsfunktion
- Gesamtangebot und Beschäftigung
- Gesamtangebot und natürliche Lebensgrundlagen
- Okun-Kurve
- NL-Kurve

AUFGABEN:

159. Wie hängen Produktion, Kosten und Angebot miteinander zusammen? Welche der folgenden Aussage(n) ist (sind) richtig?

o A: Kosten und Angebot sind immer identisch; sie entsprechen der bewerteten Produktion.

o B: Produktion, Kosten und Angebot haben nichts miteinander zu tun.

o C: Durch Produktionsmenge und Faktorpreise werden die Kosten bestimmt; das Angebot hängt vom Verhalten der Anbieter ab.

160. Zeichnen Sie in folgendem Diagramm die gewinnmaximierende Angebotsmenge ein.

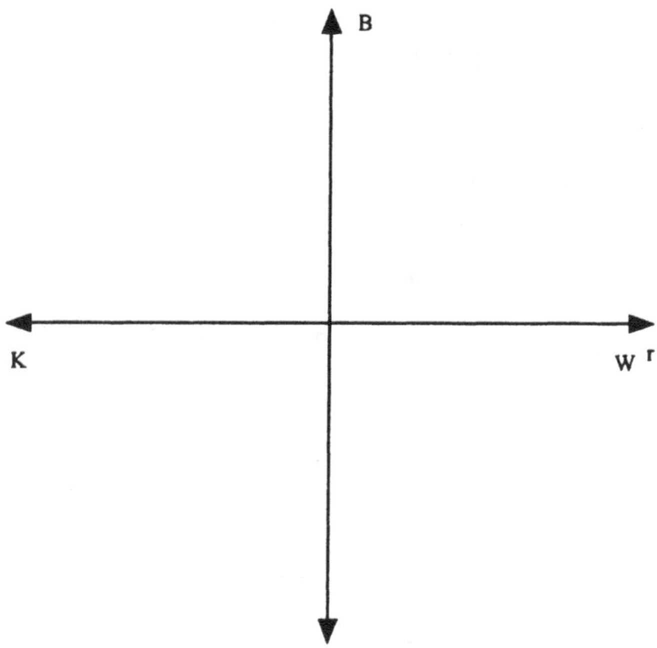

161. Unter welchem Prämissen sind Kosten und Angebot in einer Volkswirtschaft gleich?

o A: Bei gewinnmaximierender Produktion.

o B: Bei kostenminimierender Produktion.

o C: Bei kostenoptimierender Produktion.

o D: Wenn die realen Faktorpreise die Kosten bestimmen.

o E: Wenn die Lohnkosten, die auf dem Arbeitsmarkt bestimmt werden, absolut dominieren.

162. Tragen Sie im folgendem gesamtwirtschaftlichen Produktionskonto die Kostenkomponenten ein!

Gesamtwirtschafliches Produktionskonto

163. Die gesamtwirtschaftlichen Angebotsfunktion erhält man aus der Kosten- oder Angebotsgleichung, wenn

o A: die Faktorpreisniveauverhältnisse konstant sind.

o B: die Faktorpreise variabel sind.

o C: in die "Angebotskomponenten" Hypothesen über das Anbieterverhalten eingesetzt werden.

o D: beide Größen in konstanten Preisen ausgedrückt sind und das Verhalten der Gewinnbezieher keine Rolle spielt.

o E: über Definitions- und Verhaltensgleichungen eine Beziehung zwischen Inputs und Outputs hergestellt wird.

164. Die gesamtwirtschaftliche Angebotsfunktion ist der geometrische Ort aller Punkte für Gleichgewichte auf dem

o A: Arbeitsmarkt.

o B: Arbeitsmarkt und Kapitalmarkt.

o C: Arbeitsmarkt, dem Markt für Außenhandelsgüter und dem Kapitalmarkt.

o D: Markt für Arbeitsnachfrage und Arbeitsangebot.

o E: Markt für Kapitalnachfrage und Kapitalangebot.

165. Gegeben sind die folgenden Texte:

(1): "Die Arbeitslosigkeit ist schließlich nicht nur Folge eines strengen Winters oder fehlender Nachfrage, sondern hängt entscheidend davon ab, wie teuer die Arbeit ist."

(2): "... jetzt sollte auch einmal über die Kosten dieses (sozialen) Netzes nachgedacht werden, vor allem darüber, womit es letztlich bezahlt wird: mit steigender Arbeitslosigkeit ..."

(3): "Rationalisierung und produktivere Fertigungsmethoden erlauben eine steigende Wirtschaftsleistung bei sinkendem Arbeitsaufwand..."

(4): "Nach den Vorstellungen des Arbeitsministers Blüm sollten sich die Tarifparteien darauf einigen, die laufenden Lohn- und Gehaltsverträge um ein halbes Jahr zu verlängern."

Ordnen Sie die Aussagen dieser Texte folgenden Größen zu:

Determinaten der Arbeitsnachfrage	Aussage Nr.
Reallohn (l/P) Technologieniveau (π) Kapitalstock (K^*) Auslastungsgrad (γ) (Güternachfrage) Saisonale Einflüsse	

166. Die Beschäftigungsfunktion gibt an
o A: den Zusammenhang zwischen Inputs und Outputs.
o B: die Beziehung zwischen Arbeitseinsatz und Produktion.
o C: die technischen Möglichkeiten einer Verkürzung der Arbeitszeit.
o D: wieviel Beschäftigte welche Outputmenge erzeugen.
o E: wieviel Beschäftigte notwendig sind, um einen bestimmten Output zu erzeugen.

167. "Steigt die Gesamtnachfrage N durch Rationalisierungsinvestitionen, die den Kapitalstock (K) und das Technologieniveau (π) erhöhen, dann kann die Arbeitsnachfrage (B_d) trotzdem konstant bleiben."
Geben Sie die Arbeitsnachfragefunktion an, bei der diese Aussage zutrifft.

....

168. Was bedeutet die sog. Inputregel für die Ableitung einer Arbeitsnachfragefunktion?
o A: Es wird ein Verhandlungsmodell auf den Faktormärkten angenommen.
o B: Es wird ein Konkurrenzmodell auf den Faktormärkten angenommen.
o C: Es wird ein Konkurrenzmodell auf Güter- und Faktormärkten angenommen.
o D: Die Unternehmer verhalten sich so, daß die mit den Mengen gewichteten Preise der Inputs dem Grenzwertprodukt entsprechen.
o E: Es wird angenommen, daß die realen Faktorpreise und die Grenzproduktivität gleich sind.

169. Die Einstellungsneigung x der Unternehmen gibt an
o A: die Einstellungen der Unternehmer.
o B: die Elastizität der Unternehmen zur Einstellung von Arbeitskräften.
o C: die Erwartungsstruktur der Unternehmen in bezug auf die Entwicklung des Arbeitsmarktes.
o D: der Grad der Abweichung des Unternehmerverhaltens von der Gewinnmaximierung bei vollkommener Konkurrenz.
o E: wie die Unternehmer auf Veränderungen des Reallohns mit der Einstellung von Arbeitskräften reagieren.

170. Wie lautet die Grenzproduktivitätsfunktion der Arbeit der folgenden Cobb-Douglas-Produktionsfunktion:

$$Q = \pi B^{\alpha} \gamma^{\beta} K^{*\beta}$$

o A: $\frac{dQ}{dB} = \left(\pi \gamma^{\beta} K^{*\beta}\right) B^{\alpha}$

o B: $\frac{\delta Q}{\delta K} = \beta\left(\pi \gamma^{\beta} B^{\alpha}\right) K^{*\beta-1}$

o C: $\frac{\delta Q}{\delta B} = \alpha\left(\pi \gamma^{\beta} K^{*\beta}\right) B^{\alpha-1}$

o D: $Q' = \beta\left(\pi \gamma^{\beta} B^{\alpha}\right) K^{*\beta-1}$

o E: $Q = \alpha\left(\pi \gamma^{\beta} K^{*\beta}\right) B^{\alpha-1}$

171. Wie lautet die Produktions- und die Grenzproduktivitätsfunktion in Frage 170, wenn Sie folgende Parameterwerte unterstellen:

$\pi = 2$	$\alpha = 0{,}5$
$\alpha + \beta = 1$	$\gamma = 1$
$K^{*} = 3600$	

o A: $Q = 60\sqrt{B}, \frac{\delta D}{\delta B} = \frac{120}{\sqrt{B}}$

o B: $Q = \frac{120}{\sqrt{B}}, \frac{\delta D}{\delta B} = \frac{60}{\sqrt{B}}$

o C: $Q = 20 \cdot B^{0,5}, \frac{\delta D}{\delta B} = \frac{60}{\sqrt{B}}$

o D: $Q = 120\sqrt{B}, \frac{\delta D}{\delta B} = 60 \cdot B^{0,5}$

o E: $Q = 120\sqrt{B}, \frac{\delta D}{\delta B} = \frac{60}{\sqrt{B}}$

172. Zeichnen Sie beide Funktionen aus Aufgabe 171 in das folgende Diagramm ein!

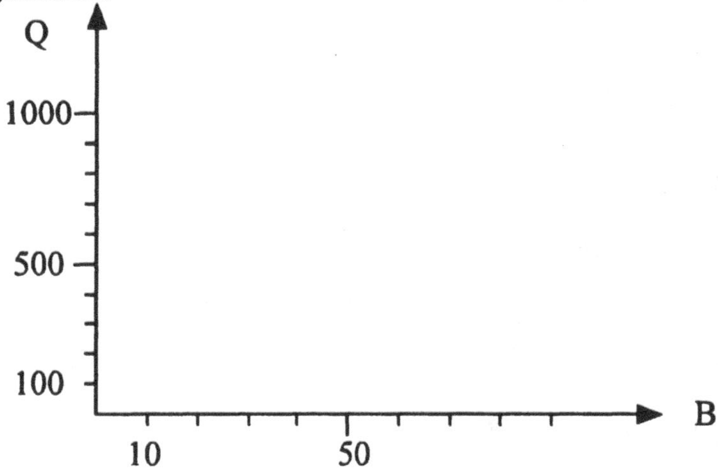

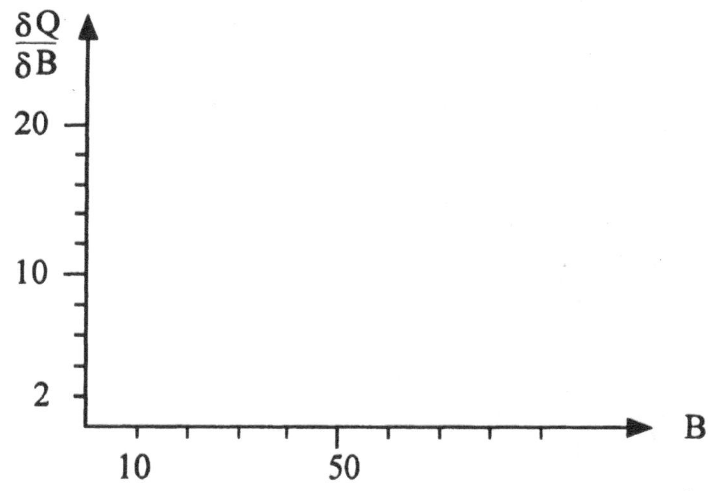

173. Unterstellt man die Inputregel, dann kann die Grenzproduktivitätsfunktion auch als Arbeitsnachfragefunktion interpretiert werden. Warum? Weil

o A: Grenzproduktivität und Lohn immer gleich sind.

o B: mit der Inputregel das Nachfrageverhalten der Unternehmer nach Arbeitskräften ausgedrückt ist.

o C: die Unternehmer bei zunehmender Durchschnittsproduktivität mehr Arbeitskräfte nachfragen.

o D: die Funktion unterstellt, daß die Unternehmer sich bei Einstellungen gewinnmaximierend verhalten.

o E: Arbeit ein Input ist.

174. Gegeben sei die "modifizierte" Inputregel und die Grenzproduktivitätsfunktion (nach Aufgabe 170). Berechnen Sie daraus die Arbeitsnachfragefunktion! Sie lautet:

o A: $B_d = \left(\frac{x\ \alpha\ \pi\ \gamma^{\beta}\ K^{*\beta}}{1} \right)^{\frac{1}{1-\alpha}}$

o B: $B_d = \left(\frac{x\ \alpha\ \pi\ \gamma^{\beta}\ K^{*\beta}}{1/P} \right)^{\frac{1}{1-\alpha}}$

o C: $B_d = \left(\frac{x\ \alpha\ \pi\ K^{\alpha}}{1 \cdot P} \right)^{\frac{1}{1-\beta}}$

o D: $B_d = \left(\frac{x\alpha\ \pi\ \gamma^{\beta}\ K^{*\beta}}{1/P} \right)^{\frac{1}{1+\alpha}}$

o E: $B_d = \left(\frac{x\alpha\ \pi\ K^{*\alpha}}{1/P} \right)^{\frac{1}{\alpha+1}}$

175. Es gelte folgende Arbeitsnachfragefunktion mit den Parameterwerten:

$$B_d = \left(\frac{x\ \alpha\ \pi\ \gamma^{\beta}\ K^{*\beta}}{1/P} \right)^{\frac{1}{1-\alpha}}$$

$x = 1$	$\alpha = 0{,}5$
$\alpha + \beta = 1$	$\pi = 2$
$\gamma = 1$	$K^{*} = 3600$

a) Unter Verwendung der gegebenen Parameterwerte ergibt sich folgende Funktion:

o A: $B_d^0 = \left(\frac{1/P}{60} \right)^2$

o B: $B_d^0 = \left(\frac{60}{1/P} \right)^2$

o C: $B_d^0 = \frac{3600}{(1/P)^2}$

o D: $B_d^0 = \frac{20}{(1/P)^2}$

o E: $B_d^0 = \frac{400}{(1/P)^2}$

b) Wie lautet die dazu gehörende Cobb-Douglas-Produktionsfunktion?

o A: $Q^0 = 100\sqrt{B}$

o B: $Q^0 = \sqrt{100B}$

o C: $Q^0 = 120\sqrt{B}$

o D: $Q^0 = \sqrt{120B}$

o E: $Q^0 = 120B^{1/2}$

c) Zeichnen Sie die beiden Kurven in die folgenden Schaubilder.

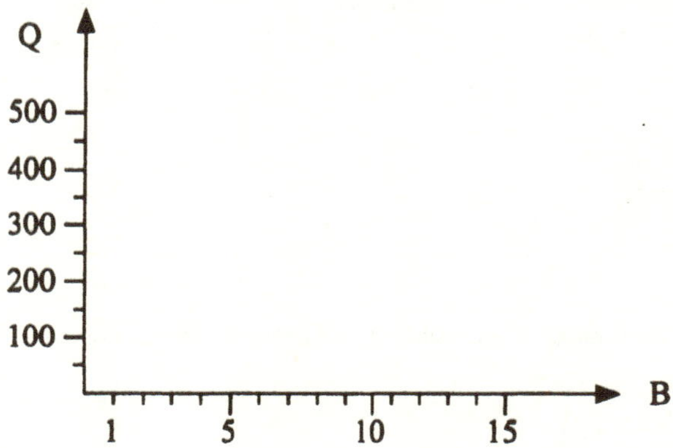

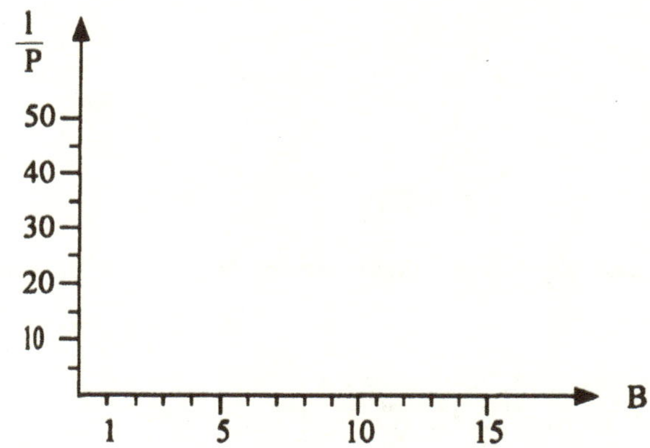

176. Gehen Sie davon aus, daß aufgrund von Rationalisierungsinvestitionen der Kapitalstock und das Technologieniveau steigen. Es gelte nun:

$x = 1$ $\alpha = 0{,}5$
$\alpha + \beta = 1$ $\pi = 3$
$\gamma = 1$ $K^* = 4900$

a) Unter Verwendung der gegebenen Parameterwerte ergibt sich folgende Funktion:

o A: $B_d^1 = \left(\frac{105}{1/P}\right)^2$ o B: $B_d = \left(\frac{1/P}{105}\right)^2$

o C: $B_d^1 = \frac{11025}{(1/P)^2}$ o D: $B_d^1 = \left(\frac{95}{1/P}\right)^2$

o E: $B_d^1 = \frac{10025}{(1/P)^2}$

b) Wie lautet die dazu gehörende Cobb-Douglas-Produktionsfunktion?

o A: $Q^1 = 190\sqrt{B}$ o B: $Q^1 = 210\sqrt{B}$

o C: $Q^1 = \sqrt{190B}$ o D: $Q^1 = \sqrt{140B}$

o E: $Q^1 = 210B^{1/2}$

c) Zeichnen Sie die beiden Kurven in die Schaubilder der vorherigen Aufgabe.

177. Für die Funktionen in den beiden Diagrammen der Aufgabe 175 treffen die folgenden Aussagen zu:

o A: Die Steigerung des Technologieniveaus setzt Arbeitskräfte frei, wenn die Produktionsmenge konstant bleibt.
o B: Produktionssteigerungen können den Rückgang der Beschäftigung kompensieren.
o C: Rationalisierungsinvestitionen setzen per Saldo immer Arbeitskräfte frei.
o D: Die Freisetzung kann durch Arbeitszeitverkürzung und Lohnverzicht nicht aufgefangen werden.
o E: Produktivitätssteigerungen ermöglichen Reallohnsteigerungen pro Beschäftigtem.

178. a) Zeichnen Sie die Produktions- und Arbeitsnachfragefunktion (lt. Aufgabe 175)

$$Q^0 = 120\sqrt{B} \text{ und } B_d^0 = \left(\frac{60}{1/P}\right)^2$$

in die folgenden Diagramme ein.

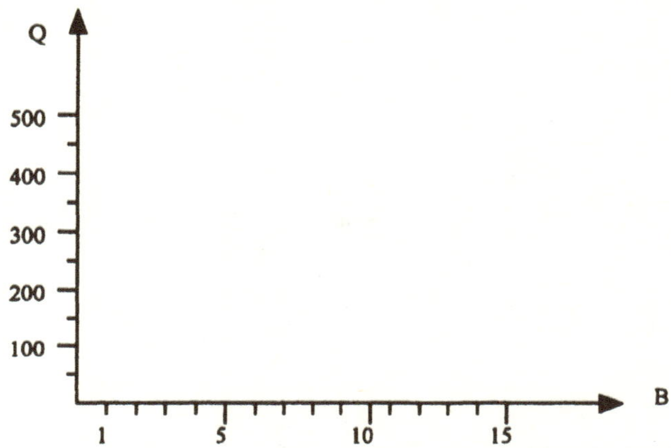

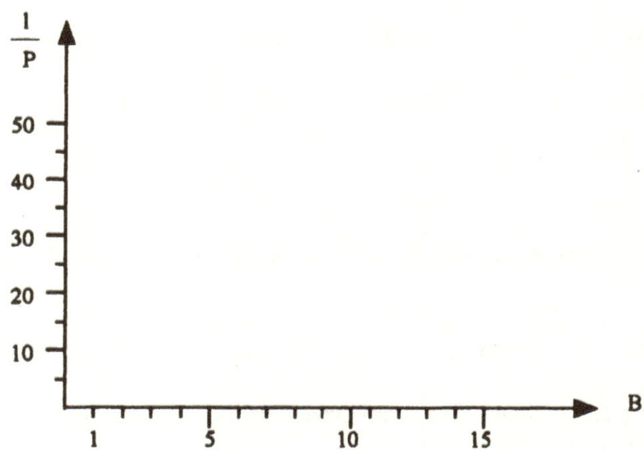

b) Unterstellen Sie, durch eine Sanierung der öffentlichen Haushalte sei die Kapazitätsauslastung auf γ = 0,9025 gesunken. Wie lauten die neuen Funktionen mit den Parameterwerten

$x = 1$	$\alpha = 0{,}5$
$\alpha + \beta = 1$	$\pi = 2$
$\gamma = 0.9025$	$K^* = 3600$

o A: $Q^1 = 114B, \; B_d^1 = \left(\frac{57}{\ell / P} \right)$

o B: $Q^1 = 114\sqrt{B}, \; B_d^1 = \left(\frac{57}{\ell / P} \right)^2$

o C: $Q^1 = 114 \cdot B^{0,5}, \; B_d^1 = \frac{3249}{(\ell / P)^2}$

o D: $Q^1 = 57\sqrt{B}, \; B_d^1 = \left(\frac{57}{\ell / P} \right)^2$

o E: $Q^1 = 114\sqrt{B}, \; B_d^1 = \left(\frac{57}{P / \ell} \right)^2$

c) Zeichnen Sie die neuen Funktionen in die Diagramme der Teilaufgabe a) ein.

179. Für die Funktionen in den Diagrammen der Aufgabe 178 treffen folgende Aussagen zu:
o A: Sinkende Nachfrage führt zu Arbeitslosigkeit.
o B: Steigende Nachfrage führt zu Arbeitslosigkeit.
o C: Der Staat darf keine Sanierung seines Haushalts vornehmen, will er nicht weitere Arbeitslosigkeit verursachen.
o D: Der Staat muß seinen Haushalt sanieren, will er nicht weitere Arbeitslosigkeit in Kauf nehmen.
o E: Bei Unterauslastung der Kapazitäten kann ein Rückgang der Beschäftigung durch Lohnsteigerungen aufgefangen werden.

180. Keynesianische und "neoklassische" Arbeitsnachfragefunktion unterscheiden sich durch die
o A: Interpretation des Technologieparameters.
o B: Annahme über die Marktform.
o C: Einstellungsneigung.
o D: Definition des Lohnsatzes.
o E: Anwendung der Input - Regel.

181. Die Arbeitsnachfragefunktion verlagert sich im l/P-B_d-Diagramm nach rechts, wenn
o A: die Kapazitätsauslastung steigt.
o B: der Kapitalstock sinkt.
o C: das Technologieniveau sinkt.
o D: die Einstellungsneigung steigt.
o E: die Gewerkschaften Arbeitszeitverkürzungen (ohne Lohnausgleich) durchsetzen.

182. Trotz eines von $\left(\frac{1}{P_A}\right)_0$ auf $\left(\frac{1}{P_A}\right)_1$ gesunkenen Reallohnniveaus trat die prognostizierte Steigerung der Arbeitsnachfrage von B_{d0} auf B_{d1} nicht ein; die Ursache dafür ist in der Linksverlagerung der Arbeitsnachfragefunktion von B_d nach $B`_d$ zu sehen.

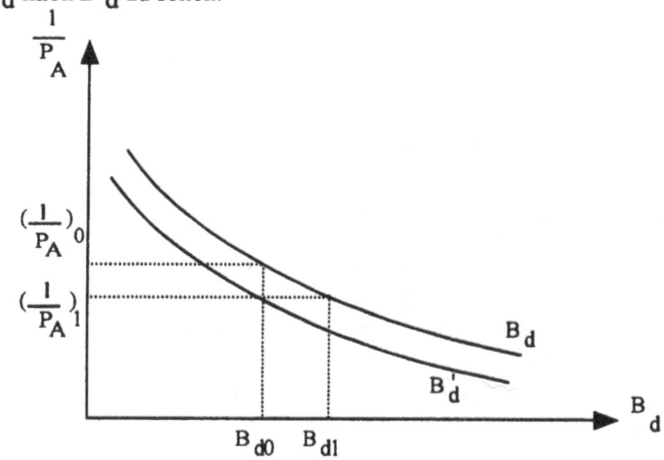

Wodurch könnte dies Linksverlagerung bewirkt worden sein? Durch
o A: eine Steigerung der Kapazitätsauslastung.
o B: einen Rückgang der Kapazitätsauslastung.
o C: ein Sinken des Kapitalstocks aufgrund geringer Investitionen in der Vergangenheit.
o D: eine gestiegene Einstellungsneigung der Unternehmen.
o E: einen gestiegenen Reallohn.

183. Welche der folgenden Aussage(n) ist (sind) richtig?
o A: Das Angebot an Arbeitskräften hat mit der Bevölkerungszahl nichts zu tun.
o B: Das Arbeitskräfteangebot hängt von der Erwerbsquote ab; der Lohnsatz spielt dabei keine Rolle.
o C: Der Lohnsatz entscheidet (nach herrschender Theorie) über die Wahl der Wirtschaftssubjekte zwischen Arbeits- und Freizeit. Diese Entscheidung bestimmt das Angebot an Arbeitszeit und -kraft.
o D: Für das Arbeitskräfteangebot ist die Struktur der Bevölkerung nach Geschlecht und Alter wichtig.
o E: Das Angebot an Arbeitskräften wird auch durch den Wanderungssaldo bestimmt.

184. Wovon hängt die Bevölkerungsentwicklung einer Volkswirtschaft ab? Von

o A: Mortalität.
o B: Pensionsalter.
o C: Infrastruktur.
o D Wanderungssaldo.
o E: Fertilität.

185. In ökonomischen Lehrbüchern wird davon ausgegangen, daß die Arbeitsanbieter umso mehr Arbeitszeit anbieten, je höher der Reallohn liegt. Welche der folgenden Argumente sprechen für diese Hypothese?
o A: Jeder ist froh, wenn er einen Arbeitsplatz hat.
o B: Höherer Reallohn bedeutet eine bessere Befriedigung der Konsumbedürfnisse.
o C: Bei einem verfügbaren Haushaltseinkommen von über 4000 DM monatlich übt die Lohnsteigerung großen Anreiz aus, mehr Arbeit anzubieten; steigt doch nach dem Engelschen Gesetz mit zunehmendem Nettoeinkommen der relative Anteil der Nahrungsmittelausgaben an den Gesamtausgaben.
o D: Die Beziehung zwischen Arbeitsfreude und Arbeitsleid ist nicht konstant.
o E: Mit höherem Reallohn läßt sich der individuelle Lebensstandard steigern.

186. "Die Hoffnungen der amerikanischen Stahlkonzerne auf Entlastung bei den Lohnkosten haben sich nicht erfüllt. Mit deutlicher Mehrheit lehnte die Stahlarbeitergewerkschaft jetzt einen neuen Tarifvertrag ab, der Lohnsenkungen vorsah." Welche Arbeitsmarkttheorie(n) wird (werden) durch diese Aussage gestützt?
o A: Die keynesianische Theorie.
o B: Die "neoklassische"Theorie.
o C: Eine Verhandlungstheorie mit Lohnuntergrenzen.
o D: Keine von beiden.
o E: Beide Theorien.

187. Wie bezeichnet man die Differenz zwischen Effektiv- und Tariflöhnen?
o A: Lohngap.
o B: Lohndrift.
o C: Lohnlag.
o D: Effektivlohn-Lag
o E: Tariflohn-Lag

188. Welche der folgenden Aussage(n) ist (sind) richtig?
o A: Effektivlöhne werden von den Tarifparteien ausgehandelt.
o B: Effektivlöhne werden zwischen den Unternehmen und der Vertretern der Belegschaften ausgehandelt.
o C: Effektivlöhne bilden sich nach Angebot und Nachfrage auf dem Arbeitsmarkt.
o D: Tariflöhne werden von den Arbeitgeber- und Arbeitnehmerverbänden ausgehandelt.
o E: Effektivlöhne sind immer real, Tariflöhne nominal.

189. Die Lohnflexibilität ist auf dem Arbeitsmarkt eingeschränkt, weil
o A: auf einem Konkurrenzmarkt die Preise nach unten inflexibel sind.
o B: Marktunvollkommenheiten sich in mangelnder Preisanpassung niederschlagen.
o C: man beim Arbeitsmarkt von einem bilateralen Monopol ausgehen muß.
o D: man beim Arbeitsmarkt von einem Polypol ausgehen muß.
o E: Arbeitskräfte als Produktionsfaktoren interpretiert werden.

190. Welche Ansicht vertreten die Keynesianer in bezug auf die Flexibilität der Geldlöhne? Keynesianer unterstellen:
o A: Flexibilität nach oben.
o B: Flexibilität nach unten.
o C: Starrheit der Geldlöhne nach unten.
o D: eine Untergrenze für die Geldlöhne.
o E: eine Obergrenze für die deflationierten Geldlöhne.

191. Keynes geht in seiner Arbeitsmarktanalyse davon aus, daß die Nominallöhne zumindest kurz- und mittelfristig nicht sinken können. Durch welche(s) Merkmal(e) moderner Arbeitsmärkte läßt sich diese Annahme empirisch begründen?
o A: Immobilität der Arbeitskräfte und arbeitsrechtliche Bindungen verhindern kurzfristige Lohnanpassungen.
o B: Aufgrund ihrer schwachen Stellung können die Unternehmer Nominallohnsenkungen nicht zur Diskussion stellen.
o C: Die Einhaltung gewisser Mindestlohnsätze ist staatlich garantiert.
o D: Tariflöhne stellen eine Lohnuntergrenze dar.
o E: Effektivlöhne stellen eine Lohnuntergrenze dar.

192. Zeichnen Sie in das nachfolgende Diagramm eine Arbeitsangebotsfunktion

$B_s = q(1/P)$ ein mit q = 0,5!

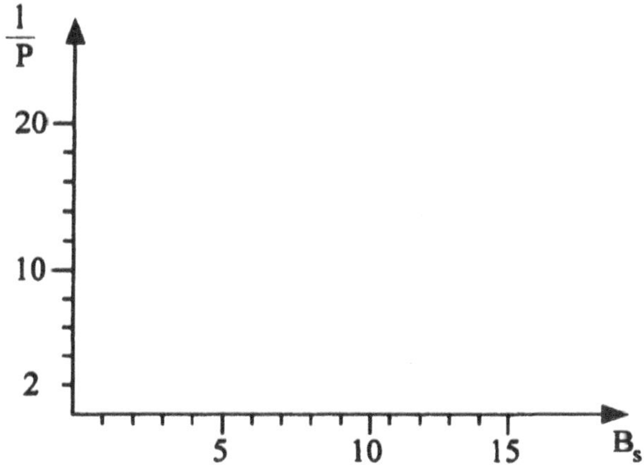

193. Gehen Sie von der Arbeitsangebotsfunktion laut Aufgabe 192 aus. Das Preisniveau P liege bei 1.

a) Wie hoch ist das Angebot an Arbeitskräften, wenn l = 10 beträgt

o A: 3 o D: 10
o B: 5 o E: 12
o C: 8

b) Welches Arbeitsangebot ergibt sich, wenn der Nomiallohn l auf 20 steigt?

o A: 3 o D: 10
o B: 5 o E: 12
o C: 8

194. Es gelte die Arbeitsangebotsfunktion $B_s = 0,5(1/P)$. Gehen Sie von $P_0 = 1$ und l = 20 aus.

a) Wie verändert sich der Reallohn $1/P$ und das Angebot an Arbeitskräften B_S, wenn das Preisniveau von $P_0 = 1$ auf $P_1 = 2$ steigt?

Δ(l/P)		ΔB_S	
	o A: -3		o A: -3
	o B: -5		o B: -5
	o C: -8		o C: -8
	o D: -10		o D: -10
	o E: -12		o E: -12

b) Zeichnen Sie die alte und neue Situation in das Diagramm der Aufgabe 192 ein.

c) Handeln die Arbeitsanbieter mit oder ohne Geldillusion?
o A: Mit Geldillusion.
o B: Ohne Geldillusion.

d) Welche der folgenden Annahmen gelten außerdem?
o A: Fristlose Kündigungen sind möglich.
o B: Keine festen Arbeitsverträge.
o C: Unvollkommene Konkurrenz.
o D: Vollkommene Konkurrenz.
o E: Hoher Anteil älterer Arbeitnehmer.

195. Es gelte die Arbeitsangebotsfunktion

$$B_s^0 = 0,5\, \frac{1}{P}$$

Gehen Sie aus von

$$\left(\frac{1}{P_0}\right) = 10\,,\quad B_s = 5$$

a) Welches Angebot B_S an Arbeitskräften ergibt sich, wenn das Preisniveau von $P_O = 1$ auf $P_2 = 0{,}5$ sinkt, und die Arbeitsanbieter unter Geldillusion handeln?

$\Delta(1/P)$		ΔB_S	
	o A: 10		o A: 5
	o B: 20		o B: 20
	o C: 15		o C: 15
	o D: 5		o D: 8
	o E: 12		o E: 10

b) Zeichnen Sie die alte und neue Situation in das nachfolgende Diagramm ein.

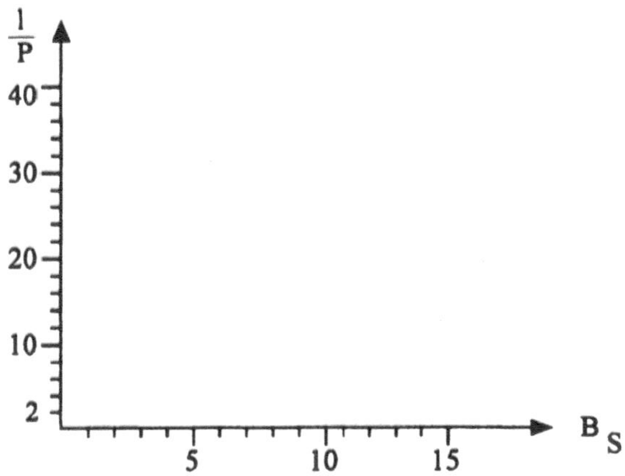

196. Welche der folgenden Zuordnungen sind richtig?
(1): keynesianische Theorie
(2): "neoklassische" Theorie
(3): sonstige Theorie
o A: Das Arbeitsangebot hängt vom Geldlohn ab (3)
o B: Das Arbeitsangebot hängt vom Reallohn ab (2)
o C: Die Arbeitsanbieter handeln unter Geldillusion (1)
o D: Die Arbeitsanbieter handeln nicht unter Geldillusion (2)
o E: Die Arbeitsanbieter sind inflexibel, weil an Verträge gebunden (2)

197. Die Arbeitsangebotsfunktion verlagert sich im $1/P$-B_S-Diagramm nach rechts, wenn c.p.
o A: die Präferenz für Freizeit steigt.
o B: sich die Altersstruktur der Bevölkerung so ändert, daß überdurchschnittlich viele Jugendliche ins Erwerbsleben eintreten.
o C: die Pensionierungsgrenze erhöht wird.
o D: die Bevölkerung zurückgeht.
o E: die Frauen "an den Herd zurückkehren".

198. a) Zeichnen Sie in folgendes Diagramm ein Arbeitsmarktgleichgewicht bei Vollbeschäftigung ein!
Bezeichnen Sie Kurven und Gleichgewichtspunkt eindeutig.

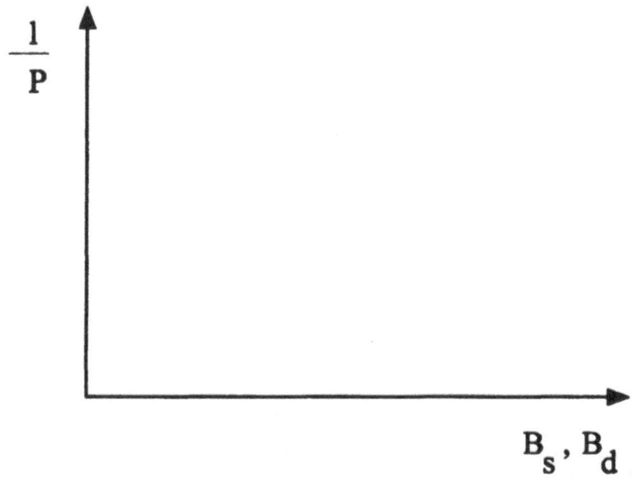

b) Zeichnen Sie in das Schaubild dieser Aufgabe eine Gleichgewichtssituation bei Unterbeschäftigung ein!

c) Welche der folgenden Aussagen beschreiben dieses Unterbeschäftigungsgleichgewicht?

o A: Unterbeschäftigte Arbeitsanbieter leiden unter Geldillusion.
o B: Alle, die bereit sind, zum gegeben Lohn zu arbeiten, finden einen Arbeitsplatz.
o C: Die Arbeitsanbieter sind über ihre potentiell optimale Situation informiert.
o D: Sofortige Kündigung ist nicht möglich.
o E: Die Geldlöhne sinken.

199. Das Schaubild (nächste Seite) zeigt eine - unter keynesianischen Annahmen durchaus stabile - Gleichgewichtssituation bei Unterbeschäftigung. Stellen Sie die auf der keynesianischen Argumentation basierende Kausalkette dar, durch die ein Abbau der Unterbeschäftigung bewirkt werden kann.
Verwenden Sie dazu die Symbole des Symbolverzeichnisses!

.... → .... → .... → B↑

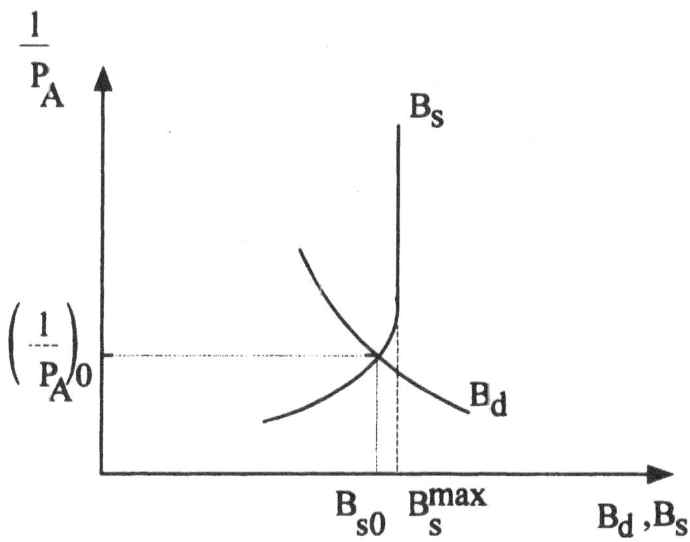

200. a) Auf der kleinen, aber autarken Südseeinsel "Neoklassika" werden in reiner Monokultur Kokosnüsse produziert und verarbeitet. Die gesamtwirtschaftliche Produktionsfunktion kann durch $Q = \pi\ B^{\alpha} K^{\beta}$, bzw. $Q = \pi\ B^{\alpha}\ \gamma^{\beta}\ K^{*\beta}$ (da $K = \gamma\ K^{*}$) hinreichend beschrieben werden. Stellen Sie diese Cobb-Douglasfunktion, sowie die (partielle) Grenzproduktivitätsfunktion (der Arbeit), unter Verwendung folgender Parameterwerte dar:

$\pi = \pi_a = 1$	$\gamma = \gamma_a = 1$
$K^{*} = 100$	$\alpha = \beta = 0{,}5$

o A: $Q = 10\sqrt{B}\,;\ \frac{\partial Q}{\partial B} = \frac{5}{\sqrt{B}}$ o C: $Q = 50\sqrt{B}\,;\ \frac{\partial Q}{\partial B} = \frac{10}{\sqrt{B}}$

o B: $Q = \sqrt{10B}\,;\ \frac{\partial Q}{\partial B} = \sqrt{\frac{5}{B}}$ o D: $Q = \sqrt{50B}\,;\ \frac{\partial Q}{\partial B} = \sqrt{\frac{10}{B}}$

o E: $Q = 10B^{\frac{1}{2}}\,;\ \frac{\partial Q}{\partial B} = 5B^{-\frac{1}{2}}$

b) Zeichnen Sie beide Kurven in die folgenden Schaubilder ein.

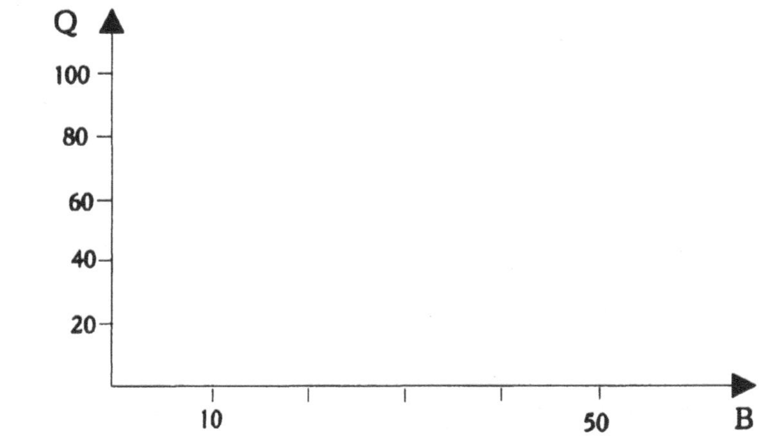

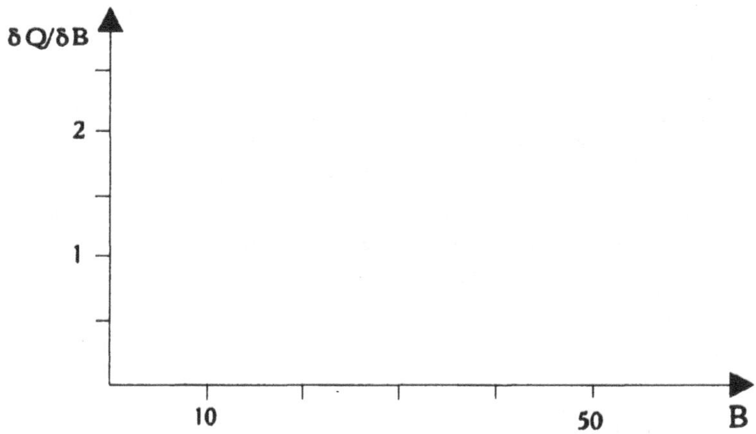

c) Wieviel Beschäftigte werden die Kokos-Unternehmer einstellen, wenn sie sich gewinnmaximierend verhalten, ein Nominallohnsatz von 10 Geldeinheiten bezahlt wird und davon ausgegangen werden kann, daß jede produzierte Einheit Kokosnuß zu einem Preis von 10 Geldeinheiten abgesetzt werden kann?

o A: 5
o B: 10
o C: 25
o D: 30
o E: 50

d) Wie verändert sich die Anzahl der Beschäftigten, wenn es der neugegründeten Kokosarbeiter-Gewerkschaft "workaholic" gelingt, vor Beginn der darauffolgenden Saison eine 11,8 %-ige Nominallohnsatzerhöhung c.p. durchzusetzen?

o A: -1
o B: 0
o C: +1
o D: -5
o E: +5

e) Aufgrund des Gutachtens eines "neoklassisch" inspirierten Wirtschaftswissenschaftlers zu den Möglichkeiten einer Beschäftigungserhöhung entschließt sich die Inselregierung, die Gewerkschaft "workaholic" zu verbieten und den Arbeitsmarkt dem freien Spiel der Angebots- und Nachfragekräfte zu überlassen. Skizzieren Sie in dem gegebenen Schaubild den einsetzenden Anpassungsprozeß!

201. Gehen Sie von einer Erhöhung des Reallohns von $(l/P)_0$ auf $(l/P)_1$ aus.

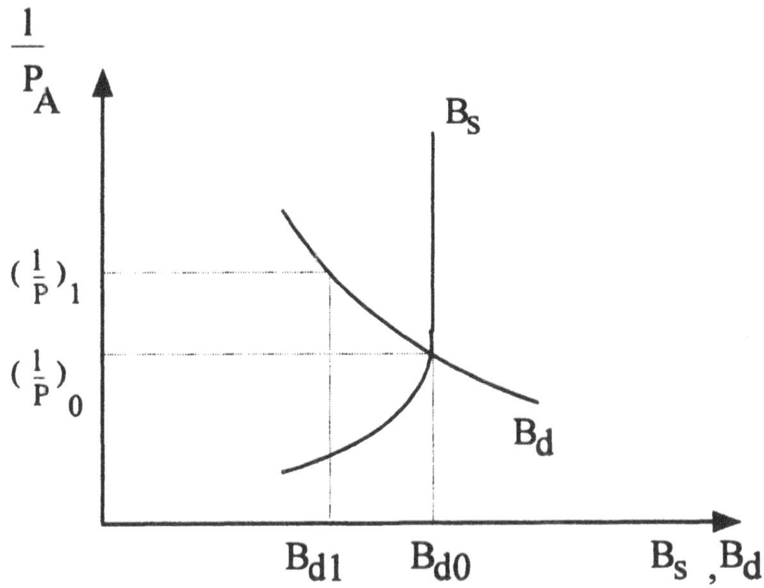

Wie kann man die dadurch entstandene Situation bezeichnen?
o A: Die strukturelle (nicht-konjunkturelle) Arbeitslosigkeit ist gestiegen.
o B: Die strukturelle Arbeitslosigkeit ist gesunken.
o C: Die konjunkturelle Arbeitslosigkeit ist gesunken.
o D: Es besteht ein Nachfragemengenüberschuß.
o E: Es besteht ein Angebotsmengenüberschuß.

202. Ungleichgewichte (Arbeitslosigkeit) auf dem Arbeitsmarkt werden in der keynesianischen Theorie ausgeglichen durch
o A: steigenden bzw. sinkenden Nominallohn.
o B: Veränderungen der Kapazitätsauslastung.
o C: Veränderungen des Technologieniveaus.
o D: Initiativen der Gewerkschaften und Arbeitgeberverbänden bei den Tarifverhandlungen.
o E: steigende bzw. sinkende Nachfrage des Staates.

203. Nach dem "neoklassischen" Paradigma läßt sich Arbeitslosigkeit am besten durch folgende Maßnahmen beseitigen:

o A: Auf die Marktkräfte vertrauen.

o B: Mindestlöhne einführen.

o C: Für Konkurrenz auf dem Arbeitsmarkt sorgen.

o D: Staatliche Verordnungen zur Senkung der Tariflöhne erlassen.

o E: Vollbeschäftigung herbeiführen durch ein staatliches Beschäftigungsprogramm.

204. "In der Bundesrepublik ist der Produktionsfaktor Arbeit durch das soziale Netz teuer und inflexibel; dadurch wurde ein großer Teil der herrschenden Arbeitslosigkeit verursacht."
Welche der folgenden Aussagen sind mit diesem Zitat kompatibel?
o A: Das soziale Netz ist eine sozialpolitische Frage, die mit der ökonomischen der Arbeitslosigkeit nichts zu tun hat.
o B: Die räumliche und berufliche Mobilität der Arbeitskräfte erleichtert Anpassungsprozesse und verringert die Arbeitslosigkeit.
o C: Verschiebungen der relativen Faktorpreise zugunsten der Löhne erhöhen die Kapitalintensität.
o D: Lohninduzierter technischer Fortschritt setzt Arbeitskräfte frei.
o E: Lohnnebenkosten spielen für die Arbeitslosigkeit keine Rolle.

205. Ergänzen Sie das folgende Diagramm und zeichnen Sie durch Veränderung des Preisniveaus die gesamtwirtschaftliche Angebotsfunktion. (Kurven und Achsen bitte beschriften und die Ableitung deutlich darstellen!). Unterstellen Sie das neoklassische Paradigma!
a)

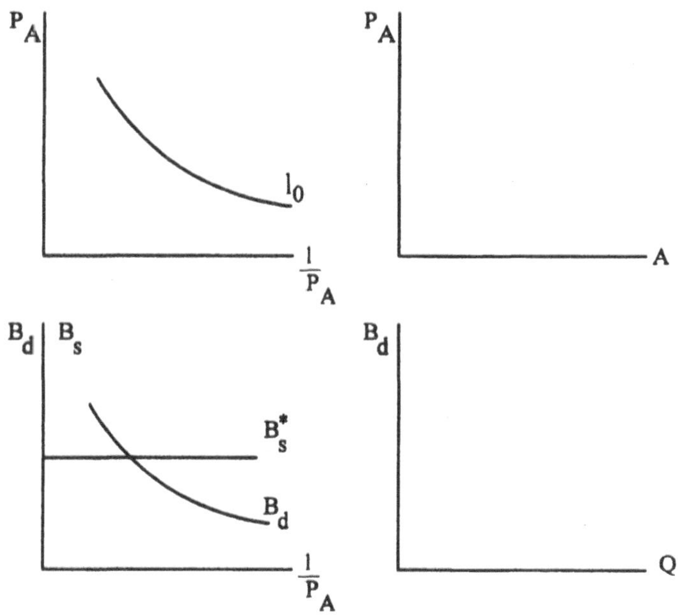

b) Die abgeleitete gesamtwirtschaftliche Angebotsfunktion unterliegt folgender(n) Prämissen:
o A: Produktion gleich Angebot.
o B: geschlossene Volkswirtschaft.
o C: unvollkommene Konkurrenz auf dem Arbeitsmarkt.
o D: starrer Geldlohn nach unten.
o E: vollkommene Markttransparenz.

206. Ergänzen Sie das folgende Diagramm und zeichnen Sie durch Veränderung des Preisniveaus die gesamtwirtschaftliche Angebotsfunktion. (Kurven und Achsen bitte beschriften und die Ableitungen deutlich darstellen!). Unterstellen Sie das keynesianische Paradigma!

a)

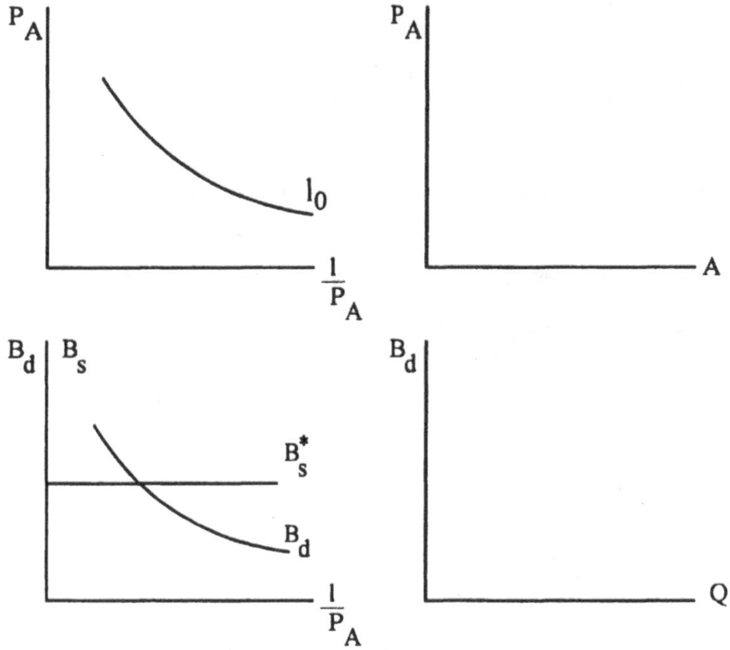

b) Die abgeleitete gesamtwirtschaftliche Angebotsfunktion unterliegt folgender (n) Prämissen:

o A: Produktion gleich Angebot.
o B: Gewinnsumme Null.
o C: stabiles Vollbeschäftigungsgleichgewicht.
o D: Geldlohnabhängiges Arbeitsangebot.
o E: vollkommene Markttransparenz.

207. Welche der folgenden Aussagen über den Zusammenhang zwischen Gewinn und Produktionsmenge stimmen mit der gesamtwirtschaftlichen Angebotsfunktion aus $A = \frac{W}{P} + \frac{G}{P}$ überein?

o A: Je höher der aktuelle und erwartete Gewinn, desto mehr werden die Unternehmen produzieren und anbieten.
o B: Gewinnsteigerungen sind nur über Produktionserhöhungen möglich.
o C: Jede Erhöhung der Produktion erhöht auch den Gewinn.

o D: Reallohnsteigerungen führen über Gewinnsteigerungen zu mehr Beschäftigung und Produktion.
o E: Bei Reallohnsenkungen stellen die Unternehmen mehr Arbeitskräfte ein; Beschäftigung und Produktion steigen.

208. Welche Beziehung besteht zwischen Kapitalverzinsung und Gewinn?
o A: Der Gewinn ist definiert als Differenz zwischen Umsatz und Kosten (einschließlich der Kapitalkosten).
o B: Gewinn und Kapitalverzinsung sind im Stückkostenminimum gleich.
o C: Profitrate und Kapitalverzinsung sind im Stückkostenminimum gleich.
o D: Bei unvollkommener Konkurrenz sind Profitrate und Grenzproduktivität des Kapitals gleich.
o E: Bei vollkommener Konkurrenz sind Profitrate und Kapitalverzinsung gleich.

209. Das Importangebot der Bundesrepublik steigt bei
o A: Konjunkturaufschwung im Inland.
o B: steigenden Terms of Trade.
o C: steigenden Inlandspreisen.
o D: steigenden Auslandspreisen.
o E: Zollerhöhungen.

210. Die Importneigung m^* in bezug auf das inländische Angebot drückt aus:
o A: Die Beziehung zwischen Import und Angebot.
o B: Das Verhalten der Importeure in bezug auf die inländische Wirtschaftstätigkeit.
o C: Den Anteil der Importe am Sozialprodukt.
o D: Die Importelastizität.
o E: Die Veränderung der Importe aufgrund einer Veränderung des Angebots.

211. Welche der folgenden allgemeinen Beschreibungen der gesamtwirtschaftlichen Angebotsfunktion im P-A-System ist richtig?
o A: Die Funktion sagt aus, daß bei steigenden Preisen die einzelnen Unternehmen direkt ihr Angebot ausweiten.
o B: Die Funktion ist eine Kurve des Gleichgewichts auf dem Arbeitsmarkt, die P und A einander zuordnet, zusätzlich sind "windfall profits" und Importe berücksichtigt.
o C: Die Funktion gibt auf der Grundlage von Verhaltens- und Definitionsgleichungen an, welche Beziehungen zwischen Preisniveau und Gesamtangebot bestehen.
o D: Die Funktion drückt die Verhaltensweisen auf den Märkten als aggregierte Form der Einzelangebotsfunktionen aus.
o E: Die Funktion ordnet bei gewinnmaximierendem Verhalten der Unternehmer Preisniveau und Angebot einander zu.

212. Läßt man aus Vereinfachungsgründen das Importangebot unberücksichtigt - d.h. betrachtet man die Volkswirtschaft mit Gewinn und Staat, aber ohne Außenwirtschaft - so erhält man aus folgenden Strukturgleichungen

$$(1)\ A = \frac{W}{P_A} + \frac{G}{P_A}$$

$$(2)\ W = l \cdot B$$

$$(3)\ B = B_d = B_S$$

$$(4)\ B_d = \left(\frac{x\alpha\ \pi\gamma^{\beta} K^{*\beta}}{1/P_A} \right)^{\frac{1}{1-\alpha}}$$

$$(5)\ B_S = q\,\frac{1}{P_A}$$

$$(6)\ K = K_a = \gamma_a K_a^*$$

$$(7)\ \pi = \pi_a$$

$$(8)\ l = l_a$$

$$(9)\ G = Q\left(P_A - \frac{1}{\pi} \right)$$

die Gleichung für die keynesianische gesamtwirtschaftliche Angebotsfunktion:

o A: $$A = \frac{(x\alpha\,\pi_a)^{1/1-\alpha} (\gamma_a K_a^*)^{\beta/1-\alpha}}{l_a^{\alpha/1-\alpha}} P_A^{\alpha/1-\alpha} + Q\left(1 - \frac{1}{\pi_a P_A} \right)$$

o B: $$A = \frac{(x\alpha\,\pi_a)^{1/1-\alpha} (\gamma_a K_a^*)^{\beta/1-\alpha}}{l_a^{\alpha/1-\alpha}} P_A^{\alpha/1-\alpha} + Q\left(1 + \frac{1}{\pi_a P_A} \right)$$

o C: $$A = \frac{(x\alpha)^{1/1-\alpha} (\gamma_a K_a^*)^{\beta/1-\alpha}}{l_a^{\alpha/1-\alpha}} P_A^{\alpha/1-\alpha} + Q\left(1 - \frac{1}{P_A} \right)$$

o D: $$A = \frac{(x\alpha\,\pi_a)^{1/1-\alpha} (\gamma_a K_a^*)^{\beta/1-\alpha}}{l_a^{1-\alpha/\alpha}} P_A^{\alpha/1-\alpha} + Q\left(1 + \frac{1}{\pi_a P_A} \right)$$

o E: $$A = (x\alpha\,\pi_a)^{1/1-\alpha} (\gamma_a K_a^*)^{\beta/1-\alpha} P^{\frac{\alpha}{1-\alpha}} l_a^{\alpha-1/1-\alpha} + Q\left(1 - \frac{1}{\pi_a P_A} \right)$$

213. Wie läßt sich diese Funktion berechnen?

o A: (2) und (9) in (1); (4) und (5) in (3) und das Ergebnis in (1); (6), (7) und (8) einsetzen.

o B: (2) und (9) in (1); (4) in (1); (6), (7) und (8) einsetzen.

o C: (2) und (9) in (1); (4) in (5) und das Ergebnis in (3); (6), (7) und (8) einsetzen.

o D: (2), (9) und (4) in (1) und in dies Ergebnis (6), (7) und (8) eingesetzt.

o E: (2) und (9) in (1) und in dies Ergebnis (6) und (7) einsetzen.

214. a) Wie lautet die gesamtwirtschaftliche Angebotsfunktion keynesianischer Prägung, wenn Sie die folgenden Parameterwerte unterstellen?

$\alpha = \beta = 1/2$ $\gamma_a = 1$

$\pi_a = 2$ $l_a = 14$

$x = 1$ $Q = 1178$

$K_a^* = 3500$

o A: $A_0 = 250\,P_A + 1178 - \frac{1178}{2\,P_A}$

o D: $A_0 = 1178 - \frac{589}{P_A} + 1178$

o B: $A_0 = 200\,P_A - \frac{1178}{2\,P_A}$

o E: $A_0 = 200\,P_A - 1078 + \frac{1078}{2\,P_A}$

o C: $A_0 = \frac{1078}{2\,P_A} - 250\,P_A + 1078$

b) Zeichnen Sie diese Funktion in folgendes Diagramm

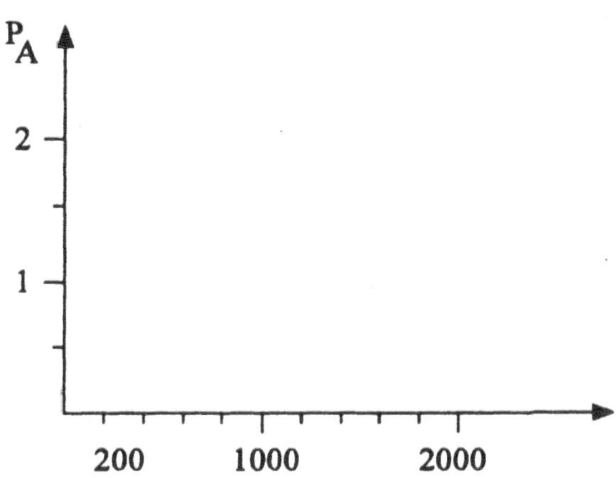

215. a) Wie lautet die gesamtwirtschaftliche Angebotsfunktion, wenn die Kapitalstunden auf 5250 und das Technologieniveau auf 2,4 steigen (ceteris paribus). Ansonsten gelten die Parameterwerte der Aufgabe 214.

o A: $A_1 = 5,4 P_A + 1178\left(1 - \frac{1}{2 P_A}\right)$

o B: $A_1 = 540 P_A - 1178\left(1 + \frac{1}{2 P_A}\right)$

o C: $A_1 = 540 P_A + 1178\left(1 + \frac{1}{2 P_A}\right)$

o D: $A_1 = 540 P_A + 1178\left(1 - \frac{1}{2,4 P_A}\right)$

o E: $A_1 = 5,4 P_A - 1178\left(1 - \frac{1}{2,4 P_A}\right)$

b) Zeichnen Sie diese Funktion in das Diagramm der Aufgabe 214 b ein.

216. a) Wie lautet die gesamtwirtschaftliche Angebotsfunktion, wenn der Geldlohnsatz auf 20 steigt. Unterstellen Sie im übrigen die Parameterwerte von Aufgabe 214 a

o A: $A_2 = 175 P_A + 1178\left(1 - 0,5 P_A\right)$

o B: $A_2 = 125 P_A - 1178\left(1 - \frac{1}{2 P_A}\right)$

o C: $A_2 = 1178\left(1 - \frac{1}{2 P_A}\right) + 175 P_A$

o D: $A_2 = 125 P_A + 1078\left(1 - 0,5_A\right)$

o E: $A_2 = 175 P_A + 1078\left(1 + 0,5 P_A\right)$

b) Zeichnen Sie diese Funktion in das Diagramm der Aufgabe 214 b ein.

217. Die Steigung der gesamtwirtschaftlichen Angebotsfunktion läßt sich durch folgende keynesianische Kausalkette begründen:

$P_A \uparrow \rightarrow$ .... $\rightarrow A \uparrow$

218. Mehr Flexibilität auf dem Arbeitsmarkt und in der Produktion führt dazu, daß die gesamtwirtschaftliche Angebotsfunktion im P-A-Diagramm

o A: steiler verläuft.
o B: flacher verläuft.
o C: nicht verändert wird.
o D: nach rechts verschoben wird.
o E: nach links verschoben wird.

219. Die Lage der gesamtwirtschaftlichen Angebotsfunktion hängt - im Modell einer geschlossenen Volkswirtschaft mit Staat und keynesianischem Paradigma - ab

o A: vom Kapitalstock.
o B: von der Geldmenge.
o C: von den autonomen Größen des Modells.
o D: von den endogenen Größen des Modells.
o E: von den Einstellungen der Anbieter und ihrem Verhalten.

220. Die keynesianische gesamtwirtschaftliche Angebotsfunktion verlagert sich im P-A-Diagramm nach rechts, wenn

o A: das Technologieniveau steigt.
o B: der Kapitalstock sinkt.
o C: die Kapazitätsauslastung steigt.
o D: der Geldlohnsatz steigt.
o E: das Preisniveau steigt.

221. Der "klassische" Bereich der gesamtwirtschaftlichen Angebotsfunktion unterstellt, daß

o A: die Unternehmen bei einem konstanten Preisniveau jede gewünschte Menge anbieten.
o B: die Preisniveauelastizität des Angebots Null ist.
o C: die Volkswirtschaft sich in einem stabilen Vollbeschäftigungsgleichgewicht befindet.
o D: die Volkswirtschaft sich in einem stabilen Unterbeschäftigungsgleichgewicht befindet.

o E: ein flexibles Preisniveau mit einem und festen Volkseinkommen (Angebot) verbunden ist.

222. Die Steigung der gesamtwirtschaftlichen Angebotsfunktion läßt sich im "klassischen" Bereich durch folgende Kausalkette begründen:

....

$P_A \downarrow \;\rightarrow$ .... $\rightarrow \vec{A}$

223. Das "neoklassische" Vollbeschäftigungsgleichgewicht ist stabil, weil
o A: der Staat antizyklische Wirtschaftspolitik betreibt.
o B: die Marktkräfte für einen Ausgleich sorgen.
o C: Preise, Löhne und Zinsen nach oben und unten flexibel sind.
o D: Veränderungen durch unvollkommene Information verhindert werden.
o E: vollkommene Konkurrenz herrscht.

224. Die "neoklassische" Angebotsfunktion verlagert sich nach rechts, wenn
o A: das Technologieniveau steigt.
o B: der Kapitalstock sinkt.
o C: die Kapazitätsauslastung steigt.
o D: der Geldlohnsatz steigt.
o E: das Preisniveau steigt.

225. Unterschiede zwischen der keynesianischen und "neoklassischen" Gesamtangebotsfunktion bestehen in folgenden Punkten:
o A: In der Anpassung des Arbeitsmarktes.
o B: In der Arbeitsnachfragefunktion.
o C: In der Inputregel.
o D: In der Kapitalauslastung.
o E: In der Flexibilität des Geldlohns.

226. Welche der folgenden Aussagen über den Zusammenhang von Gesamtangebot und Beschäftigung sind nach der "neoklassischen Theorie richtig?
o A: Die "neoklassische" Theorie ist eine Unterbeschäftigungstheorie, denn sie zeigt, wie bei hohen Löhnen Unterbeschäftigung entsteht.
o B: Wenn der Arbeitsmarkt als Konkurrenzmarkt funktioniert, gleichen sinkende Löhne die Arbeitslosigkeit aus. Es herrscht immer Vollbeschäftigung.
o C: Technischer Fortschritt verlagert die gesamtwirtschaftliche Angebotsfunktion im P-A-System nach rechts, die Beschäftigung bleibt gleich.

o D: Steigender Kapitalstock bedeutet steigende Kapitalintensität, die Beschäftigung sinkt.
o E: Ein Ausgleich erfolgt stets über die Grenzleistungsfähigkeit des Kapitals.

227. Die Okun-Kurve
o A: ist eine Beziehung zwischen den gesamtwirtschaftlichen Zielen Vollbeschäftigung und Preisniveaustabilität.
o B: gibt an, wie stark die konjunkturelle Arbeitslosenquote steigt, wenn die Vollbeschäftigungslücke steigt.
o C: ist eine Beziehung zwischen Unterbeschäftigung und Preisniveaustabilität.
o D: gibt die Produktionsbedingungen und den Arbeitsmarkt in einer Volkswirtschaft an.
o E: ist von ihrer ursprünglichen Konzeption her eine langfristige Beziehung.

228. a) Aufgrund welcher Gleichung hat Arthur Okun die sog. Okun-Kurve geschätzt?

o A: $u = \left(\frac{B^* - B_d}{B_d} \right) * 100$

o B: $u = u_k + u^*$

o C: $u_k = u - u^* = \alpha * (AN^* - AN)$

o D: $u_k = u$ für $u^* = 0$

o E: $u = \left(\frac{B^* - 1}{B_d} \right) * 100$

b) Zeichnen Sie die Okun-Kurve (ON-Kurve) in folgendes Diagramm

c) Die Okun-Kurve zeigt den in b) skizzierten Verlauf, weil

o A: die strukturelle Arbeitslosenquote gleich der konjunkturellen ist.

o B: bei steigender Nachfrage die Auftragseingänge der Unternehmer steigen, die Produktion steigt, bei hoher Kapazitätsauslastung die Beschäftigung steigt und die Arbeitslosenquote sinkt.

o C: bei steigender Produktion und Beschäftigung die Arbeitslosenquote sinkt, wenn die Zahl der Erwerbspersonen gleich bleibt.

o D: die Arbeitslosenquote sinkt, wenn Nachfragewachstum mit Produktivitätszuwächsen einhergeht.

o E: bei einer Erhöhung der gesamtwirtschaftlichen Kapazitätsgrenze eine stabile Beziehung zwischen u und AN resultiert.

229. Leiten Sie die ON-Kurve graphisch aus einer gesamtwirtschaftlichen Produktionsfunktion ab:

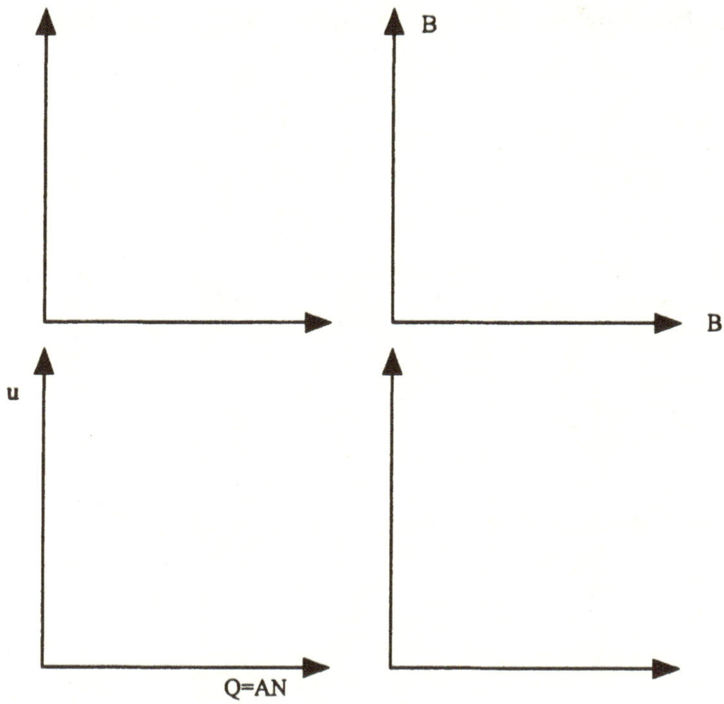

230. Die Steigung der Okun-Kurve im u-AN-Diagramm, ausgedrückt durch den Okun-Parameter α^*, ist umso flacher, je

o A: flexibler die Unternehmen mit der Einstellung von Arbeitskräften reagieren.

o B: enger das "soziale Netz" in einer Volkswirtschaft geknüpft ist.

o C: je geringer die Grenzproduktivität ist.

o D: geringer die Löhne im Vergleich zu anderen Faktorpreisen sind.
o E: größer die Mitspracherechte der Arbeitnehmer bei Beschäftigungs- und Produktionsentscheidungen sind.

231. Die Lage der Okun-Kurve im u-AN-Diagramm hängt ab von (vom)
o A: der strukturellen Arbeitslosenquote.
o B: dem Produktionspotential.
o C: der konjunkturellen Arbeitslosigkeit.
o D: Verhalten der Unternehmen.
o E: der gesamtwirtschaftlichen Kapazitätsgrenze.

232. Vergleicht man die Verläufe der Okun-Kurven in der Bundesrepublik und in den USA, dann verläuft die US-Kurve im u-AN-System
o A: flacher.
o B: gleich.
o C: steiler.
o D: parallel nach rechts versetzt.
o E: parallel nach links versetzt.

233. Wenn die strukturelle Arbeitslosenquote u^* steigt, dann wird die ON-Kurve nach außen (vom Ursprung des Diagramms weg) verlagert. Im folgenden sind einige Arten struktureller Arbeitslosigkeit mit ihrer Charakterisierung aufgeführt. Bitte wählen Sie die richtigen Antworten aus.
o A: Es herrscht demographische Arbeitslosigkeit, wenn Verwerfungen in der Altersstruktur der Erwerbspersonen auftreten.
o B: Es herrscht regionale Arbeitslosigkeit, wenn in schrumpfenden Wirtschaftszweigen Menschen arbeitslos werden, die kurzfristig keinen anderen Arbeitsplatz finden.
o C: Es herrscht demographische Arbeitslosigkeit, wenn die Berufs- oder Qualifikationsstruktur von Arbeitsangebot und Arbeitsnachfrage nicht übereinstimmen.
o D: Es herrscht sektorale Arbeitslosigkeit, wenn die zur Produktion verwendeten Technologien zur Freisetzung von Arbeitskräften geführt haben.
o E: Es herrscht regionale Arbeitslosigkeit, wenn in einer Region Arbeitskräfte mit einer bestimmten Qualifikation nachgefragt und in einer anderen angeboten werden.

234. Die NL-Kurve
o A: ist eine Beziehung zwischen den gesamtwirtschaftlichen Zielen Vollbeschäftigung und Preisniveaustabilität.
o B: gibt den Zusammenhang zwischen Umweltzerstörung und Wirtschaftswachstum an.

o C: gibt an, wie stark die natürlichen Lebensgrundlagen verschlechtert werden, wenn Angebot und Nachfrage gesamtwirtschaftlich steigen.
o D: ist der geometrische Ort aller Punkte für N = L.
o E: ist ein Ansatzpunkt, um die Müllproblematik der privaten Haushalte aufzuzeigen.

235. a) Zeichnen Sie die NL-Kurve in folgendes Diagramm ein:

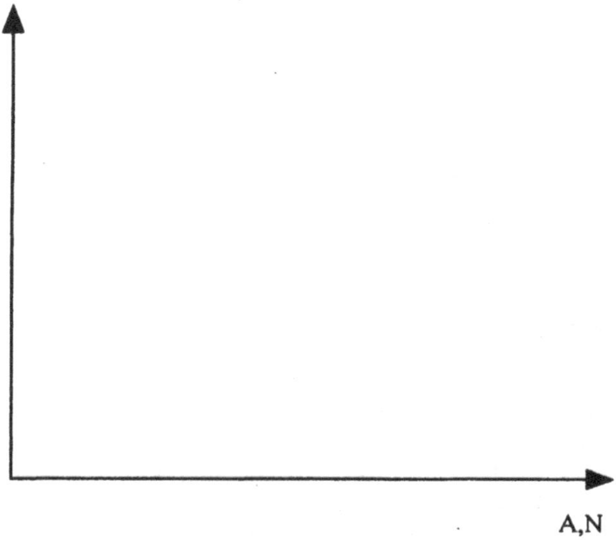

b) Die NL-Kurve hat den in a) skizzierten Verlauf, weil
o A: sich die "Wachstumsgrenzen" immer in einer Exponentialfunktion spiegeln.
o B: vor Erreichen des "Gefahrenbereichs" Anpassungsprozesse in Gang kommen, die das Überleben sichern sollen und können.
o C: die NL-Kurve aus der Umweltbelastungs- und der Produktionsfunktion abgeleitet wird.
o D: der umwelttechnische Fortschritt immer dafür sorgt, daß die natürlichen Lebensbedingungen erhalten werden.
o E: der Zusammenhang zwischen Produktion und Umweltbelastung in Geldeinheiten ausgedrückt ist.

236. Leiten Sie die NL-Kurve graphisch aus einer Umweltbelastungs- und einer Produktionsfunktion ab.

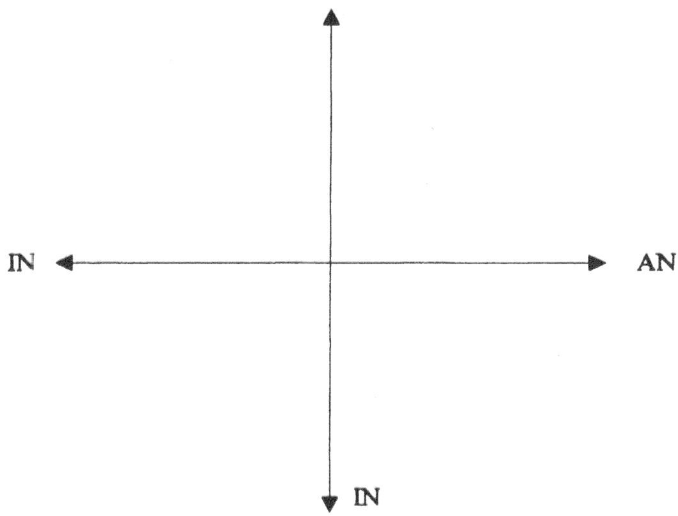

237. Die Steigung der NL-Kurve ist im AKU-AN-Diagramm umso flacher, je
o A: weniger Müll bei den privaten Haushalten anfällt.
o B: höher der spezifische Energieverbrauch der Wirtschaft.
o C: strenger die Umweltgesetzgebung.
o D: größer die externen Effekte der Produktion
o E: geringer die Energiepreise.

238. Die Lage der NL-Kurve im AKU-AN-Diagramm hängt ab von
o A: umweltsparendem technischem Fortschritt.
o B: der Höhe der aktuellen Umweltforschung.
o C: den Maßeinheiten des Umweltindikators.
o D: der Umweltsensibilität der Bevölkerung.
o E: den internen Effekten.

239. In einem privatwirtschaftlich organisierten Wirtschaftssystem behindern die folgenden Probleme eine wirksame Umweltpolitik wesentlich:
o A: Umwelt ist ein öffentliches Gut, das niemandem gehört.
o B: Die Unternehmen maximieren die externen und minimieren die interen Kosten.
o C: Umweltpolitik zerstört Arbeitsplätze.
o D: "Es kommt zu einem Übermaß an Umweltverschmutzung, so lange die Kapazität der Umwelt Rückstandsprodukte aufzunehmen, gebührend bereitgestellt wird".
o E: Das Verursacherprinzip ist nur unvollkommen anwendbar.

Kapitel IV:
Gesamtwirtschaftliche Angebots- Nachfrageanalyse
(Das Sowohl-als-auch)

(Helge Majer, Makroökonomik, S. 165-225 und
Helge Majer, Gesamtwirtschafliche Angebots-
Nachfrageanalyse, S. 23ff.)

LERNZIELE:

- Das gesamtwirtschaftliche Angebots-Nachfragesystem
- Beziehungen zwischen Gesamtangebot und Gesamtnachfrage
- Bewegungen des Gleichgewichtspunktes
- Gesamtwirtschaftliche Wirkungsanalyse unter "neoklassischem" und keynesianischem Regime: Staatsausgaben, Investitionen und Lohnveränderungen
- Zielbeziehungen
- Analyse der Beziehung zwischen Preisniveaustabilität und Beschäftigungsstand
- Die Phillipskurve
- Konjunktur- und wachstumspolitische Ansätze
- Politische Ökonomie des Zielkonflikts

AUFGABEN:

240. a)Zeichnen Sie in das folgende Diagramm ein gesamtwirtschaftliches Angebots-Nachfrage-System ein. Die Nachfragefunktion sollte die Angebotsfunktion im mittleren Bereich schneiden. Bezeichnen Sie die Funktionen und Achsen.

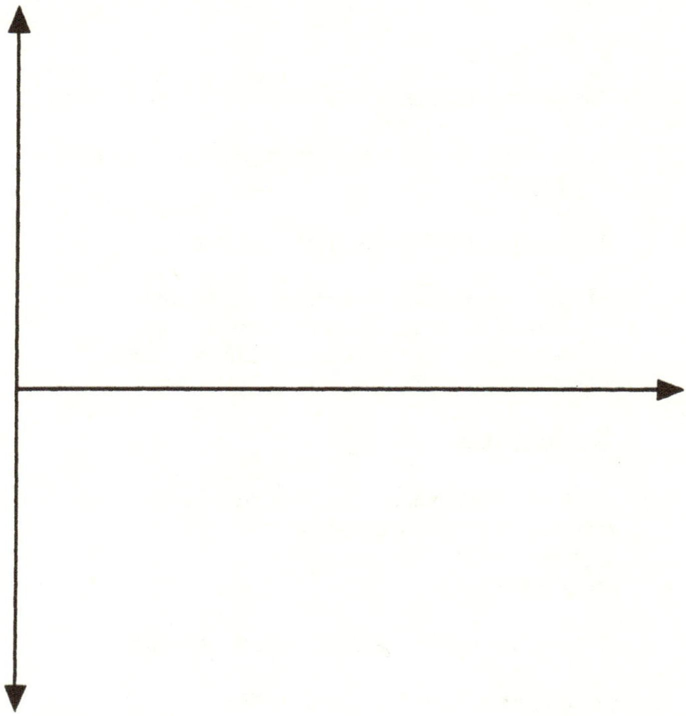

b) Welche der folgenden Aussagen treffen für dieses System zu? Der Schnittpunkt P_0-AN_0
o A: stellt ein gesamtwirtschaftliches Partialgleichgewicht von Güter- und Arbeitsmarkt dar.
o B: ist der einzig gültige Punkt des Systems, weil in der Nachfragefunktion Gleichgewicht von N und A vorausgesetzt wird.
o C: sagt aus, daß die in den beiden Funktionen ausgedrückten Verhaltensweisen der Wirtschaftssubjekte zu übereinstimmenden Plänen führen.
o D: gibt ein vorübergehendes ex post Gleichgewicht an.
o E: zeigt die mittelfristige Anpassung an ein Gleichgewicht.

241. Zwischen der Gesamtangebots- und der Gesamtnachfragefunktion und der Okun- und NL-Kurve bestehen wichtige Beziehungen durch
o A: die Geldlöhne, weil diese sowohl Kosten als auch Kaufkraft darstellen.
o B: die Investitionen, weil diese über die Grenzleistungsfähigkeit des Kapitals mit dem Angebot verbunden sind.
o C: die Investitionen, weil diese Einkommens-, Kapazitäts- und Rationalisierungseffekte haben.
o D: den technischen Fortschritt, der die Qualität der Inputs bestimmt.
o E: die Wirtschaftssubjekte, die sowohl auf der Angebots- als auch auf der Nachfrageseite Entscheidungen treffen.

242. Ein direkter Zusammenhang zwischen Gesamtangebot, Gesamtnachfrage, Okun- und NL-Kurve besteht vor allem durch die folgenden Größen:
o A: Staatsausgaben.
o B: Lohnsatz.
o C: Investitionen.
o D: Technologieniveau.
o E: Steuern.

243. Gegeben sei die folgende Darstellung des gesamtwirtschaftlichen Angebots-Nachfragesystems

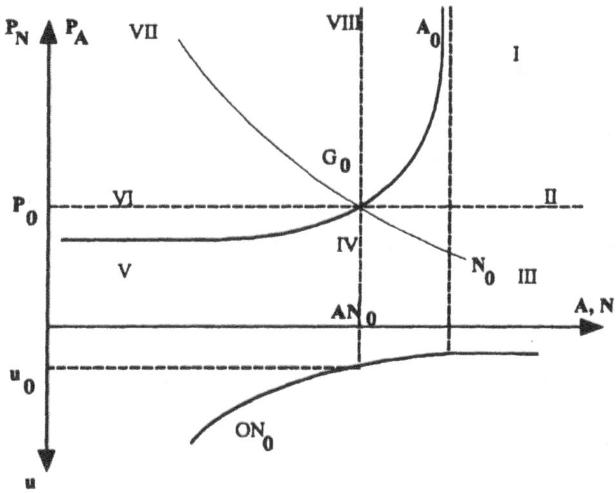

Gehen Sie vom Schnittpunkt des oberen Fadenkreuzes (G_0!) aus. In welche der einzelnen Bereiche bzw. entlang welcher Trennlinien (I bis VIII) wandert der Gleichgewichtspunkt G, wenn die folgenden wirtschaftlichen Situationen auftreten:

o A: Stagflation. V
o B: Depression V
o C: Wirtschaftswachstum bei Preisniveaustabilität. I
o D: Negatives Wirtschaftswachstum bei Inflation. VII
o E: Wirtschaftswachstum bei sinkender konjunktureller Arbeitslosenquote und relativer Preisniveaustabilität I

244. Der Gleichgewichtspunkt P_0-AN_0 im Diagramm (der Aufgabe 243) sei mit G_0 bezeichnet. "Wanderungen" des Gleichgewichtspunktes werden durch Verlagerungen der Gesamtangebots- und Gesamtnachfragefunktion verursacht. Welche Prämissen werden dabei gesetzt?

o A: Eine Darstellung von Gesamtangebot und -nachfrage ist unabhängig voneinander möglich.
o B: Dynamische Prozesse sind mit komparativ-statischer Analyse darstellbar.
o C: Wachstumsraten lassen sich nicht durch Niveaugrößen approximieren.
o D: Die wirtschaftliche Realität ist durch eine Abfolge von Ungleichgewichtsprozessen gekennzeichnet.
o E: Ein Partialmodell ist nicht darstellbar.

245. "1. These: Eine auf Ausweitung der Gesamtnachfrage gerichtete Politik ist nicht (mehr) geeignet zur Herbeiführung eines höheren Beschäftigungsgrades; an die Stelle der überholten nachfrageorientierten Politik muß eine angebotsorientierte Politik treten, deren Maßnahmen darauf zielen, die Produktionsbedingungen zu verbessern und dadurch die Produktion zu stimulieren..." (Heinz Haller in K22, Makroökonomik, S. 168).

a) Welche der folgenden Aussagen sind mit diesem Text konsistent?

o A: An die Stelle einer Nachfragepolitik soll eine Angebotspolitik treten.

o B: Eine Stimulierung der Produktion ist nur bei steigender Nachfrage sinnvoll.

o C: Nach dem Sayschen Theorem hat das Angebot mit der Nachfrage nichts zu tun; daher genügt eine angebotsorientierte Politik.

o D: Die nachfrageorientierte Beschäftigungspolitik ist gescheitert, weil sich die Produktionsbedingungen verschlechtert haben.

o E: Globalsteuerung ("demand management") ist gescheitert.

b) Skizzieren Sie die beschriebene wirtschaftspolitische Strategie in folgendem Diagramm:

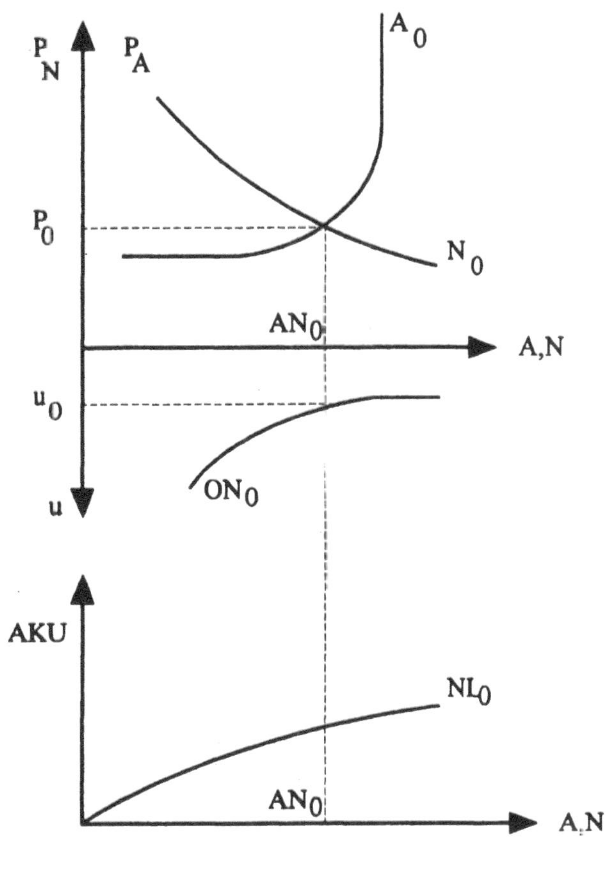

c) Welche Wirkungen hat diese Strategie?
o A: Das Preisniveau steigt.
o B: Das Preisniveau sinkt.
o C: Die Arbeitslosenquote bleibt gleich.
o D: Das Wirtschaftswachstum ist unbestimmt.
o E: Die Umweltqualität sinkt.

d) Welche der folgenden Prämissen sind bei der Analyse unterstellt?
o A: Die Gesamtnachfrage bleibt gleich.
o B: Verbesserte Produktionsbedingungen verbessern die Gewinnerwartungen.
o C: Die Okun-Kurve verschiebt sich.
o D: Es treten keine Freisetzungseffekte auf, welche die Beschäftigung senken.
o E: Die Kapazitätsgrenze bleibt gleich.

246. "Für die generelle und nachhaltige Erhöhung des Beschäftigungsgrades genügt eine Politik der Stimulierung der Investitionsnachfrage, als die sich die angebotsorientierte Politik im Kern herausgestellt hat, nicht." (Heinz Haller in K 22, Makroökonomik, S. 168).

a)
Welche der folgenden Aussagen sind mit diesem Text konsistent?
o A: Eine Erhöhung der Investitionsnachfrage ist eine nachfrageorientierte Politik.
o B: Angebotsorientierte Politik kann im Kern mit einer Stimulierung der Investitionsnachfrage beschrieben werden.
o C: Bei Erweiterungsinvestitionen sinkt der Beschäftigungsgrad.
o D: Angebotsorientierte Politik allein führt nicht zu einer generellen und nachhaltigen Erhöhung der Beschäftigung.
o E: Für die Senkung der Arbeitslosenquote müssen mehrere Maßnahmen eingesetzt werden.

b) Stellen Sie im nebenstehenden Diagramm "eine Politik der Stimulierung der Investitionsnachfrage" dar.

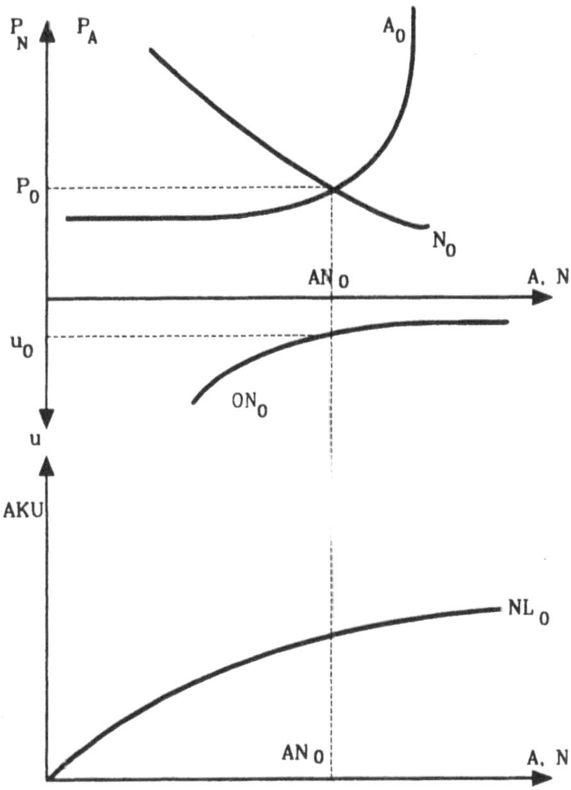

c) Welche Wirkungen hat diese Strategie?
o A: Das Preisniveau sinkt.
o B: Die Arbeitslosenquote bleibt gleich.
o C: Das Wirtschaftswachstum ist unbestimmt.
o D: Die Umweltqualität steigt.
o E: Die Arbeitslosenquote sinkt.

d) Welche der folgenden Prämissen sind bei der Analyse unterstellt?
o A: Die Abschreibungen sind Null.
o B: Die Freisetzungseffekte der Investitionen werden überkompensiert.
o C: Außer den Investitionen steigen auch die anderen Nachfragekomponenten.
o D: Trotz unterausgelasteter Kapazitäten wird investiert.
o E: Die Investitionen sind nicht umweltsparend.

247. "Niedrigere Zinsen sind besser als jedes Konjunkturprogramm". An welche Voraussetzungen ist diese Aussage gebunden?
o A: Die Investitionen müssen zinsabhängig sein.
o B: Die Volkswirtschaft muß sich in der Liquiditätsfalle befinden.
o C: Konjunkturprogramme sind (in bezug auf die Beschäftigung) schlechter als Zinssenkungen, weil sie Crowding-out-Effekte verursachen.
o D: Die Grenzleistungsfähigkeit des Kapitals sinkt.
o E: Leitzinssenkungen werden an den Kunden weitergegeben.

248. "2. These: Bei den Tarifverhandlungen müssen Löhne durchgesetzt werden, die den Arbeitnehmern zusätzliche reale Kaufkraft verschaffen. Die Arbeitnehmer sind im wesentlichen die Konsumnachfrager; zu einer Belebung der Konsumnachfrage kommt es also nur, wenn sie mit zusätzlicher Kaufkraft ausgestattet werden ..." (K22, Makroökonomik, S.168).

a) Welche der folgenden Aussagen sind mit diesem Text vereinbar?
o A: Reallohnsenkungen dürfen nicht hingenommen werden.
o B: Lohnsteigerungen erhöhen die gesamtwirtschaftliche Nachfrage.
o C: Wegen des Kosteneffekts dürfen die Reallöhne nicht steigen.
o D: Steigende Kaufkraft bedeutet geringeren Reallohn.
o E: Kaufkraft- und Kosteneffekt müssen in einem ausgewogenen Verhältnis zueinander stehen.

b) Skizzieren Sie die beschriebene wirtschaftspolitische Strategie in nebenstehendem Diagramm. Unterstellen Sie dabei den im Zitat behaupteten expansiven Gesamtnachfrageeffekt und überlegen Sie, ob Wirkungen auf die Gesamtangebotsfunktion eintreten.

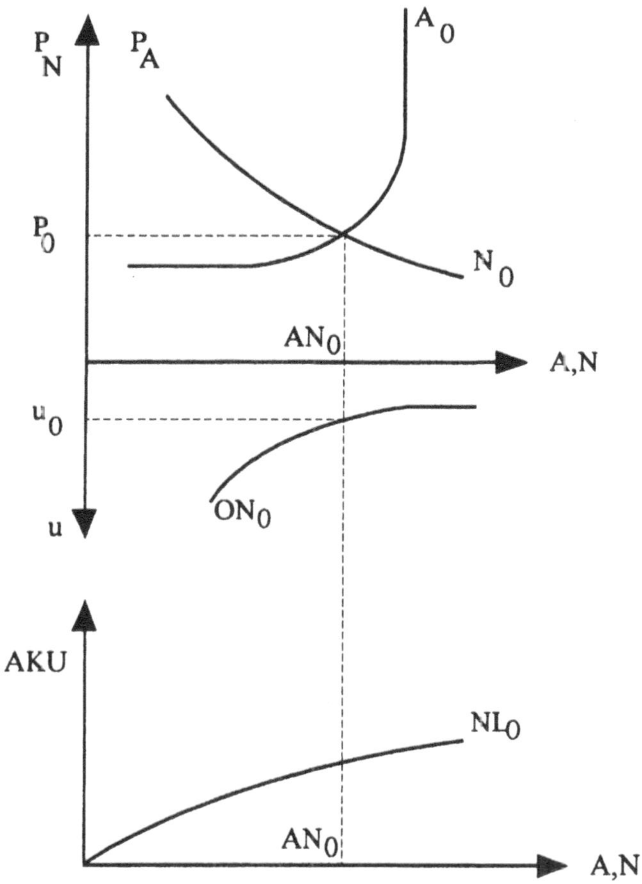

c) Welche Wirkungen hat diese Strategie?
o A: Das Preisniveau steigt.
o B: Die Umweltqualität steigt.
o C: Die Arbeitslosenquote sinkt.
o D: Das Wirtschaftswachstum bleibt gleich.
o E: Die Umweltqualität bleibt gleich.

d) Welche der folgenden Prämissen müssen erfüllt sein, wenn diese Strategie die gewünschte Wirkung haben soll?
o A: Der Kaufkrafteffekt muß größer sein als der Kosteneffekt.
o B: Die Arbeitsnachfragefunktion muß elastisch sein.
o C: Die Konsumneigung darf sich nicht ändern.
o D: Inflationsrate und Produktivitätswachstum müssen niedrig sein.
o E: Es muß ein Produktivitätseffekt vorliegen.

249. "Dagegen hat die Diagnose, die Arbeitslosigkeit könnte lohnbedingt sein, sämtliche Argumente auf ihrer Seite, vor allem die generelle Erkenntnis, daß alles, was im Preis zu hoch ist, nicht genug Nachfrage findet, und alles, was zu billig ist, im Übermaß nachgefragt wird" (Herbert Giersch, K 31, Makroökonomik, S. 188).

a) Welche der folgenden Aussagen sind mit diesem Text vereinbar?
o A: Arbeitslosigkeit ist immer lohnbedingt.
o B: Je geringer der Lohn, desto mehr Beschäftigte werden nachgefragt.
o C: Sinkende Löhne können die Arbeitslosigkeit nicht beseitigen.
o D: Die Löhne sind zu niedrig. Höhere Löhne würden mehr Nachfrage und weniger Arbeitslosigkeit bedeuten.
o E: Arbeitskräfte können wie Güter gehandelt werden.

b)

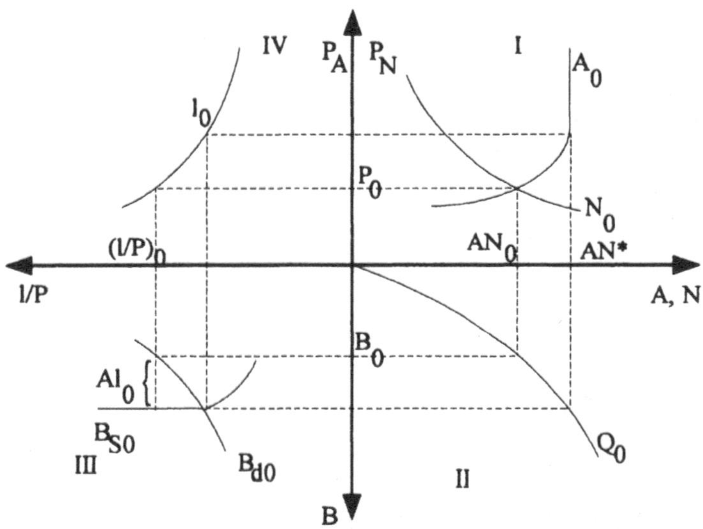

Gehen Sie im folgenden Schaubild von der mit o indizierten Situation aus. Die Arbeitslosigkeit beträgt Al_0 (III. Quadrant). Die lohnbedingte Arbeitslosigkeit Al_0 kann grundsätzlich durch zwei Strategien beseititgt werden: 1. Durch administrative Eingriffe werden die Geldlöhne gesenkt. 2. Es werden die Rahmenbedingungen auf dem Arbeitsmarkt so verändert, daß die Marktkräfte für einen Rückgang des Lohnes sorgen. Da die zweite Strategie eher auf der Linie von Herbert Giersch liegen dürfte: Gehen Sie davon aus, daß ℓ_0 keine Tariflohnuntergrenze darstellt und die Geldlöhne nach oben und unten flexibel sind. Wie verändern sich die Funktionen im I. und IV. Quadranten?

c) Welche Wirkungen hat diese Strategie?
o A: Das Wirtschaftswachstum steigt.
o B: Die Arbeitslosenquote sinkt.
o C: Die Umweltqualität steigt.
o D: Das Preisniveau sinkt.
o E: Die Arbeitslosenquote bleibt gleich.

d) Welche der folgenden Prämissen liegen dieser Strategie zugrunde?
o A: Die Arbeitslosen unterbieten sich mit ihren Lohnforderungen so lang, bis Vollbeschäftigung erreicht wird.
o B: Die Exporte können den Ausfall der Konsumnachfrage nicht ausgleichen.
o C: Der Arbeitsmarkt kann als Konkurrenzmarkt funktionieren.
o D: Es müssen Miss-matches auftreten.
o E: Die Bedingungen vollkommener Konkurrenz gelten nicht auf dem Arbeitsmarkt.

250. "3.These: Über zusätzliche Staatsausgaben, also mit Hilfe eines besonderen Ausgabenprogramms zur Arbeitsbeschaffung, kann die erforderliche Zusatznachfrage herbeigeführt werden, die zur Wiederbeschäftigung derjenigen Arbeitslosen führt, für die Arbeitsplätze vorhanden sind ..." (K 22, Makroökonomik, S. 168).

a)Welche der folgenden Aussagen sind mit diesem Text vereinbar?
o A: Die strukturell Arbeitslosen können nur durch ein Beschäftigungsprogramm wieder zu einem vorhandenen Arbeitsplatz kommen.
o B: Bei fehlender Nachfrage der Privaten muß der Staat einspringen.
o C: Die Beschäftigung hängt von der Nachfrage ab.
o D: Eine Steigerung der Gesamtnachfrage kann die Arbeitslosigkeit vollständig beseitigen.
o E: Crowding-out Effekte machen Ausgabenprogramme wirkungslos.

b) Skizzieren Sie die beschriebene wirtschaftspolitische Strategie in nebenstehendem Diagramm. Unterstellen Sie keynesianische Wirkungszusammenhänge. Gehen Sie davon aus, daß es sich bei dem "besonderen Ausgabenprogramm" um staatliche Investitionen handelt.

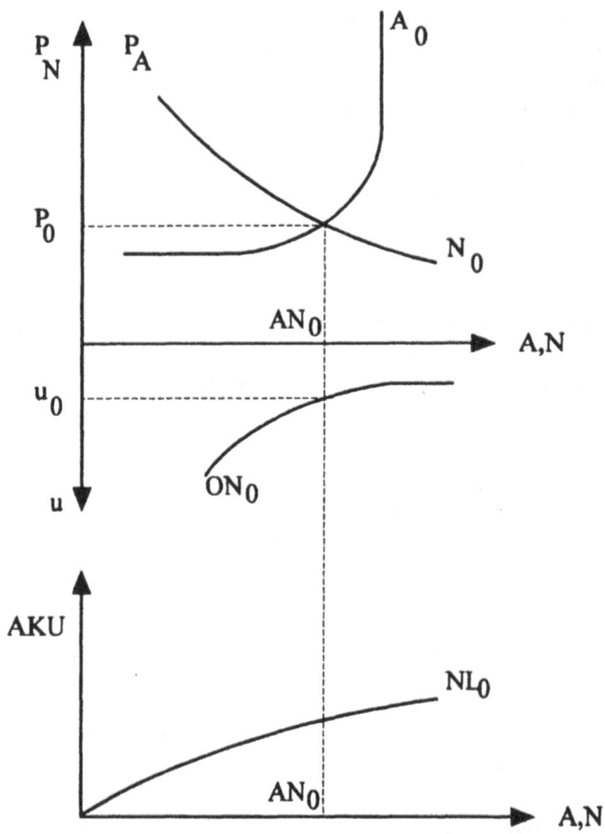

c) Welche Wirkungen hat diese Strategie?
o A: Das Preisniveau steigt.
o B: Die Arbeitslosenquote sinkt.
o C: Die Arbeitslosenquote steigt.
o D: Die Umweltqualität sinkt.
o E: Das Wirtschaftswachstum steigt.

d) Welche der folgenden Prämissen müssen erfüllt sein, wenn das staatliche Investitionsprogramm wirken soll?
o A: Die Geldmenge muß für die Finanzierung ausgedehnt werden.
o B: Die Staatsausgaben müssen mit Steuererhöhungen finanziert werden.
o C: Die Staatsausgaben müssen mit Krediten finanziert werden.
o D: Die Investitionen dürfen nicht zur Rationalisierung dienen.
o E: Crowding-out muß in jedem Fall vermieden werden.

251. "Eine schuldenfinanzierte Erhöhung der Staatsausgaben bringt keine dauerhafte zusätzliche Erhöhung von Gesamtnachfrage (und Beschäftigung), sie wirkt vielmehr mit ihren gegenläufigen Effekten wie ein Strohfeuer". Überprüfen Sie diese Aussage auf der Grundlage des "keynesianischen" Paradigmas.

a) Skizzieren Sie das Problem im folgenden Diagramm bei konstanter Angebotsfunktion. Gehen Sie im Angebots- Nachfrage-Diagramm von einer Unterbeschäftigungssituation aus.

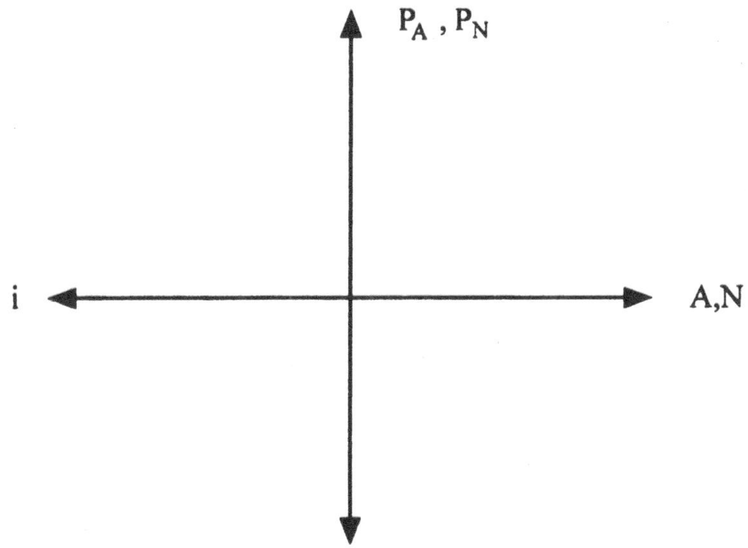

b) Welche Veränderungen sind bei den folgenden Größen aufgetreten?
o A: Die Nachfrage ist gestiegen.
o B: Die Investitionen sind gesunken.
o C: Der Konsum ist gleichgeblieben.
o D: Der Zins ist gesunken.
o E: Die Staatsausgaben sind gleichgeblieben.

c) Wie hoch ist der Crowding-out-Effekt (COE) in N ausgedrückt?

o A: $COE = N_0$

o B: $COE = N_0 - N_1$

o C: $COE = N_1 - N_2$

o D: $COE = N_1 - N_2$

o E: $COE = \Delta N$

d) Welche der folgenden Prämissen werden bei dieser Wirkungsanalyse gesetzt?
o A: Der Konsum hängt nur vom Einkommen ab.
o B: Die Geldnachfrage bleibt konstant.
o C: Die nominale Geldmenge sinkt.
o D: Die Staatsausgaben werden vollständig über die Spekulationskasse finanziert.
o E: Der Zins bildet sich auf dem Geldmarkt.

252. Ein vom Preisniveau induziertes "crowding out" tritt auf, weil
o A: eine inflationsverursachende Nachfragesteuerung das Gesamtangebot zurückdrängt.
o B: ein Sinken der realen Geldmenge den Zins in die Höhe treibt.
o C: der Nominalzins im Vergleich zum Realzins die Geldnachfrage senkt.
o D: die Verlagerung der Geldangebotsfunktion die der Geldnachfragefunktion übersteigt, da bei letzterer die Erhöhung der Gesamtnachfrage gegenläufig wirkt.

253. "Eine schuldenfinanzierte Erhöhung der Staatsausgaben bringt keine dauerhafte zusätzliche Erhöhung von Gesamtnachfrage (und Beschäftigung), sie wirkt vielmehr mit ihren gegenläufigen Effekten wie ein Strohfeuer".

Überprüfen Sie diese Aussage auf der Grundlage des "neoklassischen" Paradigmas.

a) Skizzieren Sie das Problem im folgenden Diagramm bei konstanter Angebotsfunktion. Gehen Sie im Angebots-Nachfrage-Diagramm von einer Unterbeschäftigungssituation aus.

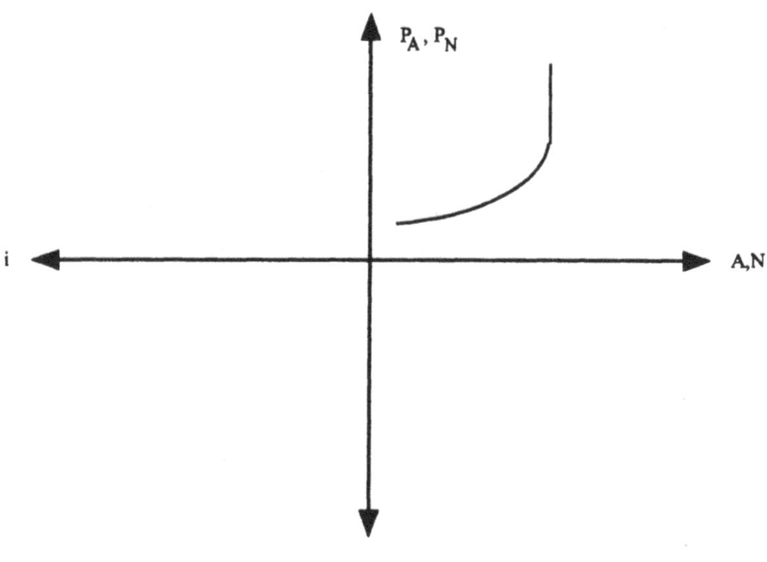

b) Welche Veränderungen sind bei den folgenden Größen aufgetreten?
o A: Der Realzins ist gesunken.
o B: Der Konsum ist gestiegen.
o C: Die Nachfrage ist gleichgeblieben.
o D: Das Preisniveau ist gestiegen.
o E: Die Staatsausgaben sind gesunken.

c) Wie hoch ist der Crowding-out Effekt (COE) in N ausgedrückt?
o A: COE = $N_1 - N_2$
o B: COE = ΔN
o C: COE = N_1
o D: COE = $N_2 - N_1$
o E: COE = $N_1 - N_0$

d) Welche der folgenden Prämissen werden bei dieser Wirkungsanalyse gesetzt?
o A: Der Konsum hängt nur vom Einkommen ab.
o B: Der Zins wird als Kapitalmarktzins interpretiert.
o C: Die Staatsausgaben werden vollständig über den Kapitalmarkt finanziert.
o D: Der Zins wird als Geldmarktzins interpretiert.
o E: Es besteht ein stabiles Vollbeschäftigungsgleichgewicht.

254. Die Beschäftigungswirkungen steigender Staatsausgaben werden (c.p.) umso geringer sein, je
o A: höher die Zinsabhängigkeit der Nachfragekomponenten.
o B: höher die Zinseffekte steigender staatlicher Geld- und Kapitalnachfrage.
o C: elastischer die Angebots- und Nachfragefunktion.
o D: niedriger die mit einer Nachfrageexpansion verbundenen Preisniveau-steigerungen.
o E: geringer die Spekulationsneigung.

255. Wodurch könnte sich G_0 nach G_1 verschoben haben?
Unterstellen Sie keynesianisches Paradigma!

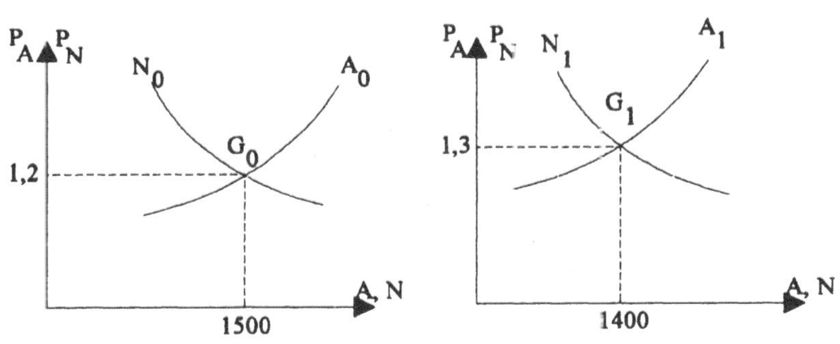

o A: Durch höheres Nominallohnniveau.
o B: Durch höheres Technologieniveau.
o C: Durch Geldmengenexpansion.
o D: Durch niedrigeres Technologieniveau.
o E: Durch höheren Kapitalstock.

256. Durch welche wirtschaftspolitische Maßnahme wurde das Gleichgewicht G_1 nach G_2 verschoben? (keynesianisches Paradigma)

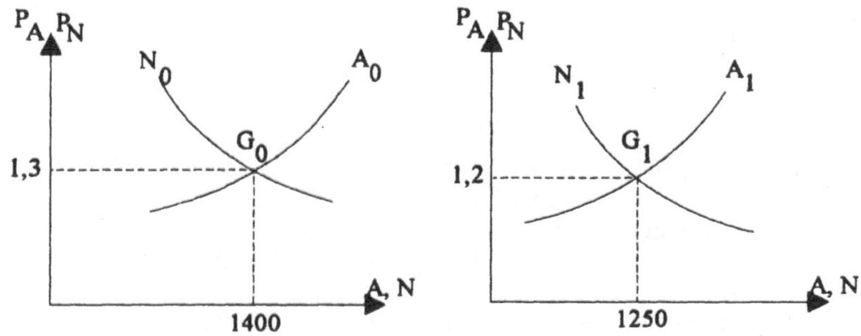

o A: Durch restriktive Geldpolitik.
o B: Durch erhöhte Staatsausgaben.
o C: Durch verstärkte Forschungs- und Technologiepolitik ($\pi \uparrow$).
o D: Durch Geldmengenexpansion.
o E: Durch sinkende Grenzleistungsfähigkeit des Kapitals.

257. Wodurch könnte die Veränderung des Gleichgewichts G_2 nach G_3 bewirkt worden sein? (keynesianisches Paradigma)
o A: Durch starke Zinserhöhungen.
o B: Durch höhere Staatsausgaben.
o C: Durch sinkende Grenzleistungsfähigkeit des Kapitals.
o D: Durch Erhöhung der Steuern.
o E: Durch Erhöhung der Geldmenge.

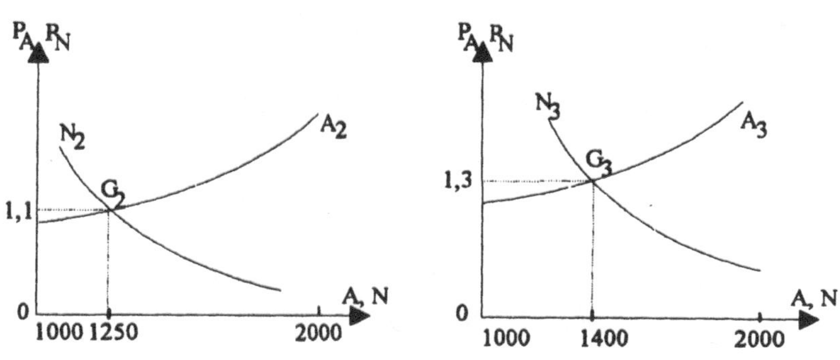

258. Wodurch könnte eine Verlagerung des Gleichgewichts von G_3 nach G_4 erfolgen? (keynesianisches Paradigma)

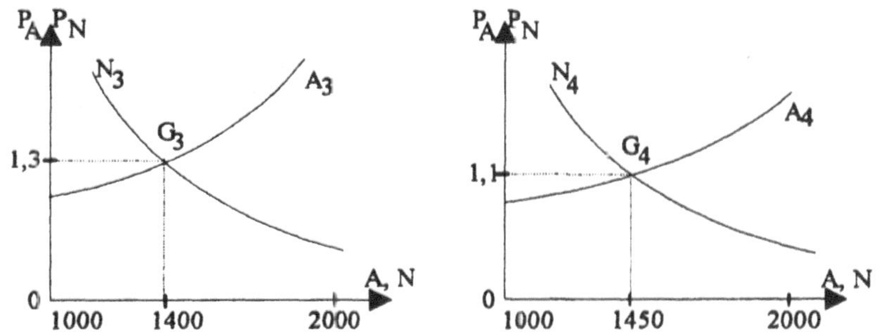

o A: Durch Erhöhung des Technologieniveaus.
o B: Durch Nominallohnsteigerungen.
o C: Durch Geldmengenexpansion.
o D: Durch Erhöhung des Kapitalstocks.
o E: Durch Erhöhung der Steuern.

259. "Hohe Inflationsraten wurden nicht selten als weniger gefährlich angesehen als hohe Arbeitslosenquoten, und der Glaube war stark, mit etwas mehr Inflation ließe sich ... Vollbeschäftigung erkaufen"

a) Geben Sie diese angesprochene Beziehung in einer Kurve in folgendem Diagramm wieder:

b) Wie nennt man diese Kurve?
o A: Phillipskurve
o B: Okun-Kurve
o C: Lorenzkurve
o D: Modifizierte Phillipskurve
o E: Modifizierte Lorenzkurve

c) Welche Art von Zielbeziehung ist damit dargestellt?
o A: neutrale.
o B: komplementäre.
o C: substitutive.
o D: Zielkonflikt.
o E: Zielverträglichkeit.

260. "Die Phillips-Kurve kontrolliert das der Makro-Politik (die eine Steuerung der gesamtwirtschaftlichen Vorgänge versucht) zugängliche wirtschaftspolitische 'Menü'" (K 36, Makroökonomik,S. 200).

Welche der folgenden Aussagen ist mit diesem Text konsistent?
o A: Die Phillipskurve ist das Ergebnis des volkswirtschaftlichen Systems.
o B: Die Phillipskurve gilt für ein wirtschaftspolitisches Maßnahmenbündel.
o C: Die Phillipskurve ist eine gesamtwirtschaftliche Nachfragefunktion.
o D: Mit Hilfe geeigneter wirtschaftspolitischer Maßnahmenbündel kann jeder Punkt auf der Phillipskurve verwirklicht werden.
o E: Die Phillipskurve gilt nur für den Arbeitsmarkt.

261. "Die Formulierung der Phillipskurve erkennt an, daß der Arbeitslosigkeitsgrad durch Manipulation der Gesamtnachfrage beliebig reduziert werden kann. Eine niedrigere Arbeitslosigkeit muß aber mit einer höheren Inflationsrate erkauft werden." (K 36, Makroökonomik, S. 200).

a) Bilden Sie die in der Aussage beschriebene Phillipskurve im folgenden Diagramm ab. Verwenden Sie statt der Inflationsrate das Preisniveau.

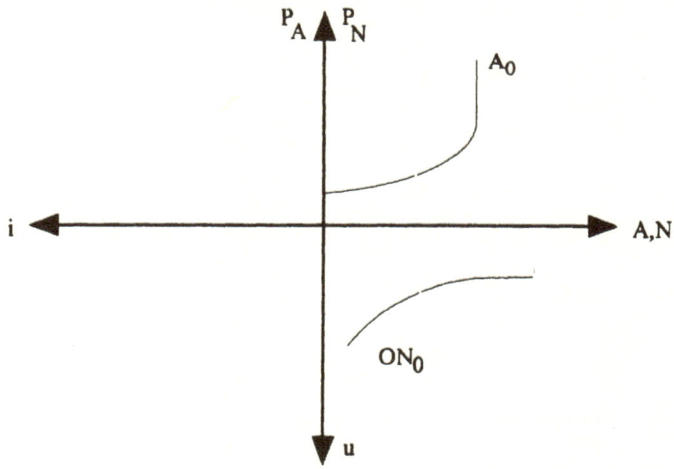

b) Welchen Prämissen unterliegt die Ableitung nach a)?
o A: Die Gesamtnachfragefunktion ist konstant.
o B: Die Okun-Kurve ist konstant.
o C: Es gilt das "neoklassische" Paradigma.
o D: Es können Maßnahmen gewählt werden, die nur die Gesamtnachfrage beeinflussen.
o E: Es ist reine Nachfragesteuerung möglich.

262. Eine "reine" Nachfragesteuerung führt bei gegebener Okun- Kurve zwischen den Zielen Preisniveaustabilität und hoher Beschäftigungsstand zu folgender Zielbeziehung:
o A: substitutiv.
o B: komplementär.
o C: neutral.
o D: Zielkonflikt.
o E: Zielverträglichkeit.

263. a) Im folgenden Diagramm ist eine Phillipskurve dargestellt, die der "natural rate hypothesis" entspricht. Leiten Sie daraus die gesamtwirtschaftliche Angebotsfunktion ab.

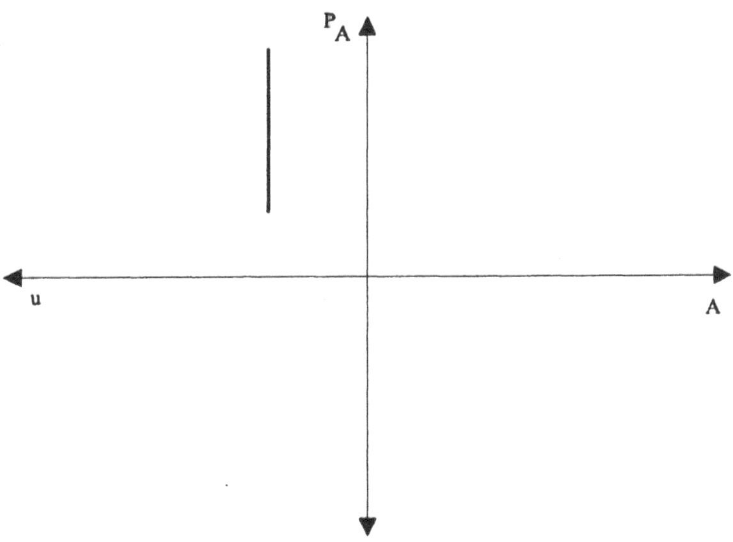

b) Welche der folgenden Prämissen werden vorausgesetzt?
o A: Die Okun-Kurve ist im AN-u-Diagramm vollkommen unelastisch.
o B: Die gesamtwirtschaftliche Nachfragefunktion ist in bezug auf N elastisch.
o C: Auf dem Arbeitsmarkt herrscht vollkommene Konkurrenz.
o D: Die konjunkturelle Arbeitslosenquote muß bei dieser Hypothese größer sein als die natürliche.
o E: Die Okun-Kurve ist im AN-u-Diagramm vollkommen elastisch.

264. a)Welche der folgenden wirtschaftspolitischen Strategien sind geeignet, eine positive Komplementarität der Ziele Preisniveaustabilität und hoher Beschäftigungsstand zu erreichen?

o A: Reine Nachfragesteuerung.
o B: Reine Angebotssteuerung.
o C: Angebots-Nachfragesteuerung.
o D: Rechtsverlagerung der ON-Kurve.
o E: Linksverlagerung von ON- und Rechtsverlagerung von A- Kurve.

b) Leiten Sie die in a) genannte Zielbeziehung im IV. Quadranten des folgenden Diagramms ab. Gehen Sie von einer unveränderten Gesamtnachfragefunktion aus.

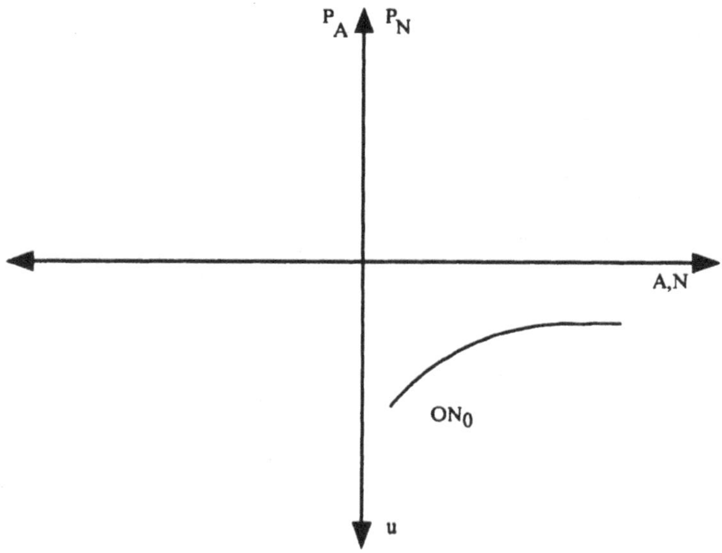

265. Eine Verbesserung der Angebotsbedingungen ist möglich, wenn

o A: der Wettbewerb zwischen Unternehmen verschärft wird.
o B: ineffiziente Betriebe verstaatlicht werden.
o C: die Mehrwertsteuer gesenkt wird.
o D: das soziale Netz auf mehr Eigeninitiative ausgerichtet wird.
o E: ein Deregulierungsprogramm durchgeführt wird.

266. Gehen Sie aus von den Bereichen I bis VIII in den oberen Quadranten des folgenden Diagramms

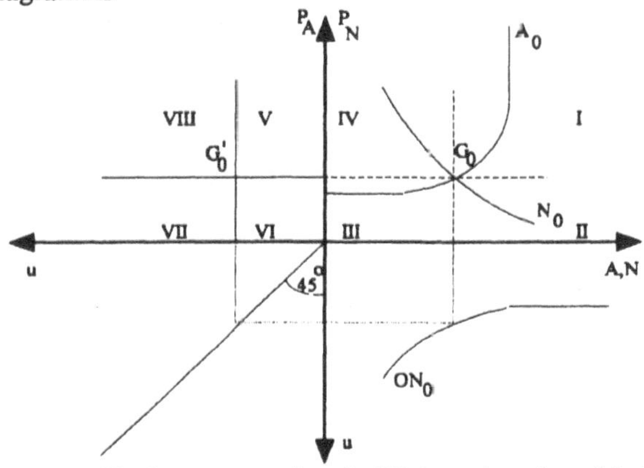

Veränderungen von G_0 im gesamtwirtschaftlichen Angebots-Nachfragesystem (keynesianisches Paradigma unterstellt) bewirken Veränderungen von G_0'.

Welche der folgenden Aussagen ist richtig?

o A: G_0 verlagert sich in den Bereich IV, wenn c.p. die Investitionen steigen..

o B: G_0 verlagert sich in den Bereich II und G'_0 in den Bereich VI, wenn c.p. der Monopolgrad sinkt.

o C: G_0 verlagert sich in den Bereich I und G'_0 in den Bereich VIII, wenn c.p. die Geldmenge steigt.

o D: G_0 verlagert sich in den Bereich IV und G'_0 in den Bereich VIII, wenn c.p. die Materialkosten steigen.

o E: G_0 verlagert sich in den Bereich I/II und G'_0 in den Bereich V/VI, wenn c.p. sich die Produktionsbedingungen verschlechtern.

267. Im folgenden Diagramm ist die Beziehung zwischen P und AN für die Zeit von 1970-1984 (in idealisierender Weise) dargestellt.

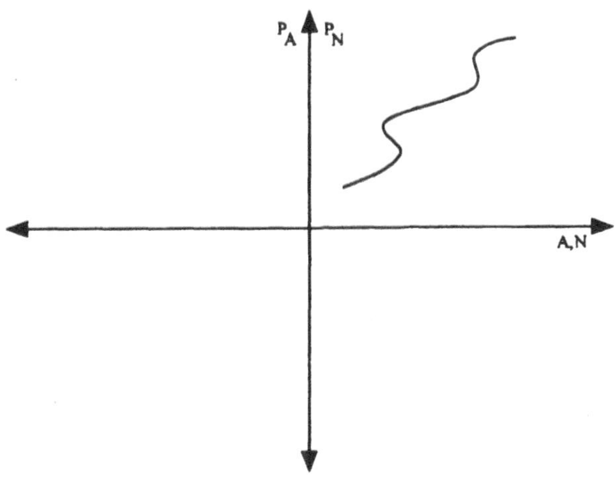

a) Skizzieren Sie die Beziehung zwischen P und u, die sich aus dieser Entwicklung des gesamtwirtschaftlichen Systems ergibt. Gehen Sie von einer konstanten ON-Kurve aus.

b) Skizzieren Sie die Beziehung zwischen P und u, wenn sich die ON-Kurve nach außen (Südosten) verlagert.

c) Welche Gründe könnten für eine solche Verlagerung der ON-Kurve zutreffen?
o A: Die strukturelle Arbeitslosenquote sinkt.
o B: Die Kapazitätsgrenze sinkt.
o C: Das soziale Netz wird enger.
o D: Es werden verstärkt Rationalisierungsinvestitionen durchgeführt.
o E: Geburtenschwache Jahrgänge treten ins Arbeitsleben ein.

268. Eine integrierte konjunktur- und wachstumspolitische Strategie besteht darin, daß
o A: sich die Bundesbank stärker als bisher dem Ziel der Geldwertstabilität widmet und eine kurzfristigere Politik betreibt.
o B: die Finanzpolitik sich vor allem auf Maßnahmen konzentriert, die die privaten Konsumausgaben stärken, damit das Akzeleratorprinzip zum Tragen kommt.
o C: die Angebotsbedingungen verbessert werden und die Anpassung der Wirtschaftssubjekte an Strukturwandlungen erleichtert wird.
o D: eine investitionsorientierte Nachfragesteuerung betrieben wird, welche die Keime für eine Kapazitätserweiterung in sich trägt.
o E: die bewährte antizyklische Konjuntursteuerung wieder betrieben wird.

269. Die Chancen einer Angebots-Nachfragepolitik bei der Verwirklichung des "magischen Vierecks" steigen, wenn
o A: die Wirtschaftspolitik kurzfristig ausgelegt ist.
o B: eine potentialorientierte Geldpolitik konsequent das Ziel der Geldwertstabilisierung verfolgt.
o C: die Wirkungsverzögerungen der wirtschaftspolitischen Maßnahmen in Rechnung gestellt werden.
o D: die Nachfragebedingungen verbessert werden.
o E: eine ordnungs- und strukturpolitische Flankierung stattfindet.

270. Ein Zielkonflikt zwischen volkswirtschaftlicher Effizienz und sozialer Gerechtigkeit kann auftreten, wenn
o A: eine einseitige Angebotssteuerung der Volkswirtschaft betrieben wird.
o B: eine einseitige Nachfragesteuerung über öffentliche Ausgaben der Volkswirtschaft betrieben wird.
o C: Geld-, Fiskal- und Einkommenspolitik "aus einem Guß" sind.
o D: eine ausgewogene Angebots-Nachfragesteuerung im Mittelpunkt steht.
o E: Rationalisierungsinvestitionen das Wachstum vorantreiben.

271. "Im Streit um den Bundeshaushalt 1982 und um die von den Gewerkschaften vorgeschlagene Ergänzungsabgabe zur Einkommens- und Körperschaftssteuer hat ... Vetter die Notwendigkeit dieses Steuerzuschlags zur Bekämpfung der Arbeitslosigkeit hervorgehoben. 'Die Existenz dieser Regierung ... ist sehr gefährdet, wenn wir weiter in den Abgrund der Arbeitslosigkeit abrutschen', sagte Vetter im Fernsehen" (K39, Makroökonomik, S.222).
Welche der folgenden Aussagen ist mit diesem Text vereinbar?
o A: Für die Gewerkschaften ist das Ziel der Vollbeschäftigung vorrangig.
o B: Die Regierung ergreift vor allem dann wirtschaftspolitische Maßnahmen, wenn ihre Existenz gefährdet ist.
o C: Die Gewerkschaften erwarten von einer sozial-liberalen Regierung, daß sie vor allem den Besitzenden schont.
o D: Die Einkommensverteilung darf nicht angetastet werden.
o E: Die Bezieher höherer Einkommen sollen die Last der Haushaltssanierung und Konjunkturstützung tragen.

272. Im Schnittpunkt von Popularitäts- und "Phillips"-Kurve (im P-u-Diagramm) gelten die folgenden Aussagen:
o A: Die Regierung kann die gewünschte P-u-Kombination erreichen.
o B: Die realisierbare P-u-Kombination bestimmt wesentlich die herrschende Popularität.
o C: Die Regierungspopularität läßt sich mit dem verfügbaren wirtschaftspolitischen Instrumentarium verbessern.
o D: Die Regierung ist institutionell verankert.
o E: Wirtschaftspolitische Maßnahmen sind unabhängig von der Popularität der Regierung.

273. Das Preisniveau wird nach "neoklassischem" Paradigma entscheidend beeinflußt von (vom)
o A: Gesamtangebot und Gesamtnachfrage.
o B: den Kosten.
o C: den Zinsen.
o D: der Beschäftigung.
o E: der Geldmenge.

Kapitel V: Die gesamtwirtschaftlichen Ziele in einer offenen Volkswirtschaft

(Helge Majer, Makroökonomik, S. 227-247 und Helge Majer, Gesamtwirtschafliche Angebots-Nachfrageanalyse, S. 70 ff.)

LERNZIELE:

- Zahlungsbilanz und Teilbilanzen
- ZB-Funktion (Kurve außenwirtschaftlichen Gleichgewichts)
- Gleichgewichte und Ungleichgewichte der Außenwirtschaft
- Inneres und äußeres (Simultan-) Gleichgewicht
- Der Devisenmarkt
- Außenwirtschaftliche Anpassungsprozesse
- Preisniveau und Beschäftigung in einer offenen Volkswirtschaft
- Der optimale Instrumentenmix

AUFGABEN:

274. Welche der folgenden Aussagen ist (sind) richtig?
o A: Wenn Export- und Import gleich sind, dann besteht trotzdem die Notwendigkeit, die Außenwirtschaft theoretisch zu erfassen; Keynes hat daher nur eine geschlossene Volkswirtschaft untersucht.
o B: Die Bundesrepublik exportiert ca. 30 % ihrer Produktion, sie hängt daher sehr stark vom Außenhandel ab.
o C: Es ist für die Bundesrepublik als ressourcenarmes Land lebensnotwendig, immer einen möglichst hohen Zahlungsbilanzüberschuß zu erzielen.
o D: Die Deutsche Bundesbank hat durch die $-Aufkäufe im Zuge von DM-Aufwertungsspekulationen so viele Devisen angehäuft, daß ein dauerhafter Leistungsbilanzüberschuß nicht notwendig ist.
o E: Der Warenexport muß defizitäre Teilbilanzen ausgleichen.

275. Ein Kapitalexport wird in der Zahlungsbilanz verbucht wie ein
o A: Warenexport.
o B: Warenimport.
o C: Dienstleistungsexport.
o D: Dienstleistungsimport
o E: Goldtransfer.

276. Kurzfristige Kapitalexporte werden c.p. vorgenommen, wenn
o A: der Devisenkassakurs der eigenen Währung aufwertungsverdächtig ist.
o B: der Wechselkurs der eigenen Währung aufwertungsverdächtig ist.
o C: der Terminkurs den Kassakurs übersteigt.
o D: der Kassakurs den Terminkurs übersteigt.
o E: die Auslandszinsen im Vergleich zu den inländischen so hoch sind, daß die Transaktionskosten gerade gedeckt werden, der Terminkurs der Inlandswährung aber unter dem Kassakurs liegt.

277. "Die hohen amerikanischen Zinsen haben ... lange Zeit Dollaranlagen für private wie offizielle Anleger attraktiver erscheinen lassen als DM-Anlagen, zumal die Erwartung einer weiteren Aufwertung der D-Mark-Abwertungserwartungen Platz gemacht hat".
Die folgenden Aussagen sind mit diesem Text vereinbar:
o A: Internationale Zinsdifferenzen gehen mit Abwertungserwartungen einher.
o B: Hohe US-Zinsen stimulieren Kapitalexporte in anderen Ländern.
o C: Hohe US-Zinsen stimulieren in anderen Ländern Kapitalimporte.
o D: Hohe US-Zinsen lösen auch bei Aufwertungserwartungen der DM keine Kapitalexporte aus der Bundesrepublik aus.
o E: Kapitalströme hängen wesentlich von den erwarteten Devisenkursentwicklungen ab.

278. Die Nettokapitalexportneigung g sagt aus,
o A: wie stark sich die Nettokapitalexporte bei einer Änderung des inländischen Zinsniveaus verändern.
o B: wie stark sich die Nettokapitalexporte bei einer Änderung des ausländischen Zinsniveaus verändern.
o C: daß sich die Exporteure und Importeure von kurzfristigem Kapital in ihrem Verhalten vor allem von den Devisenkurserwartungen leiten lassen.
o D: wie die Kapitalexporteure und -importeure auf internationale Zins- und Devisenkursveränderungen reagieren.
o E: wie sich die Kapitalexporteure und -importeure in bezug auf Zinsänderungen im Inland verhalten.

279. Die ZB-Funktion ist der geometrische Ort aller Punkte, für die
o A: außenwirtschaftliches Gleichgewicht besteht.
o B: der Saldo aus Waren- und Dienstleistungsexporten und -importen dem der Nettokapitalexporte gleich ist.
o C: die Bilanz der laufenden Posten ausgeglichen ist.
o D: der Saldo der Handelsbilanz stets Null ist.
o E: die Leistungsbilanz ausgeglichen ist.

280. Die abgeleitete Kurve außenwirtschaftlichen Gleichgewichts hängt ab von den folgenden Determinanten:
o A: Vom Export- und Importniveau.
o B: Vom Preisniveau.
o C: Von den Devisenbeständen der Zentralbank.
o D: Von den Erwartungen über die Entwicklung der Leistungsbilanz.
o E: Vom Nettokapitalexport.

281. Die Steigung der ZB-Funktion im P-AN-Diagramm hängt ab von (vom)
o A: den autonomen Importen.
o B: der Exportneigung.
o C: den autonomen Exporten.
o D: Verhalten der Importeure und Exporteure in bezug auf die Terms-of-trade und das Angebot.
o E: den autonomen Kapitalexporten.

282. Die Lage der ZB-Funktion im P-AN-Diagramm hängt ab von (vom)
o A: den autonomen Importen.
o B: der Exportneigung.
o C: den autonomen Exporten.
o D: Verhalten der Importeure und Exporteure in bezug auf die Terms-of-trade und das Angebot.
o E: den autonomen Kapitalexporten.

283. "Die ZB-Funktion trennt im P-AN-System den nordöstlichen Defizitbereich vom südwestlichen Überschußbereich." Diese Aussage gilt unter folgenden Prämissen:
o A: Die reale Zahlungsbilanz wird betrachtet.
o B: Die Preiselastizität der Exportnachfrage ist (absolut) größer als die Zinselastizität der Kapitalexportnachfrage.
o C: Die Preiselastizität der Exportnachfrage ist (absolut) kleiner als die Zinselastizität der Kapitalexportnachfrage.
o D: Die Nettokapitalexporte müssen (in DM) stärker auf Zinsänderungen reagieren als die Nettoexporte (in DM) auf Preisniveauänderungen.
o E: Defizit und Überschuß sind gleich.

284. Simultanes inneres und äußeres Gleichgewicht liegt vor, wenn
o A: in Angebots-, Nachfrage- und ZB-Funktion Preisniveau, Angebot und Nachfrage übereinstimmen.
o B: auf allen Märkten, außer auf dem Arbeitsmarkt, Gleichgewicht herrscht.
o C: auf Güter-, Geld- und Arbeitsmärkten sowie in der Zahlungsbilanz Gleichgewicht herrschen.
o D: die Summe aus Sparen, Steuern und Importen gleich ist den Investitions- und Staatsausgaben abzüglich der Exporte.
o E: die Zahlungsbilanz im Gleichgewicht ist.

285. Welche der folgenden Aussagen ist (sind) richtig?
o A: Auf dem Devisenmarkt bilden sich gleichgewichtige Wechselkurse aufgrund von Angebot und Nachfrage.
o B: Gleichgewichtige Devisenkurse können sich nur in einem flexiblen Wechselkurssystem bilden.
o C: Gleichgewichtige Devisenkurse entstehen in einem System fester Wechselkurse durch die Interventionen der Zentralbanken.
o D: Auf dem Devisenmarkt herrscht vollkommene Konkurrenz.
o E: Auf dem Devisenmarkt herrscht unvollkommene Konkurrenz.

286. Die Devisennachfragekurve wird bestimmt von
o A: Warenimporten und Kapitalexporten.
o B: Warenexporten und Kapitalimporten.
o C: Warenimporten und Kapitalimporten.
o D: relativen Zinsen.
o E: relativen Inflationsraten.

287. Die Devisenangebotskurve wird bestimmt von
o A: Warenimporten und Kapitalexporten.
o B: Warenexporten und Kapitalimporten
o C: Warenimporten und Kapitalimporten.
o D: relativen Zinsen.
o E: relativen Inflationsraten.

288. Der Gleichgewichtskurs von Devisen wird kurzfristig beeinflußt
o A: vom Preisniveau des Auslands.
o B: von den Terms-of-trade.
o C: von den Kapitalmarktzinsen.
o D: von den kurzfristigen relativen Kapitalströmen.
o E: von den relativen Inflationsraten.

289. Welche der folgenden Aussagen ist (sind) richtig?
o A: In den Devisenangebots- und Devisennachfragekurven kommen ausschließlich ökonomische Größen zum Ausdruck, weil nur Waren- und Kapitalbewegungen die Funktionen bestimmen.
o B: In den Devisenangebots- und Devisennachfragefunktionen schlagen sich außer den ökonomischen Größen auch psychologische und politische Faktoren nieder.
o C: Der Devisenmarkt ist ein künstliches Modellkonstrukt, das nur mit wichtigen Einschränkungen auf die Realität angewendet werden kann.
o D: Der Einfluß der internationalen Kapitalströme dominiert heute die kurzfristigen Kursschwankungen auf dem Devisenmarkt.
o E: Die Kursbildung wird kurz- und mittelfristig von den relativen Inflationsraten in den einzelnen Ländern beeinflußt.

290. Ein Regime flexibler Wechselkurse ist gekennzeichnet durch
o A: kurspflegendes Eingreifen der Zentralbanken auf den Devisenmärkten.
o B: nach oben und unten floatende Devisenkurse.
o C: Kapitalverkehrskontrollen.
o D: obere und untere Interventionspunkte.
o E: nach oben und unten frei schwankenden Devisenkurse, die nur von den Marktkräften abhängen.

291. Ein Regime fester Wechselkurse ist gekennzeichnet durch
o A: kurspflegendes Eingreifen der Zentralbanken auf den Devisenmärkten.
o B: nach oben und unten floatende Devisenkurse.
o C: Kapitalverkehrskontrollen.
o D: obere und untere Interventionspunkte.
o E: nach oben und unten frei schwankenden Devisenkurse, die nur von den Marktkräften abhängen.

292. Gehen Sie von folgender Situation auf dem Devisenmarkt aus:

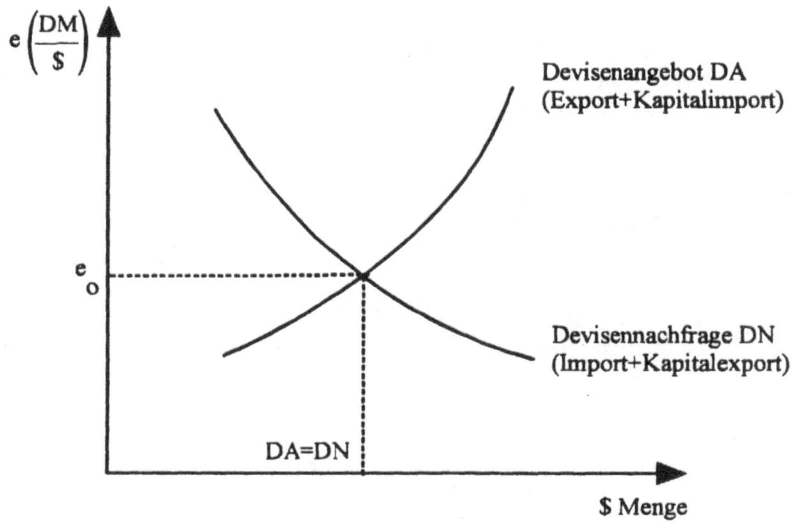

Welche Maßnahmen muß die betroffene Notenbank ergreifen?
o A: Devisen kaufen.
o B: Devisen verkaufen.
o C: Den Diskontsatz senken.
o D: Den Diskontsatz erhöhen.
o E: Nichts tun.

293. "Die Einführung flexibler Wechselkurse würde die Inflationsübertragung zwischen den Ländern verhindern..."
Welche(s) der folgenden Argumente sind (ist) dazu richtig?
o A: Im Gegensatz zu festen Wechselkursen sorgen flexible für einen schnellen Ausgleich der Handelsbilanz, wenn Exportüberschüsse zu einem Inflationsimport führen.
o B: Der direkte internationale Preiszusammenhang kann unmittelbar ausgeschaltet werden.
o C: Flexible Wechselkurse können die Inflationsübertragung nur abschwächen, weil die unvermeidbaren Notenbankinterventionen ("schmutziges Floaten") die notwendigen Anpassungen verhindern.
o D: Die im Zitat gemachte Behauptung gilt unter bestimmten theoretischen Prämissen für einige Fälle des Inflationsimports.
o E: Der Geldmengen - Preis - Mechanismus wird durch flexible Kurse außer Kraft gesetzt.

294. Wie errechnet sich der ECU?
o A: Der ECU errechnet sich auf dem Devisenmarkt.
o B: Der ECU errechnet sich aus den Währungen der Mitgliedsländer des EWS. Als Gewichte gelten Bruttosozialprodukt, Außenhandelsanteile und Gold-Deviseneinlage beim EFWZ.
o C: Der ECU wird als gewichtetes Mittel eines Warenkorbs gebildet. Der Warenkorb richtet sich nach dem US-$.
o D: Der ECU errechnet sich aus dem Paritätengitter der Währungen der Mitgliedsländer.
o E: Der ECU errechnet sich aus den Goldeinlagen beim EFWZ.

295. Gegeben sei die folgende währungspolitische Situation im EWS: Der FF nähert sich dem oberen Interventionspunkt in bezug auf die DM.
a) Welche Maßnahmen muß die französische Notenbank sofort ergreifen?

o A: Senkung des Lombardsatzes
o B: Erhöhung des Diskontsatzes
o C: Senkung der Mindestreservesätze
o D: Senkung des Diskontsatzes
o E: Erhöhung der Rediskontkontingente

b) Zeichnen Sie in folgendes Diagramm den Devisenmarkt

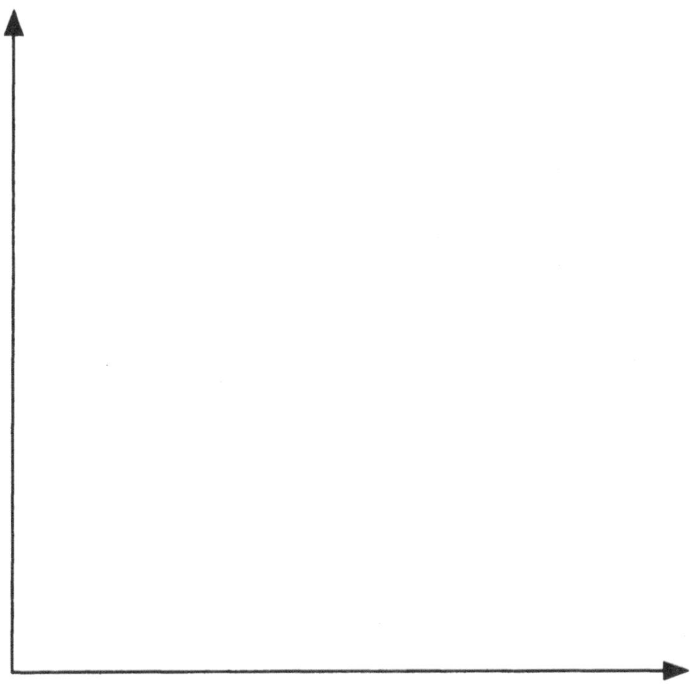

c)Welche Maßnahmen wird die französische Notenbank ergreifen, wenn der Franc-Kurs den oberen Interventionspunkt erreicht? Zeichnen und beschreiben Sie!

d) Zeichnen und beschreiben Sie die deutsche Seite.

296. Der Einkommensmechanismus wirkt auf einen Ausgleich eines Zahlungsbilanzdefizits dadurch, daß
o A: die Störung durch variables Preisniveau und Einkommen über den Multiplikatoreffekt ausgeglichen wird.
o B: der Exportmultiplikator das Einkommen eines Landes erhöht, das des anderen gesenkt wird.
o C: eine Anpassung über die Veränderungen der einkommensabhängigen Importe der beiden betrachteten Länder erfolgt.
o D: die Importe eines Landes im Zwei-Länderfall den Exporten des anderen Landes entsprechen. Steigt der Export eines Landes, dann wirkt dies auch auf das andere Land expansiv.
o E: die Störung durch festes Preisniveau und variables Einkommen bei festen Devisenkursen ausgeglichen wird.

297. Der Geldmengen-Preis-Mechanismus wirkt auf einen Ausgleich eines Zahlungsbilanzdefizits dadurch, daß
o A: die monetaristische Inflationstheorie unterstellt ist.
o B: durch eine Geldmengenexpansion im Inland die Gesamtnachfrage steigt, aber über eine Anpassung des Angebots das Preisniveau sinkt.
o C: flexible Wechselkurse immer für eine Anpassung der internationalen Geldmenge an das Preisniveaus sorgen.
o D: bei Vollbeschäftigung nur eine Anpassung über das Preisniveau möglich ist, wenn die Geldmenge sich verändert.
o E: die Störung durch ein variables Preisniveau und festes Einkommen bei fixem Wechselkurssystem ausgeglichen wird.

298. Der Zinsmechanismus wirkt auf einen Ausgleich eines Zahlungsbilanzdefizits dadurch, daß
o A: freie Wechselkurse und Zinsen die Anpassung besorgen.
o B: ein steigendes Preisniveau zu Zinserhöhungen führt und dadurch Kapitalimporte angeregt werden.
o C: ein sinkendes Preisniveau zu Zinssenkungen führt und dadurch Kapitalimporte angeregt werden.
o D: ein internationales Zinsgefälle bei festem Wechselkursregime Kapitalströme induziert.
o E: freie Wechselkurse und Zinsen den Ausgleich stets herbeiführen.

299. Vervollständigen Sie die folgende Tabelle durch var., konst. bzw. x.

Anpassungsmechanismus	P	AN	i	e	voll-ständig
Wechselkursmechanismus					
Einkommenmechanismus					
Geldmengen-Preis-Mechanismus					
Zinsmechanismus					

300. "... es sei wichtig (sagt Dr. Emminger), daß wir unseren Stabilitätsvorsprung gegenüber dem Ausland mit allen Mitteln verteidigen und verhindern, daß die abwertungsbedingte Einfuhrverteuerung auf das inländische Preis- und Kostenniveau durchschlägt. Sonst würden wir sehr rasch den durch die DM-Abwertung erreichten Wettbewerbsvorteil unserer Exportwirtschaft wieder verspielen. Daher müsse eine harte Geldpolitik gegenhalten."

Welche der folgenden Aussagen ist (sind) mit diesem Text vereinbar?

o A: Zinssenkungen im Inland stimulieren die Exportwirtschaft.

o B: Stabiles Preisniveau im Inland fördert Exportsteigerungen.

o C: Eine Stimulierung der Exporte durch eine DM-Abwertung könnte wegen der damit verbundenen Inflationsgefahr wieder zunichte gemacht werden.

o D: Eine harte Geldpolitik soll Kapitalexporte stimulieren und die Inflationsrate im Inland niedrig halten.

o E: Der Exportvorteil durch eine DM-Abwertung kann aufgesogen werden durch den Nachteil höherer Importpreise.

301. "Was der Bundesbank im Augenblick besonders zu schaffen macht, ist der enorme Kapitalabfluß, der primär durch das starke Zinsgefälle gegenüber den USA und England verursacht ist ... Die Bundesbank hat keine Wahl. Sie ist zur Stabilisierung des Geldwerts nach innen und nach außen verpflichtet und muß mit ihren Mitteln gegensteuern, auch wenn hohe Zinsen konjunkturell überhaupt nicht in die Landschaft passen".

Welche der folgenden Aussagen ist (sind) mit diesem Text vereinbar?

o A: Hohe Kapitalexporte erfordern eine Politik der hohen Zinsen durch die Bundesbank.

o B: Hohe Kapitalexporte erfordern eine Politik des reichlichen Geldes durch die Bundesbank.

o C: Durch die offene außenwirtschaftliche Flanke muß der externen Stabilität der Vorrang vor Konjunkturstimulierung eingeräumt werden.

o D: Die Bundesbank muß mit ihren Mitteln versuchen, Aufwertungsspekulationen entgegenzuwirken.

o E: Preisniveaustabilität rangiert für die Bundesbank vor hohem Beschäftigungsstand.

302. Der kurzfristige Zusammenhang zwischen Zins und Devisenkurs läßt sich wie folgt beschreiben:

o A: Zins und Wechselkurs hängen positiv miteinander zusammen, bei gegebenem Auslandszinsniveau und Devisenterminkurs.

o B: Zins und Devisenkurs hängen negativ miteinander zusammen, wobei steigender Auslandszins die Funktion im i-e-Diagramm nach außen verlagert.

o C: Zins und Devisenkurs sind über den Terminkurs negativ miteinander verbunden.

o D: Zins und Devisenkurs hängen nur langfristig miteinander zusammen.

o E: Zins und Devisenkurs sind hoch positiv korreliert.

303. Gegeben sei die folgende Gleichgewichtssituation in einer offenen Volkswirtschaft (mit dem Gleichgewichtspunkt G_0):

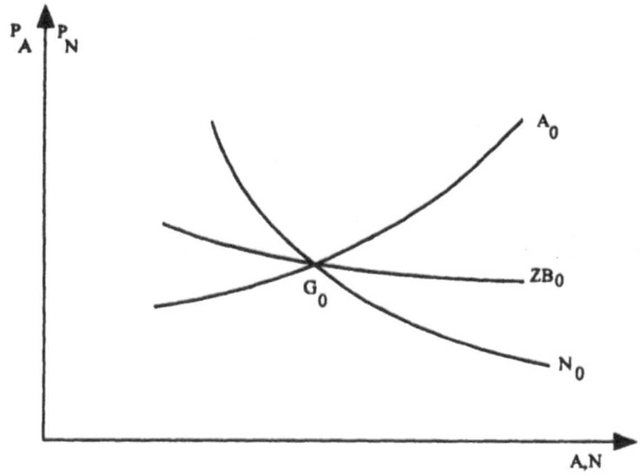

a) Wie verlagern sich Angebots-, Nachfrage- und ZB-Funktion im Diagramm, wenn die autonomen Exporte (Ex_a) steigen? Zeichnen Sie!

b) Es handelt sich bei der entstandenen Ungleichgewichtssituation um

o A: ein Zahlungsbilanzdefizit

o B: ein Leistungsbilanzdefizit

o C: ein Zahlungsbilanzüberschuß

o D: ein Leistungsbilanzüberschuß

o E: keine der genannten Möglichkeiten

c) Wie kann man mit Hilfe geldpolitischer Maßnahmen das entstandene Ungleichgewicht in Richtung eines neuen (externen und internen) Simultangleichgewichts verändern? Gehen Sie von einer Veränderung von M_a aus.

Zeichnen Sie! Nur eine Ursachenrunde berücksichtigen!

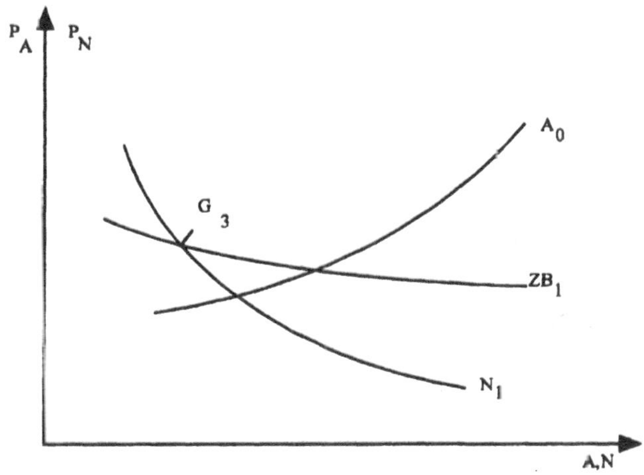

d) Welche der folgenden Veränderungen finden statt?

o A: Durch die Erhöhung der autonomen Exporte verlagert sich die Gesamtnachfragefunktion im P-AN-Diagramm stärker nach rechts als die ZB-Funktion, weil der Multiplikator kleiner ist als 1/m*.

o B: Durch die Erhöhung der autonomen Exporte verlagert sich die ZB-Funktion im P-AN-Diagramm stärker nach rechts als die Gesamtnachfragefunktion, weil der Multiplikator größer ist als 1/m*.

o C: Die Erhöhung der autonomen Exporte verlagert nur die ZB-Funktion (nach rechts).

o D: Die Geldmengenänderung bewirkt, daß sich die Nachfragefunktion nach rechts verlagert.

o E: Die auftretenden Gesamtnachfrage- und Preisniveauänderungen bewirken Zinserhöhungen; diese wirken über den Zinsmechanismus entlastend auf die Zahlungsbilanz und verlagern die ZB-Funktion nach links.

e) Ist der Gesamteffekt positiv (+), negativ (-), Null (0) oder unbestimmt (?)? Zahlungsbilanzwirkungen der Verlagerung der

	+	-	0	?
- Angebotsfunktion	a	b	c	d
- Nachfragefunktion	e	f	g	h
- ZB-Funktion	i	j	k	l
- Gesamteffekt	m	n	o	p

304. Gegeben sei die folgende Gleichgewichtssituation in einer offenen Volkswirtschaft (mit dem Gleichgewichtspunkt G_0):

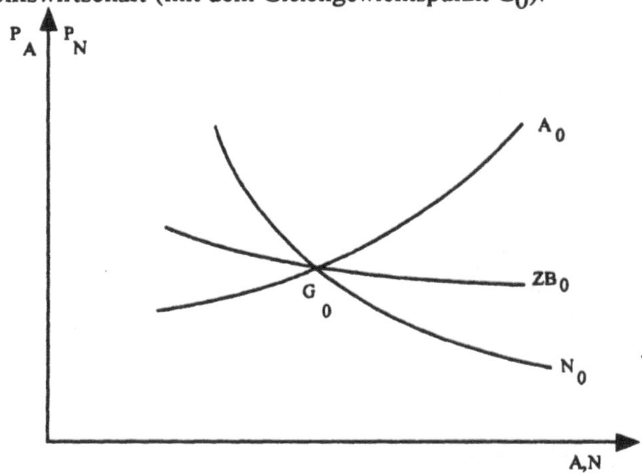

a) Wie verlagern sich Angebots-, Nachfrage- und ZB-Funktion im Diagramm, wenn die autonomen Exporte (Ex_a) steigen? Zeichnen Sie!

b) Handelt es sich bei der entstandenen Ungleichgewichtssituation um
o A: ein Zahlungsbilanzdefizit
o B: ein Leistungsbilanzdefizit
o C: ein Zahlungsbilanzüberschuß
o D: ein Leistungsbilanzüberschuß
o E: keine der genannten Möglichkeiten

c) Wie kann man mit Hilfe finanzpolitischer Maßnahmen das entstandene Ungleichgewicht in Richtung eines neuen (externen und internen) Simultangleichgewichts verändern? Gehen Sie von einer Veränderung von T^*_a (direkte Steuern) aus.
Zeichnen Sie! Nur eine Ursachenrunde berücksichtigen!

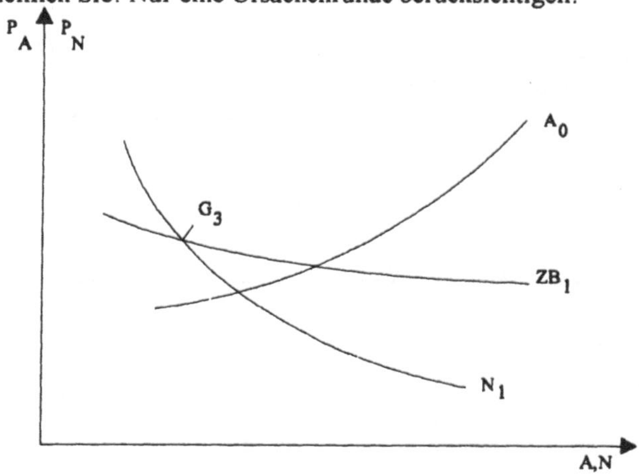

d) Welche der folgenden Veränderungen finden statt?

o A: Die Steueränderung bewirkt, daß sich die Nachfragefunktion nach rechts verlagert.

o B: Die Steueränderung bewirkt, daß sich die Nachfragefunktion nach links verlagert.

o C: Durch die Steueränderung verlagert sich die ZB- Funktion unmittelbar nach rechts.

o D: Durch die Steueränderung verlagert sich die ZB- Funktion unmittelbar nach links.

o E: Die Steueränderung wirkt nur auf die Nachfragefunktion.

e) Ist der Gesamteffekt positiv (+), negativ (-), Null (0) oder unbestimmt (?)?

Zahlungsbilanzwirkungen der Verlagerung der

	+	-	0	?
- Angebotsfunktion	a	b	c	d
- Nachfragefunktion	e	f	g	h
- ZB-Funktion	i	j	k	l
- Gesamteffekt	m	n	o	p

305. Gegeben sei die folgende Gleichgewichtssituation in einer offenen Volkswirtschaft (mit dem Gleichgewichtspunkt G_0):

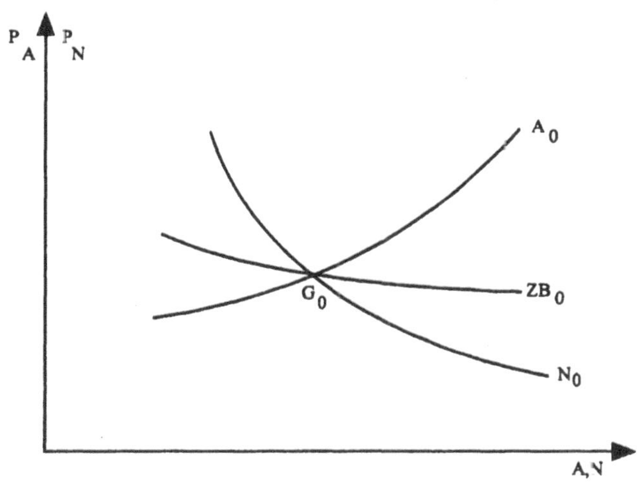

a) Wie verlagern sich Angebots-, Nachfrage- und ZB-Funktion im Diagramm, wenn die autonomen Exporte (Ex_a) steigen?
Zeichnen Sie!

b) Handelt es sich bei der entstandenen Ungleichgewichtssituation um
o A: ein Zahlungsbilanzdefizit
o B: ein Leistungsbilanzdefizit
o C: ein Zahlungsbilanzüberschuß
o D: ein Leistungsbilanzüberschuß
o E: keine der genannten Möglichkeiten

c) Wie beeinflußt eine Geldlohnänderung das entstandene Ungleichgewicht in Richtung eines neuen (externen und internen) Simultangleichgewichts? Zeichnen Sie! Nur eine Ursachenrunde berücksichtigen!

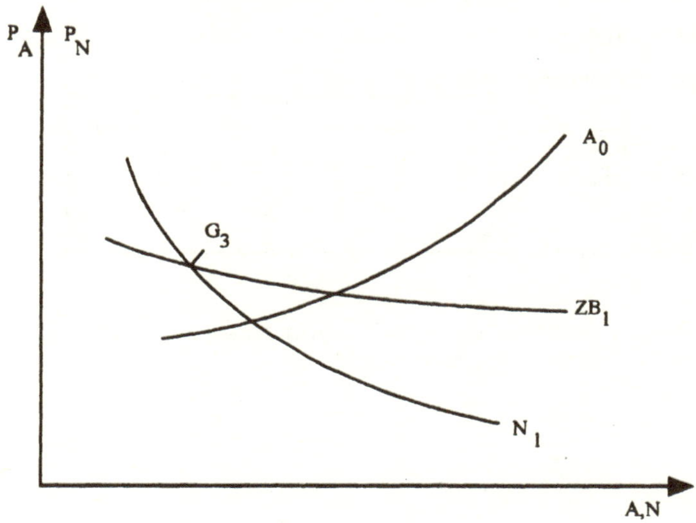

d) Welche der folgenden Veränderungen finden statt?
o A: Durch die Erhöhung der autonomen Exporte verlagert sich die Gesamtnachfragefunktion in P-AN-Diagramm stärker nach rechts als die ZB-Funktion, weil der Multiplikator größer ist als 1/m*.
o B: Durch die Erhöhung der autonomen Exporte verlagert sich die ZB-Funktion im P-AN-Diagramm stärker nach rechts als die Gesamtnachfragefunktion, weil der Multiplikator größer ist als 1/m*.
o C: Die Erhöhung der autonomen Exporte verlagert nur die ZB-Funktion (nach rechts).
o D: Die Geldlohnänderung soll bewirken, daß sich die Angebotsfunktion nach links verlagert.
o E: Durch die Geldlohnänderung verlagert sich die ZB- Funktion unmittelbar nach rechts.

e) Ist der Gesamteffekt positiv (+), negativ (-), Null (0) oder unbestimmt (?)?
Zahlungsbilanzwirkungen der Verlagerung der

	+	-	0	?
- Angebotsfunktion	a	b	c	d
- Nachfragefunktion	e	f	g	h
- ZB-Funktion	i	j	k	l
- Gesamteffekt	m	n	o	p

306. Wie wirkt bei einem Zahlungsbilanzdefizit eine Abwertung?
Die Zahlungsbilanz wird

o A: verbessert.
o B: verschlechtert.
o C: nicht verändert.
o D: Die Wirkung ist unbestimmt.
o E: Die Wirkung hängt von bestimmten Prämissen ab.

307. Welcher Unterschied besteht zwischen der reinen und der monetären Theorie der Außenwirtschaft?

o A: Die reine Theorie behandelt die Determinanten des internationalen Handels in physischen Einheiten, während in der monetären Theorie die nominalen Größen analysiert werden mit der Zahlungsbilanz im Mittelpunkt.
o B: Die reine Theorie ist realistischer als die monetäre, weil sie vom Geld und seinen Wirkungen abstrahieren kann.
o C: Die monetäre Theorie kann den Zusammenhang zwischen Zahlungsbilanz, Volkseinkommen und Preisniveau nicht erklären, dies ist die Aufgabe der reinen Theorie.
o D: Die Aussagen der reinen und der monetären Theorie ergänzen sich gegenseitig.
o E: Die monetäre Theorie bildet die entscheidende Grundlage der Außenwirtschaftspolitik.

Kapitel I:
Ziele der Wirtschaftspolitik

(Helge Majer, Makroökonomik, S. 1-23)

<u>LÖSUNGEN</u>:

1. (B) , (E)

Das "Stabilitätsgesetz" nennt die Ziele

- Stabilität des Preisniveaus
- Hoher Beschäftigungsstand
- Außenwirtschaftliches Gleichgewicht
- Stetiges und angemessenes Wirtschaftswachstum.

Die Preise sollen in einem marktwirtschaftlichen System durch ihr Schwanken Knappheit und Überfluß auf den einzelnen Märkten anzeigen. Steigenden Preisen mancher Güter sollen sinkende anderer gegenüberstehen, so daß der Preisdurchschnitt (das Preis<u>niveau</u>) stabil bleibt.

"Überschuß in der Leistungsbilanz" bezieht sich zu speziell auf eine Teilbilanz der Zahlungsbilanz. "Außenwirtschaftliches Gleichgewicht" dagegen definiert umfassend.

Das Wirtschaftswachstum soll stetig und angemessen sein. Angemessenes Wachstum muß nicht maximal sein; es ist eher auf den gesamten Zielzusammenhang bezogen. Im Gesetz steht ferner, daß alle der oben genannten Ziele gleichzeitig erfüllt sein sollen (magisches Viereck).

Das Gesetz stammt von 1967! Von Umwelt- oder Sozialverträglichkeit war damals noch keine Rede.

Die "Umweltverträglichkeit" findet sich nicht in der heutigen Fassung des Gesetzes, würde wohl aber Chancen haben, ins Gesetz aufgenommen zu werden. Wir nennen dieses Ziel "Erhaltung der natürlichen Lebensgrundlagen".

2. (C)

Bei der Arbeitslosenquote erscheinen im Zähler immer die (über die Sozialversicherung registrierten) Arbeitslosen. Im Nenner können drei Größen stehen: die Erwerbspersonen insgesamt, die Beschäftigten (Erwerbstätige) oder die abhängig Beschäftigten bzw. Erwerbspersonen. In der Bundesrepublik ist neuerdings die dritte Version üblich; in anderen Ländern werden aber auch die anderen Definitionen verwendet.

Erwerbspersonen =	Arbeitslose	
	+ mithelfende Familienangehörige	Beschäftigte (Erwerbstätige)
	+ Selbständige	
	+ abhängige Beschäftigte	

3. (B) , (D)

Die als richtig bezeichneten Formeln definieren Wachstumsraten in Prozent. Die Wachstumsrate des Sozialprodukts Y zum Beispiel ist analog definiert als

$$w_Y = \left(\frac{Y_t - Y_{t-1}}{Y_{t-1}} \right) \cdot 100 = \left(\frac{Y_t}{Y_{t-1}} - 1 \right) \cdot 100$$

4. (B)

In den einzelnen Antworten sind verschiedene Teilbilanzen der Zahlungsbilanz genannt:

Zahlungsbilanz	Handelsbilanz	Außenbeitrag	Leistungsbilanz
	Dienstleistungsbilanz		
	Bilanz der unentgeltlichen Übertragungen		
	Kapitalverkehrsbilanz		
	Gold- und Devisenbilanz		

Der Außenbeitrag ist als Indikator für außenwirtschaftliches Gleichgewicht zu eng, wenn die unentgeltlichen Übertragungen sehr hoch sind. Bei uns bringen die Überweisungen von "Gastarbeitern" in ihre Heimatländer sowie immer größere Übertragungen an internationale Organisationen (z.B. NATO, EG) diese Teilbilanz in ein Defizit von ca. 58 Mrd. DM (1991) pro Jahr. Die Leistungsbilanz erscheint somit als Indikator besser geeignet.

Offiziell gilt immer noch, daß der Anteil des Außenbeitrags am Bruttosozialprodukt 1,5% betragen soll.

5. (D)

Die Definition des Wachstumsziels ist überholt und bedarf dringender Anpassung. Denn das Bruttosozialprodukt ist nur ein unvollkommener Indikator für Wohlfahrtssteigerungen hochindustrialisierter Länder, die materiell schon hohe Sättigungsgrade aufweisen. Der Zusammenhang zwischen Wohlfahrts- und Bruttosozialproduktswachstum ist schlecht und er wird immer schlechter.

Im Trend wurde (nach dem Jahreswirtschaftsbericht von 1968) eine Rate von 4 % angestrebt.

6. (C)

Als Gründe für das Ansteigen der Inflationsrate in den siebziger Jahren werden häufig angeführt:

- Außenwirtschaftliche Krisen (Rohstoffpreisexplosion, Ölpreiskrise)
- Engerer internationaler Konjunkturzusammenhang (Inflationsgemeinschaft)
- Lohnkostendruck (vor allem Lohnnebenkosten)

7. (B)

Die Gesamt-Arbeitslosenquote setzt sich zusammen aus der konjunkturellen und strukturellen Komponente. Anfang der 50er Jahre war die strukturelle Komponente sehr hoch (Zustrom von Flüchtlingen aus dem Osten, Aufbauprobleme), bis Anfang der 60er Jahre konnte dieser strukturelle Sockel abgebaut werden. Der konjunkturelle Einbruch 1967 zeigt ein Ansteigen der Arbeitslosenquote auf knapp über 2 %, dann ein Absinken aufgrund der starken wirtschaftlichen Erholung (wohl auch bedingt durch das Konjunkturprogramm 1967/68). Bis zum Krisenjahr 1974 liegt die Arbeitslosenquote wieder unter einem Prozent. Die starke Rezession erhöhte zunächst die konjunkturelle Arbeitslosigkeit, die sich dann in eine strukturelle verfestigte, die zunächst wohl technologisch, dann aber demografisch (geburtenstarke Jahrgänge) verursacht war.

Aufgrund der geburtenschwachen Jahrgänge Anfang der siebziger Jahre müßte seit einigen Jahren die demografische Komponente entlastend auf die Arbeitslosigkeit wirken.

8. (B) , (E)

Das Bruttosozialprodukt ist die Aufzeichung aller Transaktionen (Sachgüter und Dienste), die über Märkte laufen und statistisch aufgezeigt werden, Vorleistungen und Importe werden abgezogen. Die quantitativ sehr wichtigen staatlichen Leistungen werden über ihre Kosten gemessen; die Leistungen selbst (Bildung, Sicherheit, Gesundheitswesen) sind nicht bekannt. Wesentliche Leistungen und Schäden werden überhaupt nicht erfaßt (Hausarbeit der Eltern, Freizeit, Umwelt). Das Sozialprodukt mißt somit einen Teil der Wohlfahrt (den materiellen vor allem) und diesen zur Hälfte noch sehr unvollkommen.

Qualitatives Wachstum wäre die Entwicklung einer "besseren" Wohlfahrtsgröße (z.B. ein um Umweltschäden bereinigtes Bruttosozialprodukt).

9. (C) , (D)

Die Deutsche Bundesbank in Frankfurt a.M. verfolgt durch den Zentralbankrat ihre geld- und kreditpolitischen Ziele, insbesondere die Wahrung der Geldwertstabilität, unabhängig von Weisungen anderer (autonom). Der Zentralbankrat setzt sich zusammen aus den Präsidenten der Landeszentralbanken, dem Präsidenten und Vizepräsidenten sowie den Direktoren der Bundesbank.

10. (A) , (B)

Gebietskörperschaften sind Bund, Länder und Gemeinden, sie machen zusammen mit einigen Hilfsfisci die nationalen Entscheidungsträger der Finanzpolitik aus. Auf internationaler Ebene sind die Organe der Europäischen Gemeinschaften (z.B. EG-Kommission) zuständig.

11. (A) , (D)

Tarifpartner sind Arbeitgeber- und Arbeitnehmerorganisationen in der Wirtschaft und der öffentlichen Hand (Gebietskörperschaften). Diese Organisationen sind nach Industriefachgruppen gegliedert. Sie verhandeln sowohl über die Arbeitsentgelte als auch über die Arbeitsbedingungen.

12. (B) , (C)

Zunächst zur Zieldefinition: beide Ziele sollten sich bei einer Verbesserung im Zielwert erhöhen oder beide verringern. Dies ist bei der Inflationsrate und dem Beschäftigungsstand nicht der Fall. Es wird eine niedrige Inflationsrate und ein hoher Beschäftigungsstand angestrebt.

Anders liegt der Fall, wenn der hohe Beschäftigungsstand durch die Arbeitslosenquote ausgedrückt wird. Dann werden für eine Verbesserung der Ziele möglichst niedrige Inflationsraten und Arbeitslosenquoten angestrebt.

Als wichtigste Zweierbeziehungen zwischen gesamtwirtschaftlichen Zielen gelten

- Preisniveaustabilität und hoher Beschäftigungsstand, letzterer ausgedrückt mit Hilfe der Arbeitslosenquote
- Wirtschaftswachstum und hoher Beschäftigungsstand (s.o.), und
- Wirtschaftswachstum und Erhaltung der natürlichen Lebensgrundlagen

Wir werden im Verlauf des nachfolgenden Textes diese Beziehungen ausführlich dokumentieren. Insbesondere im ersten und dritten Fall geht man davon aus, daß Zielkonflikte vorliegen, im zweiten Fall wird Komplementarität (Zielverträglichkeit) vermutet.

13. (B) , (E)

Die ökonomische Realität ist so komplex, daß sie nur mit großen Vereinfachungen abgebildet werden kann. Eines der größten deutschen Modelle hat insgesamt ca. 1800 Gleichungen und ist damit außerordentlich detailliert, doch sogar für die Konstrukteure ist dieses Modell kaum überschaubar und es ist fast unmöglich nachzuvollziehen, welche Wirkungen durch die Veränderung einer Größe ausgelöst wurden. Dieses Modell ist ein ökonometrisches Modell, d.h. seine Parameter sind mit Hilfe von Zeitreihen ökonomischer Daten getestet. Die Parameter sind also numerisch.

Demgegenüber besteht ein ökonomisches Modell aus Definitions- und Verhaltensgleichungen, die empirisch nicht getestet sind. Die Parameter der Funktionen sind nur für große Bereiche eingegrenzt, z.B. $0 < c < 1$ oder $C_a > 0$. Mit solchen ökonomischen Modellen wird versucht, grundlegende Zusammenhänge einfach und abstrakt darzustellen.

Ein partielles Abbild der wirtschaftlichen Realität wird mit einem sogenannten Partialmodell angestrebt. Mit diesem Modell wird ein Teil aus der Realität herausgeschnitten (z.B. ein Markt, ein Industriesektor) und dieser wird in einem Modell abgebildet.

14. (A) , (D) , (E)

Ex post Aussagen sind solche über die Vergangenheit; solche Aussagen sind Geschichte und stehen mit ihren empirischen Daten fest (soweit diese Daten nicht noch leichte Revisionen erfahren). Z.B. läßt sich für eine geschlossene Volkswirtschaft ohne Staat (aus der Volkswirtschaftlichen Gesamtrechnung) zwingend berechnen, daß (ex post) Investitionen und Sparen gleich sind. Dabei sind diese Größen teils geplant, teils ungeplant; die ex post Gleichheit gilt unabhängig davon, ob die Pläne von Sparern und Investoren übereingestimmt haben.

Ex ante Aussagen dagegen sind solche, die sich auf die Zukunft beziehen und bei denen hypothetisch das Verhalten von Wirtschaftssubjekten (Verhaltensgleichungen) oder technologische Zusammenhänge (Produktionsfunktion) beschrieben werden. Diese Gleichungen können auch dynamisch sein, wenn sich nämlich die einzelnen Variablen auf verschiedene Zeitpunkte beziehen (statisch sind die Gleichungen bzw. ist das Modell, wenn sich alle Variablen auf einen bestimmten Zeitpunkt beziehen). Akzeptiert man eine bestimmte Definition eines Tatbestands, dann ist die Definitionsgleichung natürlich auch "wahr" (z.B. die Definition der Gesamtnachfrage N = C + I + R + Ex). Tautologische Gleichungen sind Identitäten (z.B. Y = Y), also auch "wahr"; oft sind diese Identitäten durch geschickte Erweiterungen so umgeformt, daß sie Aussagen über ökonomische Zusammenhänge gestatten (z.B. aus Y = Y wird $w_Y = w + w_B + w_h + w$; vgl. Makroökonomik S. 27).

15. (A) , (B)

Die einfachsten makroökonomischen Modelle betrachten den Gütermarkt. Mit diesen Partialmodellen wird hier versucht, das Sozialprodukt aus den Determinanten von Konsum- und Investitionsgüternachfrage zu erklären. In diesen Modellen ist der Zins festgesetzt. Soll der Zins erklärt werden, dann muß der Geld- oder der Kapitalmarkt beschrieben werden, je nachdem, ob der Zeithorizont des Modells kurz- oder langfristig ist. Der Arbeitsmarkt muß analysiert werden, wenn die Produktion von Gütern erklärt werden soll. Die Berücksichtigung mehrerer Märkte erhöht demnach die Komplexität des Modells.

Wird die Zeit in einem Modell nicht berücksichtigt, dann handelt es sich um ein statisches Modell. Ein Modell läßt sich nur lösen, wenn die Anzahl der Variablen der Anzahl der Gleichungen entspricht.

16. (B) , (E)

Eine Volkswirtschaft, die nicht wächst, wird als stationär bezeichnet. Eine wachsende Volkswirtschaft ist evolutorisch. Die Darstellung solcher Volkswirtschaften mit Hilfe von Modellen muß dynamische Gleichungen verwenden, d.h. die einzelnen Variavlen beziehen sich auf verschiedene Zeitpunkte.

17. (C), (E)

Das wesentliche Ziel eines Modells besteht darin, Ursache-Wirkungs-Beziehungen aufzuzeigen. Solche Beziehungen sind wegen der Interdependenz des ökonomischen Systems ("alles hängt von allem ab") nicht nur in einer Gleichung abzubilden, sondern sie laufen über die Verknüpfung mehrerer Gleichungen.

Man versucht nun, mit einem ökonomischen Modell eine Ausgangssituation darzustellen. In dieser Situation weisen die exogenen und endogenen Variablen sowie die Verhaltensparameter bestimmte Ausgangswerte auf. Die wichtigste Frage, die mit Hilfe eines Modells beantwortet werden soll, lautet: Wie verändern sich die (endogenen) Variablen des Modells, wenn eine exogene Größe (oder ein Verhaltensparameter) verändert wird. Würde man mehrere exogene Größen gleichzeitig verändern, dann wäre die Wirkung einer einzelnen Größe nicht zu isolieren. Daher hält man alle anderen Größen konstant, außer der, deren Wirkung untersucht werden soll: ceteris paribus.

18. (A), (E)

In den Gleichungen eines ökonomischen Modells gibt es drei Arten von Parametern bzw. Variablen: die Verhaltensparameter (z.B. die Konsumneigung), die exogenen Größen (z.B. der autonome Konsum) und die endogenen Größen (z.B. das verfügbare Einkommen). Die endogenen Größen werden im Modell erklärt: bildet man die Lösung des Modells, dann kann man die endogenen Variablen ausrechnen, wenn die Zahl dieser Variablen der Zahl der Gleichungen entspricht. Die exogenen Größen sind nicht im Modell erklärt, sie können das Ergebnis anderer (exogener) Modelle sein, oder sie können festgesetzt sein.

Es ist sinnvoll, nur solche Größen festzusetzen, die entweder für die Erklärung im Modell unbedeutend sind oder die empirisch wirklich etwa konstant sind. In einer einführenden Makroökonomik werden auch wichtige Größen exogen gesetzt - aus didaktischen Gründen (z.B. die Investitionen bei der Ableitung des einfachen Investitionsmultiplikators).

Kapitel II:
Beschäftigung und Gesamtnachfrage

(Helge Majer, Makroökonomik. S. 25-105)

LÖSUNGEN:

19. (A) , (C) , (E)

Ex post Aussagen beziehen sich immer auf die Vergangenheit. In der Regel handelt es sich dabei um definitorische Zusammenhänge. Diese sind immer "wahr".

Demgegenüber beziehen sich ex ante Aussagen auf die Zukunft. Dies sind meist Hypothesen über das Verhalten von Wirtschaftssubjekten. Solche Aussagen sind nicht notwendigerweise wahr, sie unterliegen der Falsifizierung (Popper).

Bei ex ante Aussagen stehen Pläne im Vordergrund; es wird sich also um Verhaltensgleichungen handeln. Es post haben wir ein Ergebnis, das aus den geplanten und ungeplanten Handlungen der Wirtschaftssubjekte resultiert.

Definitionen sind keine Annahmen.

20. (B) , (D)

Gesamtnachfrage bedeutet Nachfrage nach Endprodukten, die im Inland erzeugt werden.
Sparen bedeutet Konsumverzicht, eine Addition macht keinen Sinn.
Die Importe sind keine Nachfrage nach inländischen Endprodukten.
Die Vorleistungen gehen nicht in die Endnachfrage ein.

21. (A) , (B)

Der Gütermarkt ist ein Teilmarkt einer Volkswirtschaft. Er wird beschrieben durch Angebot und Nachfrage nach Gütern und Dienstleistungen. Hierzu gehören Güter, die von Privaten und vom Staat produziert, angeboten bzw. nachgefragt werden. Diese Güter können für den Konsum oder für Produktionszwecke (Investitionsgüter; produzierte Produktionsmittel) fürs Inland oder fürs Ausland bestimmt sein.

Weitere Teilmärkte sind
- Geldmarkt
- Arbeitsmarkt
- Kapitalmarkt

Die Antwortmöglichkeite D und E beziehen sich auf Annahmen eines Gütermarktmodells.

22. (C) , (E)

Aus dem gesamtwirtschaftlichen Einkommenskonto ergibt sich definitorisch, daß $A_V = C + S$, d.h. verfügbares Einkommen kann nur konsumiert oder gespart (bzw. investiert) werden.

23. (B) , (C) ,(D)

Wir gehen davon aus, daß in der Gleichung $A_V = C + S$ das verfügbare Einkommen gegeben ist. Wenn man C durch eine Hypothese erklärt (Konsumfunktion), dann läßt sich die dritte Größe, S, angegeben (Sparfunktion).

24. (C) , (E)

Wir müssen unterscheiden zwischen Niveausteigerungen des Konsums und Strukturverschiebungen. Angenommen, die Haushalte konsumieren nur Nahrungsmittel (C_1) und Urlaubsreisen (C_2); gilt dann:

$$C = C_1 + C_2 \qquad \text{und für das Wachstum}$$

$$w_C = \frac{C_1}{C} w_{C_1} + \frac{C_2}{C} w_{C_2}$$

Die Wachstumsrate für Nahrungsmittelausgaben w_{C1} hat in den vergangenen Jahrzehnten stark abgenommen. Dennoch kann w_C zunehmen, wenn dafür die Ausgaben für Urlaubsreisen schneller wachsen (dies war in der Vergangenheit der Fall).

Bei stagnierendem Einkommen und konstantem Sparen ist $w_C = 0$. Dann sind nur noch Strukturverschiebungen bei den Ausgabengruppen möglich. Bestehen feste Bindungen bei solchen Gruppen, z.B. Mieten, Versicherungsbeiträge, Energiekosten, dann müssen bei steigenden Preisen andere Ausgabengruppen (z.B. Möbelkäufe) eingeschränkt werden. Dadurch kann der Absatz dieser Produzenten (z.B. Möbelhersteller) eingeschränkt werden.

25. (A) , (C)

Permanente Einkommenshypothese	Zukünftiges Einkommen
Absolute Einkommenshypothese	Gegenwärtiges Einkommen
Relative Einkommenshypothese	Vergangenes Einkommen
Habit-persistence Hypothese	Vergangenes "Einkommen"

Bei der absoluten Einkommenshypothese (Keynes) geht man davon aus, daß sich die Konsumenten und Konsumentinnen bei ihren Konsumausgaben am aktuell verfügbaren Einkommen orientieren. Die Produzenten planen eine bestimmte Wertschöpfung (Menge x Preis). Diese Wertschöpfung fließt den Wirtschaftssubjekten in Form von Löhnen, Gehältern und Gewinnen zu (ohne umverteilte Gewinne). Bereinigt um Steuern und Transfers steht diese Wertschöpfung den Wirtschaftssubjekten zur Verfügung. Dabei wird das laufende Einkommen betrachtet; die Konsumtheorie hat nur kurzfristigen Aussagewert. Sinkt das laufende verfügbare Einkommen, dann sinkt auch der Konsum.

Empirische Beobachtungen über gleichbleibenden Konsum trotz rückläufiger Realeinkommen führten zu weiteren Konsumhypothesen, die sich auf das vergangene Einkommen beziehen. Die relative Einkommenshypothese postuliert eine Konsumgrenze nach unten, und zwar nach Maßgabe des maximal in der Vergangenheit erzielten Einkommens. Die Konsumenten und Konsumentinnen verlassen danach ihren einmal maximal erreichen Konsumstandard kurzfristig nicht; das verfügbare Einkommen muß dauerhaft sinken. Dies ist die Aussage der sogenannten habit-persistence Hypothese: die Konsumgewohnheiten verharren auf einem bestimmten Niveau.

Schließlich die permanente Einkommenshypothese: Die laufenden Konsumausgaben richten sich am Lebenseinkommen (dem sogenannten permanenten Einkommen) aus, das vor allem von den Einkommenserwartungen der Wirtschaftssubjekte bestimmt wird.

26.

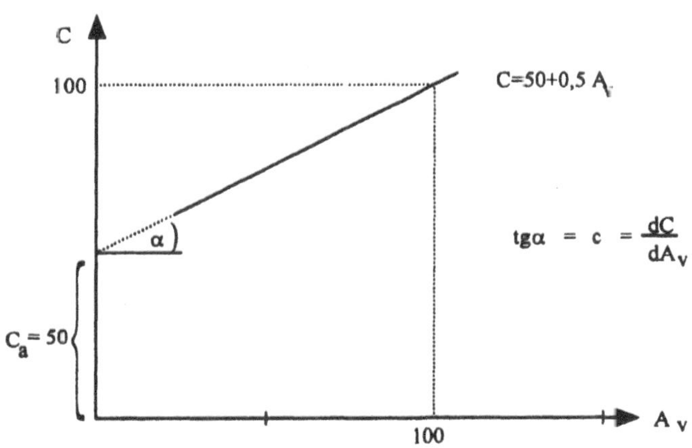

Die Konsumfunktion ordnet geplanten realen Niveaus des verfügbaren Einkommens geplante Konsumausgaben zu.
Die Funktion ist linear (konstante Steigung $c = dC/dA_V$) mit einem fiktiven Ordinatenabschnitt in Höhe von C_a.

27. (B) , (D)

Bei dieser Aufgabe geht es um die Einkommenselastizität des Konsums. Eine Elastizität ist immer als Quotient zwischen Grenz- und Durchschnittsgrößen definiert. Oder anders: die Elastizität ist der Quotient aus der relativen Veränderung der abhängigen und der relativen Veränderung der unabhängigen Variablen. Hat eine Funktion mehre unabhängige Variablen (z.B. die "neoklassische" Konsumfunktion, Makroökonomik, S. 31), dann müssen partielle Elastizitäten (die sich nur auf eine Unabhängige beziehen) definiert werden.

Relative Veränderungen der Variablen sind identisch mit Wachstumsraten dieser Variablen. Elastizitäten sind demnach auch Wachstumsratenverhältnisse.

In der angegebenen Konsumfunktion ist C die abhängige, A_V die unabhängige Variable. Die Einkommeselastizität ist demnach

$$\eta_{A_V,C} = \frac{\frac{dC}{C}}{\frac{dA_V}{A_V}} = \frac{W_C}{W_{A_V}} = \frac{\frac{dC}{dA_V}}{\frac{C}{A_V}}$$

Hier wird die Frage beantwortet, um wieviel Prozent der Konsum steigt (fällt), wenn das verfügbare Einkommen um ein Prozent steigt (fällt). Beträgt die Elastizität eins, dann steigt C um 1 %, wenn A_V um 1 % steigt.

Mit der Form Grenzgröße/Durchschnittsgröße läßt sich die Konsumfunktion gut kennzeichnen. Ist die Konsumneigung c (auch als marginale Konsumquote bezeichnet) konstant, wie im betrachteten Fall, dann hängt die Elastizität nur von der durchschnittlichen Konsumquote ab.

$$\frac{dC}{dA_V} = c \qquad \text{Konsumneigung}$$

$$\frac{C_a + cA_V}{A_V} = \frac{C_a}{A_V} + c \qquad \text{durchschnittliche Konsumquote}$$

Mit steigendem A_V sinkt die durchschnittliche Konsumquote, denn C_a und c sind konstant.

Graphisch läßt sich dieser Sachverhalt wie folgt kennzeichnen:

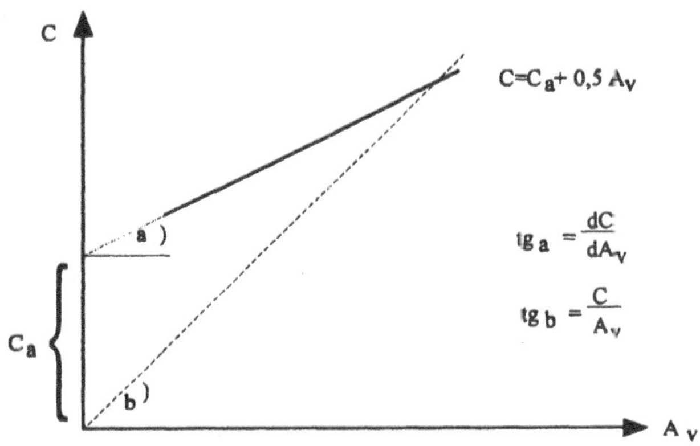

Für langfristige Prognosen wird oft eine Konsumfunktion mit der Elastizität eins unterstellt. Diese Konsumfunktion muß durch den Nullpunkt des Diagramms verlaufen (linear homogen), die Steigung wird durch c wiedergegeben.

28.(C) , (D)

Mit der Einkommenselastizität des Konsums ist die Steigung der Konsumfunktion nur dann bekannt, wenn man die Konsumneigung weiß (Antwort B). Die Konsumneigung wird durch das Konsumverhalten in bezug auf das Einkommen bestimmt.

29.(A) , (C)

Die Konsumneigungen sind immer als (marginale) Beziehung zwischen der abhängigen und unabhängigen Variablen definiert. Mathematisch handelt es sich dabei um die (partiellen) Differentialquotienten.
Bei $dC/(dA_V{*}P)$ (letzte Antwortmöglichkeit) ist eine ganz spezielle Konsumfunktion angesprochen, nämlich mit dem nominalen Einkommen als abhängiger Variablen. Diese Formulierung steht jedoch im Gegensatz zu empirischen Beobachtungen. (Vgl. im übrigen die Antwort zu Aufgabe 33).

30. (A) , (E)

Mit dem autonomen Konsum ist die Lage der Konsumfunktion im C-A_V-Diagramm beschrieben. Der Vermögensbestand ist als eine "Nicht-Einkommensgröße" in C_a enthalten.

Weitere Faktoren in diesem Determinantenbündel C_a sind
- Bevölkerungsgröße,
- Einkommensverteilung,
- Zinsen,
- Konsumentenkreditbedingungen,
- Bevölkerungsstruktur.

Der autonome Konsum kann auch als ein Sammelbecken von Konsumdeterminanten angesehen werden, das davon abhängt, welche Haupteinflußgrößen als Variablen des Modells gewählt werden. Wählt man das verfügbare Einkommen, dann sind alle anderen Determinanten des Konsums in C_a "verbannt". Wählt man Zins und Vermögen, so gilt auch hier, daß sich alle anderen Konsumdeterminanten in C_a^* versammeln, natürlich einschließlich des verfügbaren Einkommens.

Man kann nun die Ceteris-Paribus-Klausel ganz strikt anwenden und alle Größen des autonomen Konsums konstant setzen. Eine andere Möglichkeit besteht darin, daß man Veränderungen der Einzeldeterminanten (in C_a z.B.) zuläßt, die sich aber gegenseitig aufheben müssen, damit C_a insgesamt konstant bleibt. Z.B. könnte ein Steigen der Bevölkerung (positive Wirkung auf C_a) durch ein Steigen der Zinsen (negative Wirkung) kompensiert werden.

Doch wie man es auch nimmt: der autonome Konsum ist eine künstliche Größe, die ihre Existenz der vereinfachten Darstellung der Konsumfunktion in einem Zwei-Koordinatensystem verdankt. Stellt man alle Konsumdeterminanten in der Konsumfunktion explizit dar, dann ist der autonome Konsum Null.

31. (C) , (D)

Ergänzend zu den Erläuterungen zu Aufgabe 30 ist hier noch auf eine ausgesprochen dumme Erklärung des autonomen Konsums hinzuweisen, die der ersten Antwortmöglichkeit nämlich. Man stelle sich eine Volkswirtschaft mit einem Volkseinkommen von Null vor! Das könnte allenfalls unmittelbar nach einem atomaren Holocaust der Fall sein.

32. (A)

Ohne Geldillusion planen heißt, daß die Wirtschaftssubjekte die Preisniveausteigerung in ihr Kalkül einbeziehen. Steigt das Einkommen nominal um 10% und steigen die Preise in gleichem Maße, so daß das Realeinkommen konstant bleibt, dann werden Konsumentinnen und Konsumenten ohne Geldillusion ihren (einkommensabhängigen) Konsum nicht erhöhen. Sie lassen sich durch das gestiegene Nominaleinkommen nicht dazu verleiten mehr auszugeben, weil sie wissen, daß sie real keinen Pfennig mehr besitzen, der eine Ausdehnung des Konsums rechtfertigen würde.

33.

	C_a	c	A_V
(1) Realeinkommen			X
(2) Arbeitslosigkeit	(X)		X
(3) Kurzarbeit	(X)		X
(4) Staatlicher Sozialtransfer			X
(5) Lohnpause			X
(6) Sättigungsgrad			
(7) Sparneigung		X	
(8) Konsumkredite	X	X	
(9) Darlehensverlängerung	X		
(10) Weltpolitische Spannungen		X	
(11) Wirtschaftliche Aussichten		X	
(12) Vorsichtssparen		X	
(13) Konsumklima		X	
(14) Pessimistische Stimmung	X	X	

Die Zuordnung der Determinanten richtet sich nach der unterstellten Konsumhypothese. Mit der absoluten Einkommenshypothese wird angenommen, daß die (realen) Konsumausgaben vom (realen) verfügbaren Einkommen und von weiteren Größen abhängen, die in einem Bündel von Einflußgrößen, als C_a bezeichnet, zusammengefaßt sind.

Das verfügbare Einkommen ist definiert als $A_V = A - T/P$, wobei T der Saldo aus Steuern (die A verringern) und Transferzahlungen (die A vergrößern) ist (der Einfachheit halber sind die unverteilten Gewinne nicht berücksichtigt). Alle einkommenswirksamen Faktoren betreffen daher A_V.

Da nur ein Teil des verfügbaren Einkommens für den Konsum ausgegeben wird, erhält der Verhaltensparameter c Bedeutung. Die Konsumneigung c sagt aus, welcher Anteil von einer zusätzlichen Mark des verfügbaren Einkommens für Konsum verwendet wird: $c = dC/dA_V$. Dabei gilt $c = 1 - s$, Sparneigung s und Konsumneigung c hängen definitorisch (über $A_V = C + S$) miteinander zusammen. Wovon hängt c ab? Die Konsumneigung wird bestimmt

- von den Zielsetzungen,
- vom sozio-ökonomischen und politischen Umfeld und
- von den institutionellen Bedingungen.

Die wichtigste Zielsetzung der Konsumentinnen und Konsumenten könnte darin bestehen, daß sie ihren Nutzen maximieren (bei gegebenen Bedürfnissen). Dabei spielen die Erwartungen, insbesondere in bezug auf das verfügbare Einkommen, aber auch in bezug auf Einkommenserzielungsmöglichkeiten (Arbeitslosigkeit, Kurzarbeit) eine wichtige Rolle

Das soziale Umfeld kann durch die Wertvorstellungen der Gesellschaft beschrieben werden. Modeströmungen betreffen dabei die kurzfristigen Determinanten. Mit dem ökonomischen Umfeld sind Ausstattungsgrad an langfristigen Konsumgütern, der Arbeitsmarkt und seine Möglichkeiten angesprochen. Das politische Umfeld betrifft die Verfassungswirklichkeit des

Landes, die Parteien in Regierung und Opposition, die Praxis der Rechtsprechung etc. Mit den institutionellen Bedingungen meinen wir i.S.v. E. Matzner Gesetze, Verordnungen, Organisationen, Märkte, Verträge, Eigentumsrechte etc. Dabei sehen wir diese institutionellen Bedingungen als mittelfristig gegeben an. Demgegenüber ist das "Umfeld" auch kürzerfristigen Veränderungen unterworfen.

Überschneidungen zwischen diesen Determinantenbündeln für das (einkommensbezogene) Verhalten sind nicht auszuschließen.

Alle anderen Einflußgrößen der Konsumausgaben werden im Determinantenbündel C_a zusammengefaßt. Dieser autonome Konsum wird in der Konsumfunktion als konstant angenommen. Darunter fallen Zinsen, Vermögen, Bevölkerung etc. (vgl. Lösung der Aufgabe 30 und 31).

Versucht man nun, die einzelnen Determinanten der Tabelle auf C_a, c und A_v zuzuordnen, dann steht man zum Teil dem Problem gegenüber, daß Überschneidungen auftreten. Wir haben uns in der o.g. Lösungstabelle von den folgenden Zuordnungsregeln leiten lassen: (1) Alle Determinanten, die unmittelbar das Niveau des verfügbaren Einkommens festlegen oder verändern, werden A_v zugeordnet. Das sind Realeinkommen, Arbeitslosigkeit, Kurzarbeit und Lohnpause, die das Einkommen mindern, Sozialtransfer und Lohnsteuer, die das Einkommen ebenfalls unmittelbar verändern. (2) Alle Determinanten, die das Verhalten der Konsumenten und Konsumentinnen in bezug auf ihr verfügbares Einkommen beeinflussen, werden c zugeordnet. Hierbei sind Einflußgrößen gemeint, die bestimmen, welcher Teil einer gegebenen Einkommensveränderung für Konsumausgaben verwendet wird. Hier müssen nun zusätzlich die Erwartungen berücksichtigt werden, erwartete Arbeitslosigkeit, Kurzarbeit etc. Sättigungsgrenzen bestimmen sich aus dem Ausstattungsgrad langlebiger Konsumgüter (ökonomisches Umfeld), die Sparneigung ist definitorisch mit c verbunden (c+s=1). Weltpolitische Spannungen, wirtschaftliche Aussichten und pessimistische Stimmung betreffen die Erwartungen auf zukünftige Einkommen und damit auch Einschätzungen des ökonomischen und politischen Umfelds. Das soziale Umfeld ist mit "Konsumklima" angesprochen. (3) Alle Determinanten, die weder das gegebene Einkommensniveau, noch seine Veränderung, noch Konsumentscheidungen in Bezug auf dieses Einkommen beschreiben, sind im autonomen Konsum C_a zusammengefaßt. Dabei kann es sich auch um Verhaltensweisen handeln, die sich nicht aufs Einkommen beziehen, sondern die den Zins oder das Vermögen als Bezugsgröße nehmen. Konsumentenkredite und Darlehensverlängerung sind solche auf den Zins bezogene Größen. Die Bevölkerungsentwicklung beeinflußt ebenfalls das Ausgabenniveau.

34. (B) , (E)

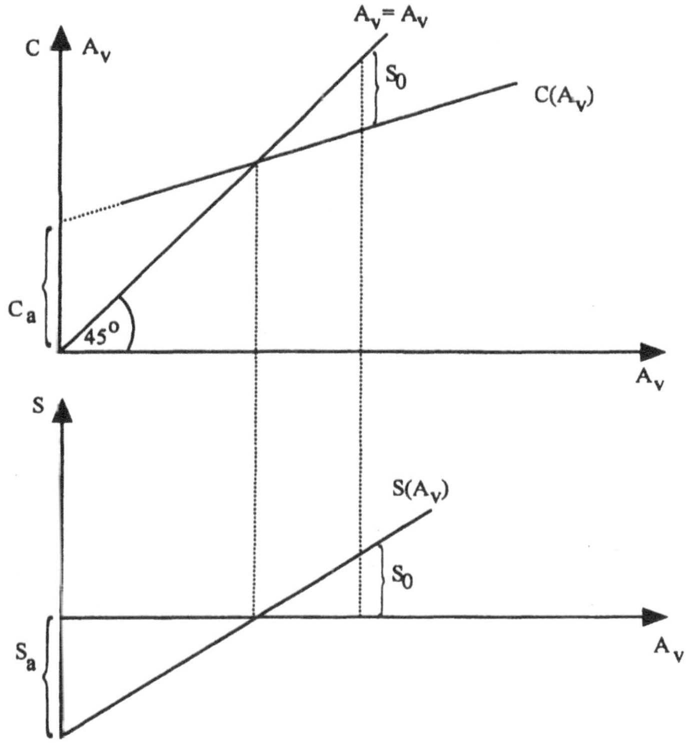

35. (A)

$S = S_a + s\ A_v$ mit $S_a = - C_a$ und $s = 1\text{-}c$

$S = - 50 + 0.3\ A_v$

Die analytische Lösung ergibt sich aus:

$A_v = C + S$

$S = A_v - C$ und wegen $C_a = C + c\ A_v$

$S = A_v - (C_a + c\ A_v$

$S = A_v - C_a - c\ A_v)$

$S = - C_a +(1\text{-}c)\ A_v$ und wegen $s + c = 1$

$S = - C_a + sA_v$ und wegen $- C_a = S_a$

$S = S_a + sA_v$

36. (A) , (D)

Es ist erstens zu prüfen, ob die aufgeführten Maßnahmen mit der keynesianischen Konsumfunktion C = Ca + c A_V erfaßt sind. Zweitens ist zu untersuchen, ob die Wirkungsrichtung expansiv ("ankurbeln") oder kontraktiv ist.

Maßnahmen	betrifft			wirkt...
	C_a	c	A_V	expansiv + kontraktiv -
Kürzung der Renten- und Transferzahlungen			X	-
Senkung des Diskontsatzes	X			+
Senkung der Einkommens-steuern			X	+
Erhöhung der Sparprämien	X	X		-
Erhöhung des Kindergeldes			X	+

Die Konsumfunktion verlagert sich nur bei Änderungen von C_a und c.

37. (B) ,(D)

Die "klassische" Konsumfunktion enthält nur den Zins als Determinante. Demgegenüber betont Friedman (siehe "Neoklassik") mit der permanenten Einkommenshypothese über das Konsumverhalten die langfristigen Einflüsse auf die Konsumnachfrage.
Mit der Konsumfunktion

$$C = C^*_a - c_1 i + c_2 V$$

ist versucht worden, beiden Richtungen Rechnung zu tragen. Das Realvermögen soll dabei den Einfluß des permanenten Einkommens wiederspiegeln.

38. (C) , (D)

Geht man von einer klassischen Sparfunktion S(i) aus und nimmt man zinsabhängige Investitionen I(i) an, dann läßt sich die Zinsbildung im folgenden Diagramm darstellen:

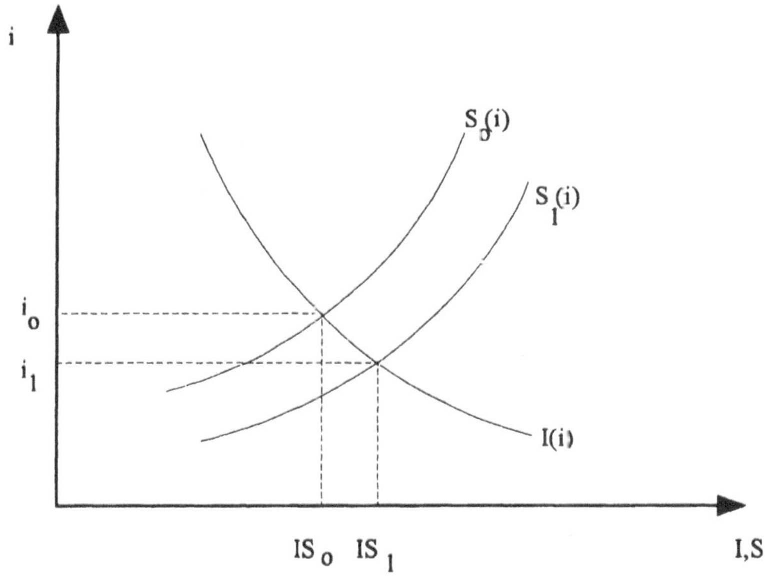

Unterstellt man ein Steigen des Sparens aufgrund der Veränderungen einer autonomen Größe, dann wird die Sparfunktion von S_0 nach S_1 verlagert, das Kapitalangebot erhöht sich und der Zins sinkt. Es können nach dieser (klassischen) Theorie in der Tat mehr Investitionen finanziert werden (die Kapitalnachfrage steigt).

Doch wer soll die Produkte kaufen, die durch die zusätzlichen Investitionen produziert werden (können)? Werden die Unternehmen angesichts sinkender Konsumausgaben (wegen steigender Sparleistungen) sich der bereitgestellten Mittel bedienen, werden "die Pferde saufen" (Keynes)? Das ist die erste wesentliche Frage.

Sie wurde während der Weltwirtschaftskrise ab 1930 durch die Fakten beantwortet: die Pferde soffen nicht! Dadurch wurden "die Beschäftigungsprobleme noch verschlimmert" (dritte und vierte Antwortmöglichkeit). Die zweite wesentliche Frage lautet, ob das Sparen primär tatsächlich vom Zins, oder nicht viel wesentlicher vom (verfügbaren) Einkommen abhängt. Ist dies der Fall (wie Keynes behauptete) und stimmt es, daß die Beschäftigung von der Gesamtnachfrage (und vom Einkommen) bestimmt wird, dann bewirkt zusätzliches Sparen einen Konsumrückgang, damit einen Rückgang von Gesamtnachfrage und Beschäftigung.

Als Wirkungskette ergibt sich für eine geschlossene Volkswirtschaft ohne Staat:

$S\uparrow$	$\rightarrow$	$C\downarrow$	$\rightarrow$	$N\downarrow$	$\rightarrow$	$B\downarrow$
wegen		wegen		wegen		
$A_V = C + S$		$N = C + I$		$B(N)$		

Auf keinen Fall darf man aus der Ex-post-Identität I = S folgern, daß sich durch das erhöhte Sparen auch die Investitionen (automatisch) erhöhen.

39. (B) , (E)

Wir gehen von einer keynesianischen Konsumfunktion aus und bestimmen mit C_0, A_{v0} einen Startpunkt:

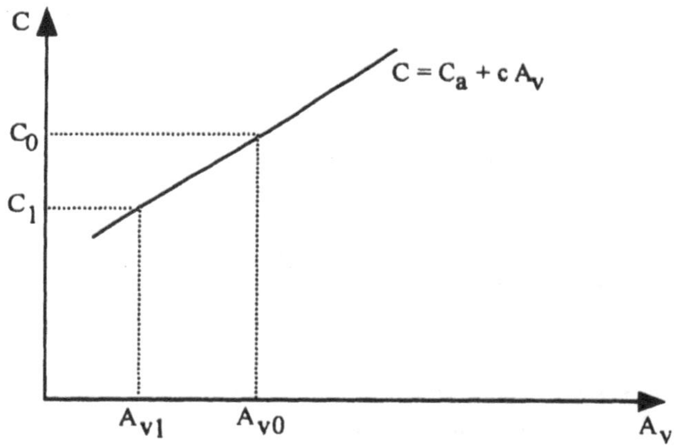

Von dieser Ausgangssituation C_0, A_{v0} ausgehend werden nun folgende Veränderungen angenommen:

(1) Das Realeinkommen sinkt, weil die Inflationsrate (W_p) höher ist als das Wachstum des Nominaleinkommens ($w_{A_v * P}$), denn es gilt:

$$w_{A_v} = w_{A_v * P} - w_P \; .$$

(2) Steigende Energiekosten bedeuten, daß der Spielraum für andere Ausgabenzwecke eingeschränkt ist (vgl. Antwort zu Aufgabe 24).

(3) Arbeitslosigkeit und Kurzarbeit bedeuten, daß das Volkseinkommen sinkt.

Wir können somit feststellen, daß aufgrund von (1) und (3) A_V sinken wird und aufgrund von (2) keine Tendenz zu Konsumsteigerungen zu erwarten ist. Daher ist ein Rückgang des Konsums von C_0 nach C_1 sehr wahrscheinlich. Hinzu kommt, daß in der beschriebenen Situation die Erwartungen der Konsumenten und Konsumentinnen eher pessimistisch sind.

Gegen einen Rückgang des Konsums können drei Hypothesen angeführt werden, die habit-persistence-Hypothese, die relative und die permanente

Einkommenshypothese. Sicherlich wird der Einfluß dieser Konsumdeterminanten den Konsumrückgang bremsen, doch es spricht bei den beschriebenen Einbrüchen beim Realeinkommen und der Wirtschaftslage wenig dafür, daß der Konsum auf dem Niveau C_0 verharren könnte.

40. (C) , (E)

Akzelerationshypothese	$I = I_a^{**} + b_1 (\Delta C)$
Autonome Investitionen	$I = I_a$
"Keynesianische" Investitionshypothese	$I = b_2 (\xi - i)$
Einkommensabhängige Investion	$I = I_a^{*} + b_0 N$

Die Hypothese $I = I_a$ wird man in einfachen Modellen verwenden, in denen es darum geht, die Wirkungen von Investitionsveränderungen auf das Einkommen zu bestimmen. Mit dieser Hypothese können im Prinzip die gleichen Ergebnisse abgeleitet werden wie mit einer komplizierten Investitionsfunktion.

Die einkommens- bzw. nachfageabhängige Investitionsfunktion $I = I_a^{*} + b_0N$ unterscheidet sich von der gerade besprochenen Hypothese dadurch, daß der Einfluß des Einkommens auf die Investitionen aus I_a "herausgenommen" wurde. Eine realistische Erweiterung dieser Hypothese wäre, noch die Kosten zu berücksichtigen. Dann wären die Investitionen vom Gewinn (= Umsatz minus Kosten) abhängig. Diese Hypothese hat in der wirtschaftspolitischen Diskussion viele Anhänger (z.B. Sachverständigenrat zur Begutachtung der gesamtwirtschaftlichen Entwicklung). Die Akzelerationstheorie bildet in zweierlei Hinsicht eine Variante der nachfrageabhängigen Investitionshypothese: Erstens ist nur eine Nachfragekomponente, der Konsum, berücksichtigt. Zweitens ist eine Veränderung des Konsums (oder wegen $C(A_V)$ des Einkommens) unterstellt. Diese Hypothese verursacht in einfachen Makromodellen Schwankungen der anderen Größen; sie wird daher für die Demonstration von Konjunkturzyklen verwendet.

Die zinsabhängige Investitionshypothese kann sowohl den nationalökonomischen Klassikern (und Neo-Klassikern), als auch der keynesianischen Schule zugeschrieben werden - mit unterschiedlichen Interpretationen des Zinses (z.B. Geldmarkt-, Kapitalmarktzins). Breitere Gültigkeit erhält diese Hypothese durch die Berücksichtigung der Gewinnerwartungen.

41.(D) , (E)

Diskutieren wir, ob ein degressiver oder ein progressiver (negativer) Verlauf der Investitionsfunktion plausibler ist (das sind die Fälle III und V).

Der Fall V besagt, daß die Investitionsneigung b = dI/di mit sinkendem Zins i und steigenden Investitionen I immer größer wird. Je mehr i sinkt und I steigt, desto größer sind bei gleichbleibender Zinssenkung die Investitionszuwächse. Kann man dieses Verhalten ökonomisch plausibel erklären?

Je höher das Zinsniveau, desto wahrscheinlicher ist eine (weitere) Senkung. Die Investoren warten also in Erwartung einer weiteren Zinssenkung mit Investitionen. Mit zunehmen dem Sinken nähert sich der Zins einer (wohl aus historisch gewonnener Erfahrung) unteren Grenze. Ab dieser Grenze erwartet man keine Zinssenkungen mehr, die Investitionsneigung erreicht ihr Maximum.

Fall III läßt sich ökonomisch plausibel nicht begründen. Mit den linearen Funktionen (II und IV) sind vereinfachte Verläufe unterstellt.

42.(B) , (D)

Wir können anschließen an die Antwort auf die Frage 27. Die Elastizität ist immer definiert als der Quotient der relativen Veränderung der abhängigen und der relativen Veränderung der unabhängigen Variablen. Für I = I(i) ist i die Unabhängige, I die Abhängige. Also gilt für die Zinselastizität der Investitionen

$$\eta_{I,i} = \frac{\frac{dI}{di}}{\frac{I}{i}}$$ Quotient aus der Grenzgröße und Durchschnittsgröße

$$\eta_{I,i} = \frac{W_I}{W_i}$$ Verhältnis von Wachstumsraten

$$\eta_{I,i} = \frac{\frac{dI}{I}}{\frac{di}{i}}$$ Relative Veränderung

Die letzte Formulierung besagt: Wenn der Zins um 1 % gesenkt wird, dann steigen die Investitionen um η %. Die Elastizität ist negativ, weil die Investitionen steigen, wenn der Zins sinkt.

43. (A) , (B)

Es ist sehr schwer, eine einfache und dennoch allgemeingültige Investitionsfunktion aufzustellen, denn die Investitionsentscheidungen hängen offenbar von mehreren Faktoren ab, die alle als wichtig bezeichnet werden müssen. Der allgemeinste Faktor ist durch die Erwartungen gegeben, denn Investitionen sind immer auf die Zukunft gerichtet.

Die meisten Lehrbuchdarstellungen rücken den Zins in den Mittelpunkt der Investitionserklärung; dies ist auch die traditionelle Auffassung. Demgegenüber wird in wichtigen ökonometrischen Modellen der Gewinn oder die Nachfrage berücksichtigt.

Die hier gewählte Formulierung lehnt sich an Lehrbuchdarstellungen an und stellt den Marktzins als entscheidende Determinante heraus. Die Investitionsneigung beschreibt den Zusammenhang zwischen Investition und Zins. Erwartungen, Nachfrage, Gewinn (Nachfrage minus Kosten) werden in der Grenzleistungsfähigkeit des Kapitals berücksichtigt. Je skeptischer man in bezug auf die Zinsabhängigkeit der Investitionen ist, desto mehr Aufmerksamkeit wird man der Grenzleistungsfähigkeit des Kapitals schenken. Die Investoren sind frei von Geldillusion.

44. (C) , (D)

Das Verhalten der Investoren in bezug auf den Zins ist in der Investitionsneigung b ausgedrückt. Mathematisch ist b die erste Ableitung von I nach i und somit die Steigung der Funktion. Ein hoher (absoluter) Wert von b bedeutet eine hohe Zinsempfindlichkeit der Investitionen. b ist negativ, weil sinkende Zinsen ein Steigen der Investitionen herbeiführen. (vgl. auch Antwort auf Frage 49).

45. (A) , (D)

Die Bedeutung der Investitionsneigung wird am deutlichsten, wenn wir die folgende Investitionsfunktion unterstellen:

$$I = I_0 + b_0 N + b_1(dC) + b_2 i$$

I_0 sind die autonomen Investitionen, die nicht durch N, (ΔC) und i erklärt werden.

b_0, b_1 und b_2 geben das Verhältnis der Investoren wieder:

$$b_0 = \frac{\delta I}{\delta N}; \quad b_1 = \frac{\delta I}{\delta(\Delta C)}, \quad b_2 = \frac{\delta I}{\delta i}.$$

Die b's beantworten die Frage, wie sich die Investitionen verändern, wenn die Nachfrage, die Konsumänderung, der Zins sich verändern. Dabei ist $b_0 > 0$, weil bei einer steigenden Nachfrage die Unternehmen plausiblerweise mit einer höheren Investitionsnachfrage reagieren werden. Dies gilt auch für b_1. Bei b_2 werden die Unternehmen im Falle steigender Zinsen die Investitionsnachfrage einschränken; $b_2 < 0$.

46. (A) , (B) , (E)

Die Lage der Funktion wird durch die autonomen Größen bestimmt. In der gewählten Form der Investitionsfunktion ist dies die Grenzleistungsfähigkeit des Kapitals, die auch Nachfrageniveau und erwartete Gewinne ausdrückt.

47. (A) , (D)

Bezeichnet man die Grenzleistungsfähigkeit des Kapitals als internen Zinsfuß oder als natürlichen Zins, dann wird deutlich, daß damit eine Mindestverzinsung gemeint ist, die der Unternehmer für sein eingesetztes Kapital kalkulieren muß. Diesen Zins berechnet man aus den erwarteten Gewinnen und den Anschaffungskosten der Investition. Diese sind also letztlich die wichtigen Determinanten der Investitionsnachfrage, die hinter der Grenzleistungsfähigkeit des Kapitals stehen. Die Abzinsung ist notwendig, um die zukünftigen Gewinne mit den gegenwärtigen Investitionskosten vergleichbar zu machen.

48. (B)

Die Kapitalwertmethode stellt die erwarteten Gewinne G_t einer Abschreibungsperiode $t = n$ den Anschaffungskosten einer Investition gegenüber. Sind Aufwand und Ertrag (heute) gleich, dann lohnt sich die Investition nicht. Die Gleichheit von Aufwand und Ertrag hängt jedoch wesentlich von dem Zinssatz ab, mit dem die Summe der erwarteten (also auf zukünftige Perioden bezogene) Gewinne auf ihren Gegenwartswert abgezinst wird. Üblicherweise wird mit dem Marktzins abgezinst.

49.

	b	ξ	i
(1) Leitzins		x	(x)
(2) Kreditzinsen			x
(3) Gewinn		x	
(4) Investitionsklima	x	x	
(5) Erwartungen	x	x	
(6) Investitionszulage		x	
(7) Rationalisierung		x	
(8) Private Nachfrage		x	

Die Zuordnung der Determinanten richtet sich nach der unterstellten Investitionsfunktion.
Diese ist mit $I = b(\xi - i)$ vorgegeben.

Die Investitionen hängen vom (realen) Marktzins ab, indirekt kann der Leitzins (Diskontsatz) ebenfalls die Investitionen beeinflussen, wenn eine Veränderung des Diskontsatzes (durch die Deutsche Bundesbank) die (Geschäfts-) Banken dazu veranlaßt, ihre Kreditzinsen auch entsprechend zu verändern.

Die Reaktion der Investitionsnachfrager auf Zinsänderungen hängt von der Investitionsneigung $b = dI/di$ ab. Dabei dürfte für die Zinsempfindlichkeit (durch b ausgedrückt) die Art der Investition wichtig sein. Erfahrungsgemäß sind Bau- und Lagerinvestitionen sehr zinsempfindlich, Ausrüstungsinvestitionen dagegen weniger.

In der Investitionsneigung ist das Verhalten der Investoren in bezug auf den Zins ausgedrückt; Investitionsklima und Erwartungen beeinflussen dies Verhalten natürlich.

Analog zur Erläuterung der Konsumneigung in Aufgabe 33 lassen sich die Einflußgrößen der Investitionsneigung beschreiben. Sie hängt ab von den Zielsetzungen der Unternehmen (z.B. Gewinnmaximierung), vom sozio-ökonomischen und politischen Umfeld (Einschätzung der Geld- und Kreditpolitik der Bundesbank, Staatsverschuldung, Auslandszinsen) und von den institutionellen Bedingungen (Gesetze, Verordnungen, Märkte, Vertragsbeziehungen etc.). Wichtig ist allerdings auch hier, daß die Investitionsneigung nur auf den Zins bezogen ist. Das Verhalten der Unternehmer in bezug auf die Gewinne ist in der Grenzleistungsfähigkeit des Kapitals enthalten.

Die Determinanten der Grenzleistungsfähigkeit des Kapitals ξ führt man sich am besten mit der Kapitalwertformel vor Augen:

$$K_{I0} \lessgtr \sum_{t=0}^{n} \frac{G_t}{(1+i)^t} \quad \text{mit } t = 0, 1, 2, \ldots n.$$

Ordnen wir die Faktoren dieser Gleichung den Investitionsdeterminanten (K 4 Makroökonomik, S. 38) zu, dann ergibt sich, daß G_t beeinflußt (erhöht) wird durch eine Erhöhung des Gewinns, eine Verbesserung der (Gewinn-) Erwartungen, eine Investitionszulage (staatlicher Zuschuß) und eine Erhöhung der Nachfrage (Gewinn = Umsatz minus Kosten). Rationalisierungsmaßnahmen werden nur durchgeführt, wenn der erwartete Gewinn steigt.

Weitere Determinanten für ξ ergeben sich aus den Anschaffungskosten K_{I0} (= Menge mal Preis) der Investitionsgüter sowie aus der Abschreibungsdauer t.

50. (B)

Der Unternehmer kann das Geld, das er für den Kauf des Investitionsgutes verwenden will, am Kapitalmarkt anlegen. Wenn er auf dem Kapitalmarkt Wertpapiere (o.ä.) erwerben kann, die kaum risikobehaftet sind und die gleiche Ertragsrate abwerfen, dann wird sich die Investition jedenfalls nicht lohnen. Neben das Ertragskriterium aus dem Vergleich von Aufwand und Ertrag tritt damit das Risikokriterium.

51. (A)

Gegeben: K_{I0} = 20 000 DM
t = 2 Jahre
G_1 = (Einnahmen)$_1$ - (Betriebskosten)$_1$
= 100 000 DM - 80 000 DM = 20 000 DM
G_2 = (Einnahmen)$_2$ - (Betriebskosten)$_2$
= 100 000 DM - 80 000 DM = 20 000 DM
i = 0.05 = 5 %

Gesucht ist, ob

$$K_{I0} < \frac{G_1}{(1+i)^1} + \frac{G_2}{(1+i)^2}$$

$$20000 < \frac{20000}{1.05^1} + \frac{20000}{1.05^2} = 37188$$

52. (C)

Gegeben: K_{I0} = 20 000 DM - 1000 DM = 19 000 DM
t = 2 Jahre
G_1 = 20 000 DM
G_2 = 20 000 DM
i = 0.1

Gesucht ist, ob

$$19000 < \frac{20000}{1.1^1} + \frac{20000}{1.1^2} = 34710$$

53. (C)

Gegeben: t = 2 Jahre
G_1 = 10 000 DM
G_2 = 10 000 DM
i = 0.1

Gesucht: K_{I0}

$$K_{I0} \langle \sum_{t=0}^{n} \frac{G_t}{(1+i)^t} = \frac{10000}{1,1^1} + \frac{10000}{1,1^2}$$

54. (B) ,(E)

Geht man der Einfachheit halber von t = 0 aus, so läßt sich

$$K_{I0} \langle \sum_{t=0}^{n} \frac{G_t}{(1+i)^t} \text{ umformen zu } i \langle \frac{G - K_{I0}}{K_{I0}}$$

Da laut Definition gilt:

$$K_{I0} = \sum_{t=0}^{n} \frac{G_t}{(1-\xi)^t} \text{ erhält man analog } \xi \langle \frac{G - K_{I0}}{K_{I0}}$$

Aus der Gleichsetzung ergibt sich:

$$\xi = \frac{G - K_{I0}}{K_{I0}} > i, \text{ also } \xi > i \text{ oder } (\xi - i) > 0$$

Das bedeutet da der Gegenwartswert der erwarteten Gewinne größer ist als der den Anschaffungskosten entsprechende (mit ξ abgezinste) Mindestgewinn, daß der zur Abzinsung verwendete Marktzins i folgerichtig unter der Grenzleistungsfähigkeit des Kapitals ξ liegen muß!

55. (A)

Die Funktion ist in das Keynessche System eingebettet. In diesem System wird das Preisniveau nicht explizit betrachtet. Alle Größen sind als reale Größen definiert. Es besteht keine Geldillusion.

56. (C) , (E)

Der Marktzins spielt direkt bei manchen Investitionen, indirekt bei allen Investitionen eine Rolle. Denn finanzielle Mittel können immer alternativ in verschiedenen Vermögensformen angelegt werden. Im Falle der

Investitionsentscheidung besteht die Wahl zwischen dem Kauf von Sachgütern und der Anlage in Wertpapieren o.ä.

57. (A), (E)

In der Investitionsfunktion $I = b(\xi - i)$ spielt nur der aktuelle Marktzins eine Rolle; er allein bestimmt durch seine Höhe das Investitionsvolumen.

Der Leitzins (Diskontsatz) kann die Investitionen indirekt beeinflussen. Eine Voraussetzung ist die Koppelung der Zinsen über die Geschäftsbanken. Doch auch bei sinkenden Marktzinsen kann das Investitionsniveau gleichbleiben; J.M. Keynes hat auf diesen Tatbestand schon hingewiesen: Wenn bei sinkenden Zinsen die Grenzleistungsfähigkeit des Kapitals sinkt, weil die Investoren pessimistische Zukunftserwartungen haben ("die Pferde wittern Gefahr an der Tränke"), dann können die Investitionen gebremst werden oder sogar sinken ("die Pferde saufen nicht"). Denn die Investitionsfunktion verlagert sich in diesem Fall im i-I- Diagramm nach links.

Andererseits ist es denkbar, daß die Investitionsentscheidungen überhaupt nicht von den Zinsen (sondern vielleicht vom Gewinn) bestimmt werden; sinkende Zinsen verändern dann die Investitionen natürlich nicht. Oft wird eine Senkung der Leitzinsen antizipiert; die Investitionserwartungen treffen ein und die Reaktionen sind schon vorweggenommen.

58. (A), (C), (D)

Grenzleistungsfähigkeit des Kapitals

Eine Investitionszulage senkt die Anschaffungskosten, die linke Seite der (Un)Gleichung

$$K_{10} \begin{matrix} < \\ = \\ > \end{matrix} \sum_{t=0}^{n} \frac{G_t}{(1+i)^t}$$

wird kleiner, oder sie erhöht die erwarteten Gewinne.

59.

a)

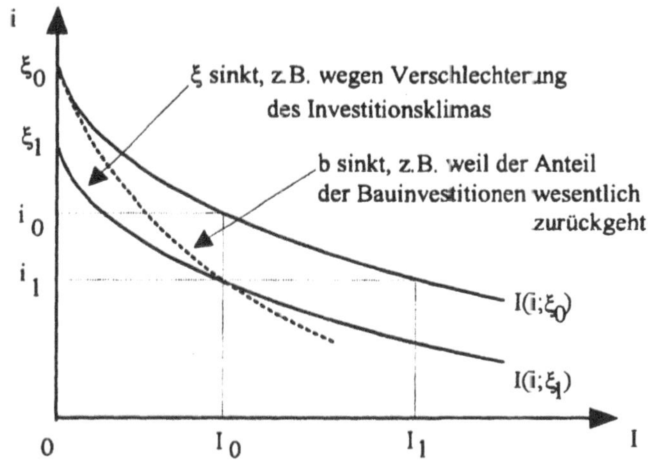

b)

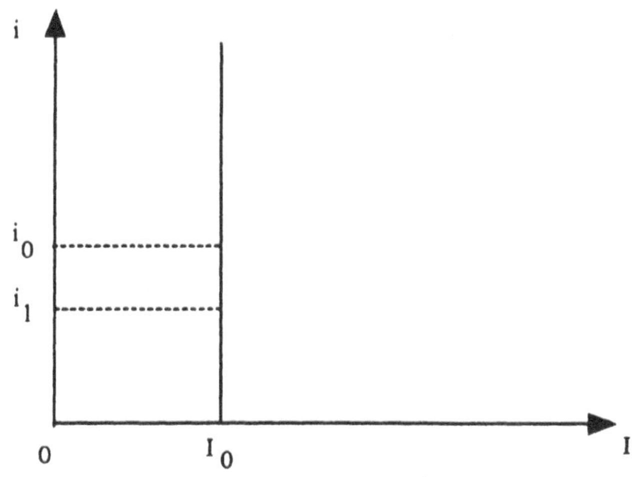

Durch die c.p.-Annahme wird im allgemeinen die Konstanz der autonomen Größen gesichert. Bei der Investitionsfunktion ist dies problematisch, weil der Marktzins nicht die dominierende Einflußgröße der Investitionen darstellt, sondern auch andere Größen (z.B. die erwarteten Gewinne) eine wichtige Rolle spielen. Mit der Zeichnung in a) sind die beiden Fälle dargestellt, in denen die c.p.-Annahme nicht gilt: ξ oder b sinkt mit den sinkenden Zinsen. Wenn die neuen Investitionsfunktionen $I(i;\xi_1)$ und I gestrichelt durch den Punkt i_1 /I_0 laufen, dann wird die Wirkung der Zinssenkung gerade kompensiert.

Im dritten Fall (mit b) dargestellt) ist eine vollständig andere Investitionshypothese unterstellt: Die Investitionen sind vollkommen zinsunelastisch.

60. (A) , (B)

Die Abspaltung der Finanzwissenschaft von der Makroökonomik ist bei der Erklärung von "gemischten Volkswirtschaften" (die einen hohen Staatsanteil aufweisen) unbefriedigend. Makroökonomische Modelle zeigten daher große Schwächen, wenn es darum ging, den Staat und seine Rolle in der Volkswirtschaft abzubilden.

Dieser unbefriedigende Zustand wurde seit einigen Jahren von der sogenannten "Neuen Politischen Ökonomie" (Public choice) verändert: Der Staat wird als ein heterogenes Gebilde mit Eigeninteressen (Bürokratie) betrachtet; die Regierungen werden von Wahlterminen und Interessengruppen beeinflußt.

61. (A) , (B)

Beim Versuch, die Staatsaufgaben zu definieren, kann man eine große Variationsbreite feststellen. Aufgaben, die nur vom Staat (also den Gebietskörperschaften) wahrgenommen werden können, gibt es nicht allzu viele (ein Beispiel ist die Landesverteidigung).

Die Abstimmung über Parteiprogramme entscheidet nur über weit definierte Aufgaben und Schwerpunkte; Details werden von der Regierung, der Verwaltung und von den Parlamenten festgelegt. Da im allgemeinen weite Ermessensspielräume existieren, kann das Wahlvolk nur Tendenzen beeinflussen. Volksentscheide sind nicht die Regel.

Viele Aufgaben der öffentlichen Hand sind mittel- bis langfristig festgelegt (z.B. die Rentendynamik) und können nur mit Schwierigkeiten geändert werden.

62. (C) , (E)

Unabhängig von den Versuchen, das "Gesetz" statistisch nachzuweisen, trifft die generelle Aussage wohl den Sachverhalt moderner Volkswirtschaften. Soll das "Gesetz" analytischen und prognostischen Gehalt erlangen, dann müssen die Determinanten für die Ausweitung der Staatsausgaben aufgespürt werden.

Solche sind z.B.

- der Bedarf an Infrastruktur im Zuge der Industrialisierung,
- die hohe Einkommenselastizität von Gütern und Dienstleistungen, die vom Staat zur Verfügung gestellt werden (z.B. Bildung),
- die Selbstvermehrungstendenz der Bürokratie ("Parkinsonsches Gesetz").

63. (B) ,(C)

1991 betrugen die Anteile der öffentlichen Einnahmen (aller Gebietskörperschaften ohne Beiträgean den Gesamteinnahmen (in %):

Einnahmeart	Mrd. DM	Anteil (%)
Steuern		
direkte	364,8	36,9
indirekte	289,0	29,3
Nettoneuverschuldung	122,0	12,4
Sonstige Einnahmen	211,7	21,4
Σ	987,5	100,00

Quelle: BM für Finanzen; Deutsche Bundesbank; Institut der deutschen Wirtschaft; eigene Berechnungen

64. (B) , (C) , (E)

Die "Neue Politische Ökonomie" hat nicht etwa die Wirtschaftswissenschaft für eine interdisziplinäre Zusammenarbeit mit der Politikwissenschaft geöffnet. Sie hat vielmehr versucht, politische Tatbestände mit ökonomischen Methoden in die ökonomische Analyse einzubeziehen. Solche Tatbestände waren von den Ökonomen immer mehr in die Rahmenbedingungen (die konstant gesetzt wurden) "abgeschoben" worden. Ein Beispiel ist der Versuch, Konjunkturzyklen auf Wahlzyklen zurückzuführen.

Als "neu" wird diese Politische Ökonomie bezeichnet, weil die Nationalökonomen des 19. Jahrhunderts sich in der Regel als Sozialwissenschaftler verstanden haben: ihnen war die "Elfenbeinturmökonomie" unserer Tage fremd. Die Soziologie und die Politikwissenschaften spalteten sich ab; deren Probleme waren fortan für die meisten Ökonomen tabu.

65. (E)

Die Konzeption der antizyklischen Konjunktursteuerung bedeutet, daß der Staat in einem Konjunkturboom seine Ausgaben (Einnahmen) einschränkt (ausweitet), in einer Konjunkturschwäche ausweitet (einschränkt). Wenn aber die Ausgaben weitgehend festgelegt sind, dann sind den Aktionsmöglichkeiten der öffentlichen Hand enge Grenzen gesetzt. Ähnliches gilt auch für die Einnahmen, wenn die Abgabenlast sehr hoch ist.

66.

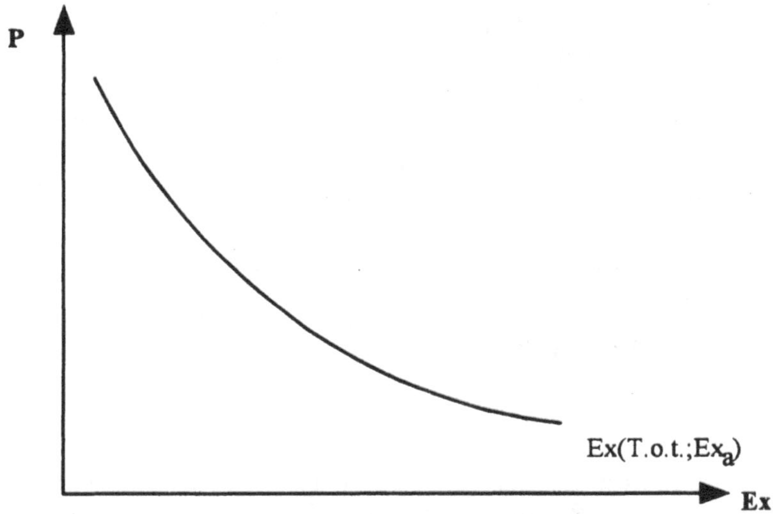

In der gewählten Formulierung ist die Exportfunktion eine um Ex_a verschobene Hyperbel mit den Konstanten d, P* und e.

67. (B) , (C) , (D)

Vgl. Antwort zu Frage 72.

68. (C) , (E)

Die Terms of trade oder realen Austauschverhältnisse geben an, wieviel inländische Güter (Exportgüter) man hingeben muß, um ein ausländisches Gut (Importgut) zu erhalten. Sie werden üblicherweise als Quotient aus Export- und Importgüterpreisindex definiert. Sinken die Importpreise, dann steigen bei konstanten Exportpreisen die T.o.t. und es wird lohnender, Außenhandel zu betreiben. Man kann dies auch so ausdrücken: Die Verteilung der Erlöse aus dem Außenhandel zwischen Inland und Ausland verändert sich zugunsten des Inlands.

69. (A)

Das Verhalten der Exporteure in bezug auf die realen Austauschverhältnisse ist in der Exportneigung d ausgedrückt. Mathematisch ist d die erste Ableitung von Ex in bezug auf T.o.t. Und dies beschreibt die Steigung der Funktion.

70. (A) , (B) , (D)

Die Exportneigung d sagt aus, wie die Exporteure auf eine Veränderung der Terms of trade mit ihrer Exportnachfrage reagieren.

d gibt also das Verhalten der Exporteure (in bezug auf T.o.t.) wieder. Dies Verhalten hängt analog zur Konsum- und Investitionsneigung, von den Zielsetzungen der Exporteure (z.B. Gewinnmaximierung) vom sozio-ökonomischen und politischen Umfeld (z.B. den Exportnachfrageelastizitäten, den nicht tarifären Handelshemmnissen, der internationalen Verschuldungssituation) und von den institutionellen Bedingungen ab (wie römische Verträge, Weltwirtschafts- und Währungsordnung, Gesetze, Märkte etc.).

71. (B) , (C) , (E)

Die Lage der Exportfunktion ist mit dem "autonomen Export" hinreichend beschrieben. Hierzu gehören alle Größen, die nicht in den Terms of trade enthalten sind. Das sind z.B. Devisenterminkurs, Qualität der Exportgüter und -dienstleistungen im weitesten Sinn.

72.

	Ex	d	$\frac{P^*e}{P}$
(1) Devisenterminkurs	x		
(2) Exportneigung		x	
(3) Ausländisches Zinsniveau	x		
(4) Heimische Bodenschätze	x		
(5) Protektionistische Politik der Handelspartner		x	
(6) Terms of trade			x
(7) Devisenkassakurs			x
(8) Qualität der Exportgüter	x		
(9) Elastizität der Nachfrage		x	

Hauptdeterminante der verwendeten Exportfunktion sind die realen Austauschverhältnisse (Terms of trade), welche die Frage beantworten, wieviele Güter aus dem Ausland für die exportierten Güter eingetauscht werden können. Üblicherweise sind die Terms of trade als das Verhältnis von Exportpreisniveau (in DM) und Importpreisniveau (in $) definiert. Die gewählte Formulierung unterstellt eine enge Beziehung zwischen Exportpreisniveau und inländischem bzw. Importreisniveau und ausländischem Preisniveau. Steigen die Terms of trade, z.B. durch steigendes Exportpreisniveau, sinkt der Export.

Das Importpreisniveau in $ wird über den Devisenkassakurs (DM/$) in DM umgerechnet. Devisenkassakurs und -terminkurs unterscheiden sich durch die Zeit: der Terminkurs bezieht sich auf den (in 3 Monaten) erwarteten Kurs.

Änderungen des Devisenkurses wirken unmittelbar auf das Importpreisniveau (wenn die Rechnungen der Importeure in $ ausgestellt sind: $-Fakturierung). Steigt der Devisenkurs (Abwertung der DM), dann werden die exportierten Waren auf den Auslandsmärkten (in $) billiger. Elastische Nachfrage, vorausgesetzt können die Exporte steigen. Hierbei ist unterstellt, daß die Zahlungsbilanz "normal" reagiert. Bei solchen und ähnlichen Überlegungen wird in der Regel von der Qualität der Exportgüter ("made in Germany", o.ä.) abstrahiert.

In einer Zeit des zunehmenden Protektionismus, d.h. einer Beschränkung des freien Handels durch direkte Eingriffe nationaler Regierungen oder überstaatliche Organisationen, verliert die terms-of-trade-abhängige Exportfunktion immer mehr an Bedeutung. Denn diese Eingriffe beschränken den Preismechanismus oder setzen ihn außer Kraft; die Warenströme richten sich dann nicht mehr nach den in den Preisen ausgedrückten Knappheiten, sondern nach anderen Faktoren.

73. (A) , (C) , (E)

Alle aufgeführten Veränderungen, die den Export erhöhen, verlagern die Exportfunktion nach rechts, außer der Variablen P. Dies ist bei Größen, die explizit in der Exportfunktion erscheinen, wie Ex, P*, e_a und d einfach festzustellen. Andere Exportdeterminanten, die in Ex_a enthalten sind, müssen in ihren Auswirkungen auf Ex_a von Fall zu Fall untersucht werden. Eindeutig sind ein Nachfrageboom im Ausland nach deutschen Autos und ein Konjunturaufschwung in den USA (einem wichtigen deutschen Handelspartner) wichtige Faktoren, die den deutschen Export steigern.

74.

aus a) $N = C + I + R$
b) $C = 30 + 0{,}8\, A_v$
c) $I_a = 100$ und $R_a = 100$
d) $A = N$

ergibt sich für e) (C) $N = (30 + I_a + R_a) * 5 = 1150$

75. (B) , (D) , (E)

Es ist sinnvoll, zunächst von einer geschlossenen Volkswirtschaft ohne staatliche Aktivitäten auszugehen. Graphisch dargestellt läßt sich leicht ablesen, daß A = N und I = S identische Gleichgewichtsbedingungen sind. Hierbei ist unterstellt, daß die Anbieter sich immer sofort an die herrschende Nachfrage anpassen; insofern ist A = N als Verhaltensannahme vorgegeben (Gleichgewichtsbedingung!).

Berücksichtigt man die staatlichen Aktivitäten, dann muß im oberen Bild die Nachfragefunktion um R_a nach links oben verschoben werden. Es gilt dann: $N = C(A) + I_a + R_a$. Die Angebots"funktion" verlagert sich um R_a nach rechts, weil die Anbieter nun ja auch um den öffentlichen Sektor " verstärkt" werden.

Im unteren Bild wird die Sparfunktion um die Steuern (T_a) nach rechts verlagert und zu I_a kommt R_a hinzu.

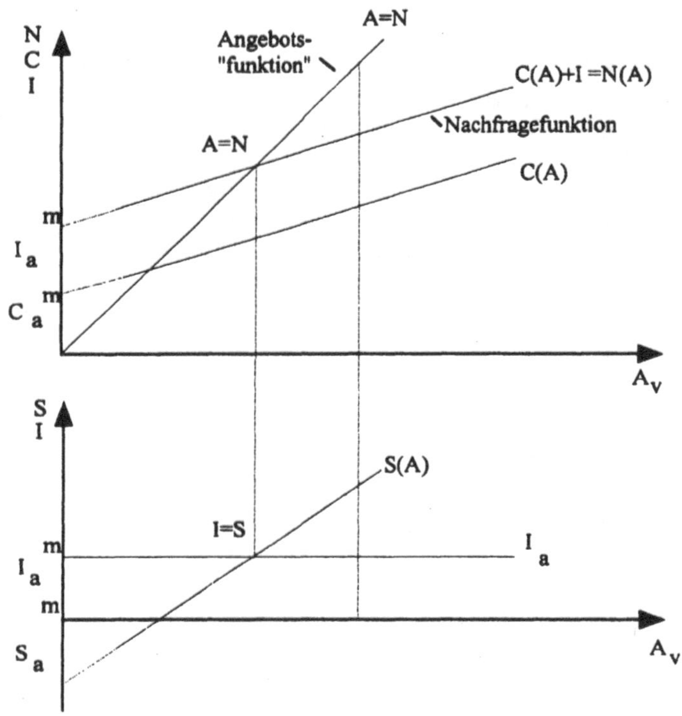

76. (B) , (D)

Diese Angebotsfunktion besitzt eine Preiselastizität in bezug auf das Angebot von unendlich. Solche Angebotsbedingungen sind natürlich außerordentlich selten zu finden, allenfalls innerhalb eines engen Bereiches und in einer Volkswirtschaft mit stark unterausgelasteten Kapazitäten (Unterbeschäftigung). Steigt in einer solchen Volkswirtschaft die Nachfrage, dann können die Anbieter dieses Mehr an Nachfrage durch eine einfache zusätzliche Auslastung ihrer Maschinen und Arbeitskräfte (z.B. Abbau von Kurzarbeit) befriedigen. Da zudem durch die gestiegene Kapazitätsauslastung die Fixkosten/Stück sinken, steigt bei gegebenem Preisniveau der Stückgewinn und es besteht kein Anlaß zu Preiserhöhungen.

77.

a) (C) $N = \frac{1}{s}\left(C_a + b\xi + R_a + Ex_a - bi_a\right) + \frac{1}{s}\left(dP_a^* e_a - cT_a\right)\frac{1}{P_a}$

b) (D)

N = 3000

Im ersten Lösungsschritt werden die Verhaltens- oder Strukturgleichungen vervollständigt:

$$C = C_a + c\left(A - \frac{T_a}{P_a}\right),$$

$I = b\ (\xi - i_a)$,

$$Ex = Ex_a + dP_a e_a^* \frac{1}{P_a}$$

Als Gleichung (11) und (12) muß man einführen:

(11) A = N

(12) N = C + I + R + Ex

Dann können wir mit dem zweiten Lösungsschritt in der Konsumfunktion A durch N ersetzen:

$$C = C_a + c\left(N - \frac{T_a}{P_a}\right),$$

Setzen wir dann die Gleichungen für C, I, R und Ex in die Definitionsgleichung der Gesamtnachfrage

(12) N = C + I + R + Ex

ein und beachten wir, daß 1-c = s, dann ergibt sich

$$N = \frac{1}{s}\left(C_a + b\xi + R_a + Ex_a - bi_a\right) + \frac{1}{s}\left(dP_a^* e_a - cT_a\right)\frac{1}{P_a}$$

Die angegebenen Parameterwerte eingesetzt, kann man N = 3000 berechnen.

78.

$$\text{(D) } N = \frac{1}{s}\left(C_a + b\xi + R_a + Ex_a - bi_a\right) + \frac{1}{s}\left(dP_a^* e_a - cT_a\right)\frac{1}{P}$$

79.

a) (C) $N = 1900 + 1100\,\frac{1}{P}$

b)

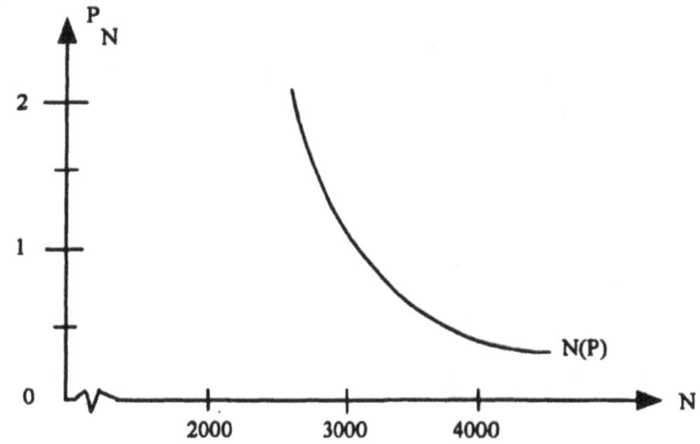

80.

a) (E) $A = N = 3000$

b)

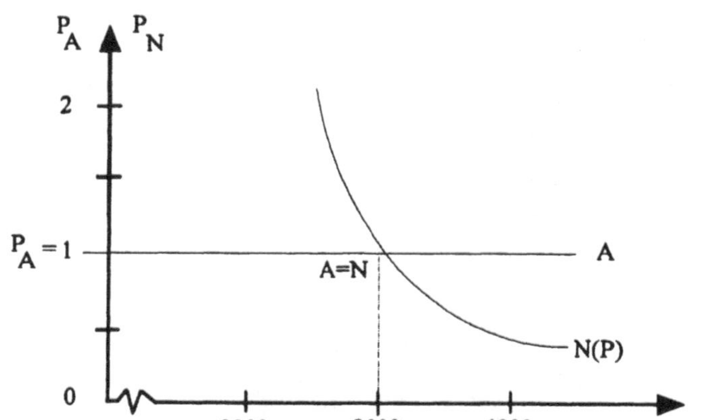

81. (A)

(1) $N = C + I + R + Ex$

(2) $C = C_a^* - c_1 i + c_2 V_r$

(3) $V_r = N$

(4) $I = b(\xi - i)$

(5) $i = i_a$

(6) $R = R_a$

(7) $Ex = Ex_a + d \frac{P^* e}{P}$

(8) $P^* = P_a^*$

(9) $e = e_a$

(10) $P = P_a$

$$N = \frac{1}{1 - c_2} C_a^* + b\xi + R_a + Ex_a - (b + c_1) i_a + dP_a^* e_a \frac{1}{P_a}$$

N = 3570

82. (B)

$$N = \frac{1}{1 - c_2}\left(C_a^* + b\xi + R_a + Ex_a - (b + c_1) i_a\right) + \frac{dP_a^* e_a}{1 - c_2} \frac{1}{P}$$

Analoges Vorgehen zu Aufgabe 77.

83. (B), (D) $N = 1770 + 1800 \frac{1}{P}$

84. (B) , (E)

Der Vergleich dieser beiden Funktionen soll zeigen, daß die gesamtwirtschaftliche Nachfragefunktion entscheidend von den Verhaltensweisen abhängt, die von uns angenommen werden. Die Frage, wie sich die Wirtschaftssubjekte verhalten werden, ist niemals mit Sicherheit zu beantworten. Wir können darüber nur Hypothesen aufstellen, die so lange als richtig gelten, bis eine Erklärung gefunden ist, welche die Realität besser wiedergibt.

Das Gesagte gilt bei ökonomischen Modellen für die als wesentlich erachteten Variablen; ist das Einkommen oder der Zins Hauptdeterminante des Konsums? Damit rücken unterschiedliche Verhaltensparameter in den Vordergrund. Bei ökonometrischen Modellen beobachtet man zudem, daß auch die Parameter selbst unterschiedliche Werte aufweisen.

Der steilere Verlauf der keynesianischen Nachfragefunktion liegt darin begründet, daß die Verhaltensweisen der Konsumenten und Investoren, der Geldnachfrager und Exporteure sich teilweise kompensieren. Konkret: Steigt c.p. die (reale) Geldmenge, dann sinken die Zinsen und die Investitionen steigen. Die Gesamtnachfrage erhöht sich. Dies bedeutet aber, daß sich die gesamtnachfrageabhängige Geldnachfrage erhöht, c.p. steigt der Zins wieder, die Investitionen gehen zurück. Die Zinsen bleiben aber immer noch unter, die Investitionen über dem Ursprungsniveau. Diese Mechanismen wirken im "neoklassischen" System nicht, weil zwischen Güter- und Geldmarkt keine Verbindung besteht.

Berücksichtigt man allerdings die sogenannte Portfoliotheorie (vgl. Antwort zur Frage 92), dann lassen sich ganz andere Ergebnisse ableiten.

85.

a) (A) , (C) $i = \frac{-(N \cdot s - C_a - b\xi)}{b}$

Man muß die Gleichgewichtsbedingung (4) N = A einführen. (4) in (2) einsetzen ergibt

$C = cN + C_a$

dies und (3) muß nun in (1) eingesetzt werden.

b)

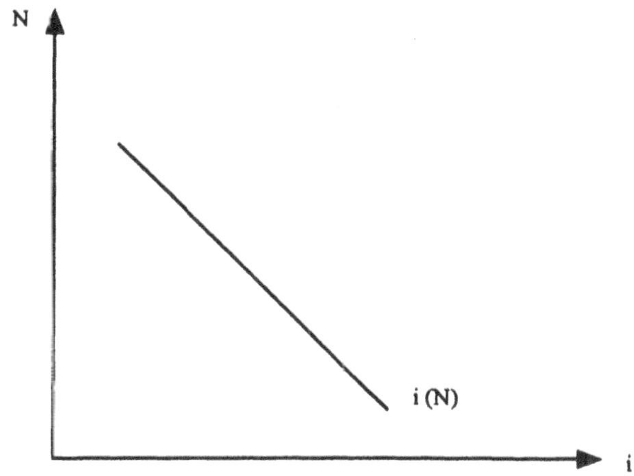

Diese IS-Kurve hat eine negative Steigung, wobei b > 0 definiert bzw. absolut gesetzt werden muß. Als Verschiebungsparameter treten autonomer Konsum und Grenzleistungsfähigkeit des Kapitals auf.

c) (A) , (C)

Die Kurve wird als Gütermarktgleichgewichts- oder IS-Kurve bezeichnet, weil sie für eine geschlossene Volkswirtschaft ohne Staat der geometrische Ort aller Punkte ist, für die I = S bzw. A = N gilt (vgl. Lösung zu Aufgabe 75). Für die offene Volkswirtschaft mit Staat gilt:

$$I + R + Ex = S + T^{*} + Im.$$

Für diese auf eine Interpretation des keynesianischen Systems von Hicks/Hansen zurückgehende Kurve ist ein konstantes Preisniveau unterstellt.

86. (B) , (E)

Unter bestimmten Annahmen gibt die Fishersche Verkehrsgleichung einen stabilen Zusammenhang zwischen Geldmenge und Preisniveau an. Die Gleichung lautet

$$M \cdot v = P \cdot N,$$

und in Wachstumsraten

$$w_M = w_P - w_v + w_N.$$

Unter den Annahmen einer konstanten Umlaufgeschwindigkeit und vollbeschäftigter Wirtschaft (N = A) werden w_v und w_N gleich Null und es gilt

$$w_M = w_P.$$

Über den Zins ist hierbei aber nichts ausgesagt. Doch wird man davon ausgehen können, daß bei einer stabilitätsorientierten Wirtschaftspolitik (Ziel: niedriges

w_P) auch w_M niedrig sein wird. Wenn keine Geldnachfrageschocks auftreten, werden auch die Zinsen stabil bleiben.

87. (B) , (D)

Auf dem Geldmarkt werden Wertpapiere (z.B. diskontfähige Wechsel, Schatzwechsel, unverzinsliche Schatzanweisungen) gehandelt mit einer Laufzeit von bis zu 2 Jahren (üblich: 3 Monate). Neben diesen kurzfristigen Titeln wird auf dem Geldmarkt auch Zentralbankgeld gehandelt; daran sind ausschließlich Banken beteiligt, die dadurch ihre aktuellen Überschüsse und Defizite an liquiden Mitteln ausgleichen (Tages- und Termingelder).

Ein wichtiges geldpolitisches Mittel ist der An- und Verkauf von sogenannten Offenmarktpapieren (Mobilisierungs- und Liquiditätspapiere) um die Geldmenge zu beeinflussen.

Demgegenüber handelt man auf dem Kapitalmarkt mit langfristigen Wertpapieren (Obligationen, Aktien, festverzinsliche Schuldverschreibungen) und Krediten (Hypothekarkredite). Das Angebot auf diesem Markt wird besonders durch die Sparer bereitgestellt, aber auch Versicherungen und andere Anleger bedienen diesen Markt.

Geld- und Kapitalmarkt faßt man zum Kreditmarkt zusammen. Indirekt bestehen zwischen diesen Märkten Verbindungen; damit sind auch die Zinsen auf diesen Märkten nicht unabhängig voneinander.

88. (A) , (D)

$$M_1 = (3) + (1) \quad \text{oder} \quad (3) + (5)$$

$$\text{Geldbasis} = (3) + (10) \quad \text{oder} \quad (3) + (7) + (8)$$

$$M_2 = M_1 + (4)$$

$$\text{Zentralbankgeld} = \text{Geldbasis}$$

$$M_3 = M_2 + (6)$$

Die Geldmengenbegriffe M_1, M_2, M_3 sind nach dem Liquiditätsgrad der Geldarten gebildet. Höchste Liquidität besitzt das Bargeld, dann folgen die jederzeit abrufbaren Sichtguthaben (Giralgeld, Sichteinlagen). Spareinlagen können (ohne Zinsverlust) nur nach gesetzlicher Kündigungsfrist abgehoben werden.Zentralbankgeld und Geldbasis sind - grob gesehen - identisch. (Allerdings gibt es dabei zahlreiche Feinheiten, die aber hier nicht weiter interessieren).

Die Geldmengenbegriffe können im Rahmen des monetären Rechnungswesens aus den (konsolidierten) Bilanzen der Banken und der Bilanz der Zentralbank abgeleitet werden. Je nachdem, ob man die linke oder die rechte Seite der (konsolidierten) Bilanz zugrunde legt, erscheinen in den Geldmengenbegriffen Forderungen (Einlagen) oder Verbindlichkeiten (Kredite). Man wir versuchen, für die jeweilige Untersuchung die zweckmäßigste Definition zu wählen.

89. (B) , (D) , (E)

Wenn die Banken ihren Ertrag maximieren wollen, ist es sinnvoll, möglichst jede Mark Zentralbankgeld als Basis für Kredite zu verwenden. Dabei können die Banken ihr gesamtes Zentralbankgeld ausleihen, außer dem Teil, den das Publikum (von seinen Einlagen) in bar abhebt und dem Teil, den die Banken zinslos bei der Deutschen Bundesbank als Mindestreserve hinterlegen müssen.

90.

$$m_3 = \frac{BG + DE + TE + SE}{BG + MR + ÜR}$$

Es gilt die Ausgangsgleichung
$M_3 = m_3 \cdot H$.
Löst man nach dem Multiplikator m_3 auf und setzt man die entsprechenden Komponenten von M_3 und H ein, dann ergibt sich der gesuchte Ausdruck für m_3. Dieser Ausdruck zeigt, wessen Verhaltensweisen den Multiplikator beeinflussen, doch die Verhaltensweisen selbst sind nicht beschrieben.

91. (A)

Die Gleichungen (3) und (4) des Modells sollen die Verhaltensweisen der Wirtschaftssubjekte bzw. der Zentralbank einbringen. Beide Größen, der Bargeldabhebungskoeffizient und der Mindestreservesatz sind konstant gesetzt. Der Mindestreservesatz ist in der geldpolitischen Praxis differenziert nach Einlagearten, Institutsart und Bankplatz.

92. (A) , (B) , (C)

Die sogenannte traditionelle Angebotstheorie enthält außer den Mindestreservesätzen keine anspruchsvolle Verhaltenshypothese. Es genügt nicht, wenn die Termineinlagen zu den Sichteinlagen in Beziehung gesetzt und als konstant angenommen werden. In neueren Ansätzen wird versucht, die Verhaltensweisen der am Geldangebotsprozeß Beteiligten zu erklären, wobei die Portfoliotheorie wichtige Anstöße gegeben hat. Danach versuchen die Wirtschaftssubjekte, ihre Vermögensstruktur so zu gestalten, daß ein Optimum zwischen Ertrag und Risiko resultiert. Ändern sich die relativen Erträge und/oder Risiken einzelner Vermögensformen und entsteht dadurch eine suboptimale Struktur, dann streben die Wirtschaftssubjekte durch Umschichtungen eine neue, optimale Zusammensetzung ihres Vermögens an.

Das Vermögen kann dabei definiert werden als die Summe aus Sachvermögen, Geldvermögen, Wertpapieren und Humanvermögen ("human capital").

93. (B) , (D) , (E)

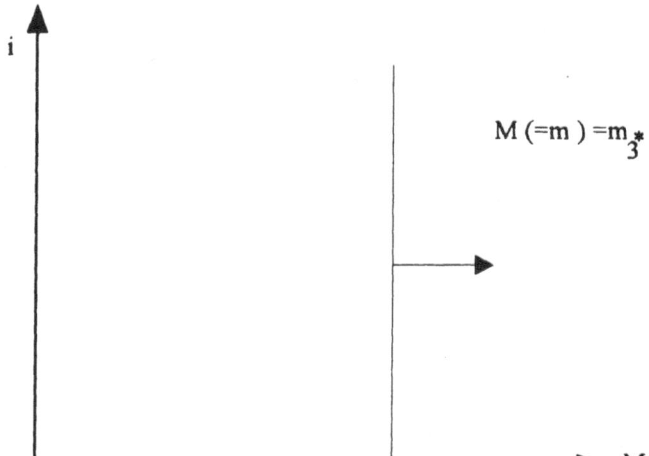

Eine Erhöhung der Mindestreservesätze bedeutet, daß die Banken bei der Zentralbank einen größeren Teil ihrer Einlagen zinslos hinterlegen müssen, und zwar in Zentralbankgeld. Dadurch sinkt ihre eigene Liquidität und sie müssen sich (im In- und Ausland) selbst verschulden, Kredite zurückrufen oder ähnliche Maßnahmen ergreifen.

Durch eine Förderung des bargeldlosen Zahlungsverkehrs (z.B. durch Scheck- oder Kreditkarten) sinkt die Bargeldabhebungsquote. Die Banken werden liquider und können mehr Kredite vergeben.

Durch eine Ausdehnung der Rediskontkontingente kann die Deutsche Bundesbank einen höheren Kreditspielraum schaffen; Diskontkontingente gibt es nicht.

94. (A) , (C)

Zu den Mindestreservesätzen und Rediskontkontingenten vgl. Antwort zu Aufgabe 93. Die Erhöhung des Lombardsatzes bedeutet, daß der Zins für Zentralbankgeld, das aufgrund verpfändeter Wertpapiere von der Deutschen Bundesbank ausgegeben wird, steigt. Es wird teurer für die Banken, sich Zentralbankgeld zu beschaffen (sich zu refinanzieren). Je nach der Zinsempfindlichkeit der Betroffenen (Banken oder Publikum) werden die Kredite zurückgehen.

95. (A) , (D)

Die Portfoliotheorie der Geldnachfrage geht davon aus, daß die Geldnachfrager aufgrund von Ertrags- (Neoklassiker) oder Risikoüberlegungen (Neokeynesianer) ihr Portfolio optimal strukturieren. Da Geld eine Vermögenskomponente darstellt, hängt danach die Geldnachfrage ab von den Ertrags- und Risikoeinschätzungen der Vermögensform Geld selbst, aber auch von einem der anderen Vermögensformen.

96. (A) , (B) , (C)

Milton Friedman und Anna Schwartz haben die wichtigsten Geldaggregate (für die USA) über einen langen Zeitraum hinweg untersucht (von 1867-1960). Sie stellten dabei fest, daß die Umlaufgeschwindigkeit des Geldes relativ konstant ist, und daß die Geldnachfragefunktion mit dem Einkommen als unabhängiger Variablen eine ziemlich stabile Beziehung aufweist. Mit anderen Worten, andere Determinanten, wie z.B. die von Keynes herausgestellte Zinsabhängigkeit, spielen eine vernachlässigbare Rolle. Sofern der Zins wirklich in der kurzen Zeit einen Einfluß zeigt, wird dieser durch die (ebenfalls kurzfristig) schwankende Umlaufgeschwindigkeit kompensiert. (Im übrigen muß man beachten, daß die "Neoquantitätstheorie" langfristig angelegt ist).

Unabhängig davon ist die Friedmansche Geldnachfragetheorie auf vermögenstheoretischer Basis aufgebaut. Geld, Sachkapital, Obligationen, Aktien und Humankapital strukturieren dabei das Portfolio die entscheidende Rolle. Eine Theorie der Geldnachfrage muß daher die Determinanten aller anderen Vermögensformen berücksichtigen. Dies resultiert in einer komplizierten Grundform mit Faktoren, die zudem nicht (oder kaum) meßbar sind (z.B. das permanente Einkommen als Determinante des Humankapitals). Um eine empirisch testbare Funktion zu bekommen, müssen viele Vereinfachungen eingeführt werden, die viel von der Faszination des ursprünglichen Ansatzes hergeben.

97. (C)

Transaktions- und Vorsichtsmotiv stehen im Mittelpunkt der klassischen Geldnachfragetheorie, die wesentlich auf einer (langfristigen und institutionellen) Konstanz der Umlaufgeschwindigkeit des Geldes beruhte.

Keynes und die Kassenhaltungstheoretiker der Cambridger Schule argumentierten dagegen mit einer vom Verhalten abhängigen Umlaufgeschwindigkeit (als reziproker Kassenhaltungskoeffizient). Ferner argumentierte Keynes, Geld könne auch aus Gründen der Spekulation gehalten werden und sei daher von den Kursen der Wertpapiere - und damit von den Effektivzinsen - abhängig.

98. (B)

Die aufgeführten Faktoren beeinflussen alle die gesamte Geldnachfrage (jedenfalls nach der keynesianischen Liquiditätspräferenztheorie). Die Umlaufgeschwindigkeit des Geldes ist als reziproker gewünschter Kassenhaltungskoeffizient definiert.

99. (B)

Wir stellen das Problem mit Hilfe einer Tabelle dar:

Tag	Kasse	Ausgabe
1	3000	600
2	2400	600
3	1800	600
4	1200	600
5	600	600
6	0	0
.	.	.
30	0	0
Σ	9000	3000

∅ täglich 9000 : 30 = 300

Herr Verschwender hält im Durchschnitt 300 DM Kasse. Bezogen auf sein Gesamteinkommen (3000 DM) sind dies 10 %. Daraus folgt: $k^* = 0,1$.

100. (A), (D), (E)

Vgl. auch Antwort auf Frage 98.

Die Spekulationsneigung gibt das Verhalten der Geldnachfrager in bezug auf den Zins an. Dabei ist der Prohibitivzins der Zins, bei dem die Nachfrage nach (Baisse) Spekulationsgeld Null ist. Mit anderen Worten, der Zins ist so hoch und die Wertpapierkurse sind so niedrig, daß niemand mehr mit einem Sinken der Kurse rechnet. Daher steigt niemand aus seinen Wertpapieren aus. Alle halten Wertpapiere, niemand hält Kasse.

101. (B), (C)

Bei der Ableitung der Geldnachfragefunktion für Spekulationskasse spielt der Wertpapiermarkt eine wichtige Rolle. Die "Übersetzung" vom Geldmarkt in den Wertpapiermarkt gelingt durch die Gleichung

$$F = i\,\overline{K},$$

wobei F,i und $\overline{K}$ den Wertpapierertrag pro Periode (Dividende in DM), den Effektivzins und den Kurs bedeuten.

Um komplizierende Hypothesen bzw. Annahmen über Laufzeit, schwankende Dividendenauszahlungen, Rückzahlungsmodalitäten zu vermeiden, setzt man die Annahme: festverzinslich, nicht rückzahlbar mit unendlich langer Laufzeit.

102.

$$(1) \quad i = \frac{F}{K_0} \quad \text{oder} \quad F = iK_0$$

$$(2) \quad K_1 = K_0\,(1 - w_K)$$

$$(3) \quad K_0 = K_1 + F$$

Daraus

$$K_1 = K_0 - i\,K_0 \quad (1) \text{ in } (3)$$

$$K_0\,(1 - w_K) = K_0 - i\,K_0 \qquad (2) \text{ in } (3)$$

$$1 - w_K = 1 - i$$

$$(4) \quad w_K = i$$

Vgl. dazu Makroökonomik, S. 68 ff.

103. (B) , (C) , (E)

Vgl. Antwort zu Aufgabe 100.

104.

a)

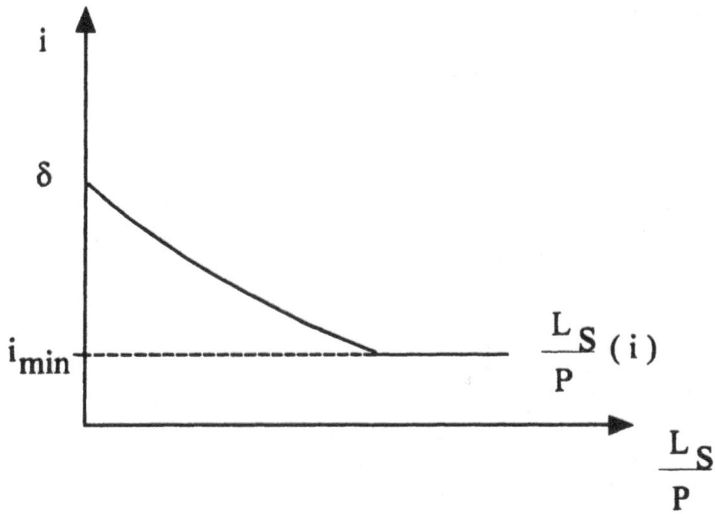

b) (C)

Die Liquiditätsfalle tritt auf, wenn der Zins so niedrig ist und die Wertpapierkurse so hoch sind, daß niemand mit einem weiteren Steigen dieser Kurse rechnet, niemand demnach bereit ist, bei diesen hohen Kursen ins Wertpapiergeschäft einzusteigen, alle also Geld halten, um bei einem Sinken der Kurse (Steigen des Effektivzinses) wieder zu spekulieren. In diesem Fall führt auch eine Erhöhung der Geldmenge nicht zu sinkenden Zinsen.

105. (A) , (C) , (D)

Die Wirtschaftssubjekte halten Geld (Kasse) und Wertpapiere (bonds). Das ist in der keynesianischen Liquiditätspräferenztheorie ihr Vermögensportfolio. Die Zusammensetzung dieses Portfolios wird bei Keynes bestimmt durch die aktuellen und die erwarteten Kurse und Zinsen (Effektivzinsen); man unterstellt gegebene Wertpapiererträge (F), so daß wegen $F = i\,\overline{K}$ jeweils die Kurse ($\overline{K}$) in Effektivzinsen (i) umgerechnet werden können (und vice versa).

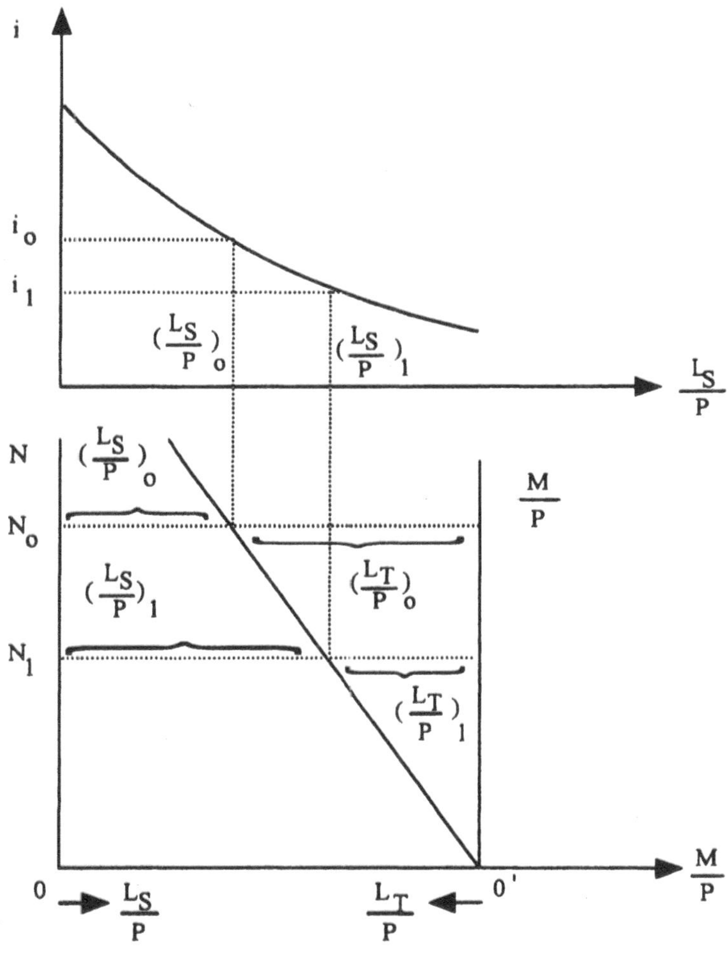

Ein bestehendes Portfoliogleichgewicht wird gestört, wenn sich die Gewinnerwartungen der Wirtschaftssubjekte in bezug auf die Wertpapiere ändern. Erwarten die Wirtschaftssubjekte Verluste, dann werden sie Wertpapiere verkaufen; das bedeutet, daß sie gleichzeitig Geld (Kasse) nachfragen. Die Spekulationskasse steigt. Die Gewinnerwartungen lassen sich über ein einfaches Modell (vgl. Lösung zu Aufgabe 102) durch einen Vergleich von Effektivzins (i) und Kursverlustrate ($w\overline{K}$) ausdrücken. Liegt die

Kursverlustrate über dem Zins, dann verkaufen die Wirtschaftssubjekte Wertpapiere; damit fragen sie Spekulationskasse nach.

Der Zusammenhang zwischen Transaktions-, Spekulationskasse und Geldmenge wird in obigem Bild anschaulich dargestellt.

Wir gehen aus von $i_0 - \left(\frac{L_S}{P}\right)_0$ im oberen Diagramm.

Sinkt die Transaktionskasse - z.B. wegen eines Rückgangs der Gesamtnachfrage N_0 auf N_1, dann kann das überschüssige Geld (bei konstantem M/P) für Wertpapierkäufe verwendet werden. Die Kurse steigen, die Zinsen fallen (auf i_1), die Spekulationskasse ist auf $\left(\frac{L_S}{P}\right)_1$ gestiegen.

106. (A), (E)

$$\frac{L}{P} = a\delta + kN - ai$$

Die Gleichnung $\frac{L}{P} = a\delta + kN - ai$ läßt sich aus dem Geldnachfragemodell berechnen:

(1) $L = L_T + L_S$ Definitionsgleichung

(2) $L_T = k\,N\,P$ Verhaltensgleichung (Transaktionskasse)

(3) $L_S = a\,(\delta - i)\,P$ Verhaltensgleichung (Spekulationskasse)

(2) und (3) in (1) eingesetzt ergibt die Lösung.

107.

Die Funktion lautet L/P = 800 - 4000 i

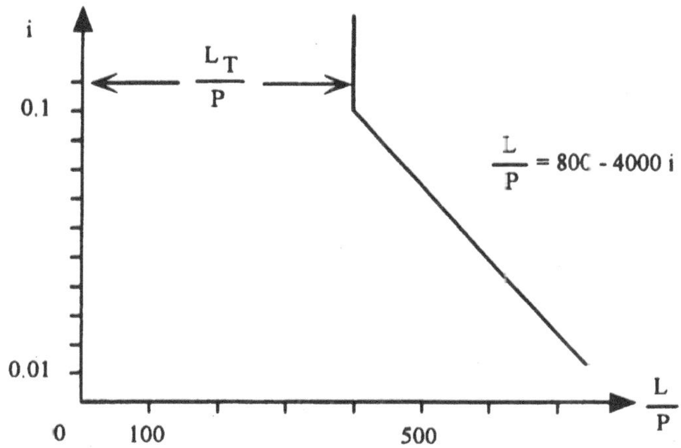

108. (C) , (E)

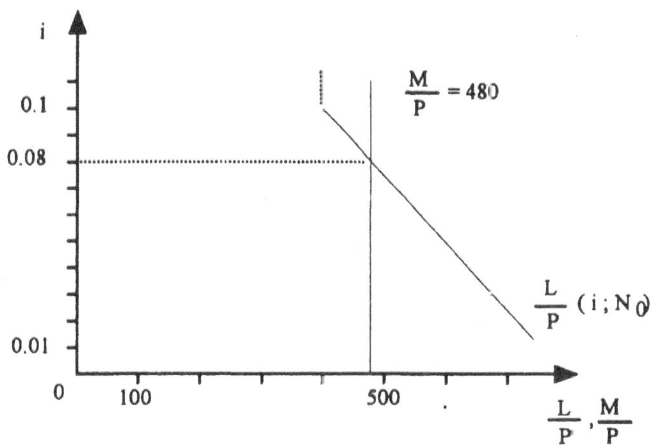

Der Gleichgewichtszins i_0 läßt sich aus dem Geldmarktgleichgewicht M/P = L/P berechnen.
Es gilt

$$\frac{L}{P} = 800 - 4000\,i,$$

$$\frac{M}{P} = \frac{mH}{P} = \frac{1,6 * 300}{1} = 480. \text{ Also}$$

$$480 = 800 - 4000\,i,$$
$$i_0 = 0.08 \text{ oder } 8\,\%.$$

109. (C)

a) $i = \frac{1}{a}\left(a\delta - \frac{M_a}{P_a} \right) + \frac{k}{a} N$

(1) $\frac{M}{P} = \frac{L}{P}$	Gleichgewichtsbedingung
(2) $M = M_a$	Geldangebot (autonom)
(3) $L = L_T + L_S$	Geldnachfragedefinition
(4) $L = k\,N\,P$	Transaktionskasse
(5) $L_S = a\,(\delta - i)\,P$	Spekulationskasse

(4) und (5) in (3) eingesetzt sowie dies Ergebnis und (2) in (1) eingesetzt ergibt

$$\frac{M_a}{P} = k\,N + a\,(\delta - i).$$

Für eine Darstellung im i-N-Diagramm muß P festgesetzt werden: $P = P_a$. Dann läßt sich nach i auflösen:

$$i = \frac{1}{a}\left(a\delta - \frac{M_a}{P_a} \right) + \frac{k}{a} N$$

b)

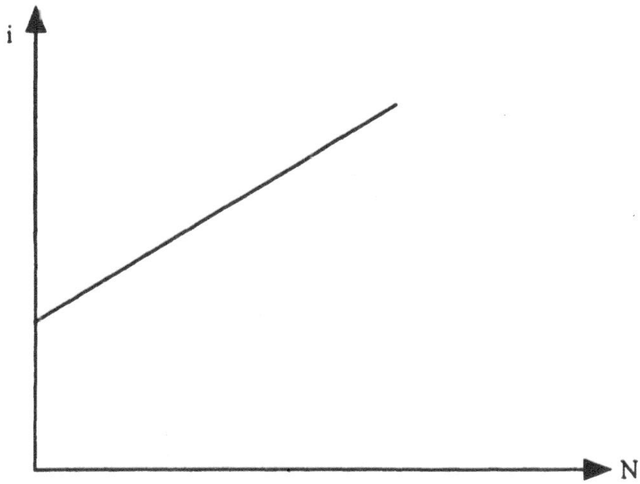

c) (B) , (D)

Die Funktion heißt LM-Kurve, weil sie Gleichgewichtswerte von L und M angibt (für ihre Berechnung wurden L und M gleichgesetzt).

110. (A) , (E)

Die Bundesbank kann die Zinsen der Wirtschaft nur indirekt beeinflussen, indem sie
- mit ihrer Geldpreispolitik die Leitzinsen (Diskontsatz, Lombardsatz),
- mit Rediskontingenten das Diskont- oder Lombardvolumen,
- mit ihrer Geldmengenpolitik die Zentralbankgeldmenge (Offenmarktpolitik, Mindestreservepolitik),
- durch eine verstetigende Politik (Geldmengenzielvorgabe) die Erwartungen,
- durch "moral suasion" das Verhalten der Wirtschaftssubjekte

zu beeinflussen sucht.

Nach dem Gesetz über die Deutsche Bundesbank hat diese vor allem für Geldwertstabilität zu sorgen. Verfolgt sie diese Politik, dann wird dies in der Tendenz auch zu stabilen Zinsen führen, sieht man von außenwirtschaftlichen Störungen ab.

111. (A) , (C)

Geld- und Wertpapiermarkt sind zwei Seiten einer Medaille, wenn man davon ausgeht, daß das (vorhandene) Finanzvermögen (V) aus Geld (M) und Wertpapieren (F_S) besteht. Für reale Größen gilt dann

$$V_r = \frac{F_S}{P} + \frac{M}{P}$$

Auf der anderen Seite versuchen die Wirtschaftssubjekte, durch ihre Nachfrage nach Geld (L) und Wertpapieren (F_d) eine optimale Struktur ihres Finanzvermögens (V) zu erreichen. (Dahinter stecken Präferenzen, sowie Ertrags- und Risikoüberlegungen). Dieses Portfolio kann (wiederum in realen Größen) geschrieben werden als

$$V_r = \frac{F_d}{P} + \frac{L}{P}$$

Setzt man die beiden Ausdrücke für Vr gleich, dann erhält man

$$\left(\frac{L}{P} - \frac{M}{P}\right) = \left(\frac{F_S}{P} - \frac{F_d}{P}\right).$$

Einer Übernachfrage auf dem Geldmarkt muß also ein Überangebot auf dem Wertpapiermarkt entsprechen.

112. (A)

Die Anpassung an ein neues Geldmarktgleichgewicht erfolgt über Wertpapierdispositionen. Diese beeinflussen die Kurse, und über $F = i\,\overline{K}$ die Zinsen.
In der Aufgabe wird davon ausgegangen, daß das steigende Geldangebot das Ausgangsgleichgewicht stört. Dieses zusätzliche Geld kann nur in Wertpapiernachfrage gehen. Dies treibt die Kurse und die Zinsen sinken.

113. (C) , (D)

Auf dem Geldmarkt findet der Handel der Banken mit Zentralbankgeld statt, auf dem Kapitalmarkt werden langfristige Wertpapiere gehandelt. Die Begriffe Kapitalmarkt und Wertpapiermarkt werden in der Regel synonym gebraucht. Geld- und Kapitalmarkt hängen über das Portfolioverhalten der Anleger miteinander zusammen.

114. (D)

$S + T^* = R + I$

Diese Identität läßt sich aus den Konten der Finanzierungsrechnung ableiten (vgl. hierzu Darstellungen der Volkswirtschaftlichen Gesamtrechnung).

115. (B), (C)

$S = I + (R - T^*)$

116.

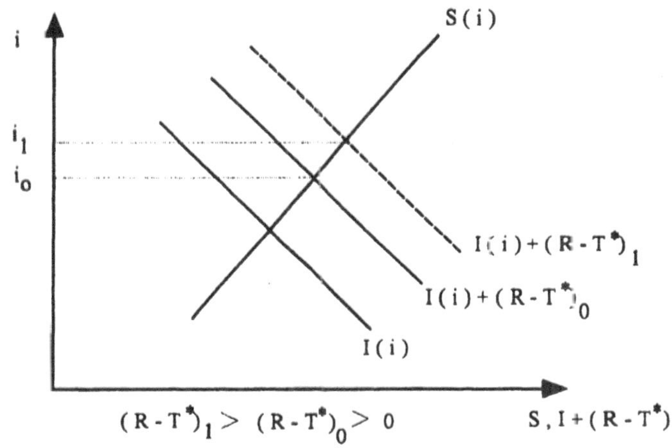

Die Ausgangsgleichung lautet

$$S = I + (R - T^*).$$

Wir setzen die Verhaltensgleichungen der Aufgabe ein. Dies ergibt

$$S(i) = I(i) + (R_a - T_a^*).$$

Es ist zu beachten, daß zwischen den beiden angeführten Gleichungen ein fundamentaler Unterschied besteht: die erste ist eine Identität (ex post), die zweite eine Gleichgewichtsbedingung (ex ante); hier wird eine Übereinstimmung des Verhaltens von Sparern, Investoren und Staat vorausgesetzt.
Bei ausgeglichenem Staatshaushalt (Einnahmen = Ausgaben) wird $(R - T^*) = 0$.

117. Siehe gestrichelte Kurve im Diagramm der Lösung zu Aufgabe 116.

118. (B), (C)

Die Antwort (A) gibt die mikroökonomische Beschreibung einer (einzelwirtschaftlichen) Nachfragefunktion wieder. Makroökonomisch ist diese direkte Interpretation falsch. Die Gesamtnachfrage sinkt nicht unmittelbar aufgrund eines gestiegenen Preisniveaus. Die Beziehung zwischen P und N läuft über verschiedene Ursache-Wirkungs-Ketten. Man kann z.B. argumentieren, daß eine Preisniveauerhöhung auf dem Geldmarkt (über sinkendes reales Geldangebot) eine Zinserhöhung auslöst, diese senkt die Investitionsnachfrage und damit auch die Gesamtnachfrage.

Die Gesamtnachfragefunktion ist eine Gleichgewichtskurve, die für alternative P-N-Kombinationen Güter- und Geldmarktgleichgewichte einander zuordnet. Das Geldmarktgleichgewicht wird benötigt, um den Gleichgewichtszins zu berechnen. Dieser bestimmt auf dem Gütermarkt die Investitionen. Das Gütermarktgleichgewicht muß postuliert werden, weil man sonst die Nachfrage nicht ausrechnen kann (die Nachfrage ist dann nicht eindeutig definiert).

Die Güter- und Geldmarktgleichgewichte können mit unterschiedlichen Kombinationen von P und N ausgedrückt werden. Diese Kombinationen nennen wir gesamtwirtschaftliche Nachfragefunktion.

Auf keinen Fall kann man die Gesamtnachfragefunktion aus der Aggregation von einzelwirtschaftlichen Nachfragefunktionen gewinnen. Damit hätte man lediglich addiert, aber nicht die synergetischen Effekte erklärt, die auf dem Weg von der Mikro- zur Makroebene auftreten.

Was sagt die Gesamtnachfragefunktion also aus? Sie gibt an, wie hoch die Gesamtnachfrage bei einem bestimmten Preisniveau liegt. Dieses Preisniveau sagt auch indirekt etwas aus über die reale Geldmenge, ferner über den Gleichgewichtszins (auf dem Geldmarkt), der die Investitionen bestimmt. Die direkte Wirkung läuft über die Exporte (vgl. Schema). Der Konsum wird unabhängig vom Preisniveau erklärt; er wird bestimmt vom Angebot (Einkommen). über die Gleichsetzung von A und N schafft man die Brücke zur Gesamtnachfrage.

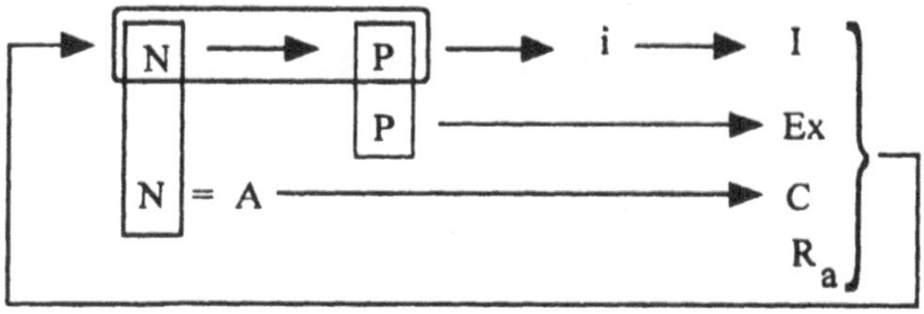

Die Antwortmöglichkeit (E) drückt die Nachfragegleichung und nicht die Funktion aus.

119. (A) , (D)

Die Lösung kann aufgrund von Plausibilitätsüberlegungen gefunden werden, indem auf die Vorzeichen abgestellt wird; der Prohibitivzins mußein negatives, der Preisniveauterm ein positives Vorzeichen aufweisen.

Die Berechnung der gesamtwirtschaftlichen Nachfragefunktion kann wie folgt vorgenommen werden:

a) Gütermarktgleichgewicht

(4) in (2), dies Ergebnis sowie (3) in (1) und nach i auflösen:

$$N = C_a + cN + b\xi - bi$$

$$bi = C_a + b\xi + cN - N$$

$$i = \frac{1}{b}\left(C_a + b\xi\right) + \frac{c-1}{b} N$$

$$i = \frac{1}{b}\left(C_a + b\xi\right) - \frac{1-c}{b} N \quad \text{und wegen } s + c = 1$$

$$i = \frac{1}{b}\left(C_a + b\xi\right) - \frac{s}{b} N$$

b) Geldmarktgleichgewicht

(7) und (8) in (6), dies Ergebnis sowie (9) in (5) und nach i auflösen:

$$\frac{kPN + a(\delta - i)P}{P} = \frac{M_a}{P}$$

$$kN + a\delta - ai = \frac{M_a}{P}$$

$$ai = a\delta + kN - \frac{M_a}{P}$$

$$i = \frac{1}{a}\left(a\delta - \frac{M_a}{P}\right) + \frac{k}{a} N$$

c) Simultanes Güter- und Geldmarktgleichgewicht

Die Lösungen aus a) und b) werden gleichgesetzt. Der Ausdruck wird nach N aufgelöst.

$$\frac{1}{b}\left(C_a + b\zeta\right) - \frac{s}{b}N = \frac{1}{a}\left(a\delta - \frac{M_a}{P}\right) + \frac{k}{a}N$$

$$\frac{k}{a}N + \frac{s}{b}N = \frac{1}{b}\left(C_a + b\zeta\right) - \frac{1}{a}\left(a\delta - \frac{M_a}{P}\right)$$

$$\left(\frac{s}{b} + \frac{k}{a}\right)N = \frac{1}{b}\left(C_a + b\zeta - b\delta\right) + \frac{1}{a}M_a\frac{1}{P}$$

$$N = \frac{1}{b\left(\frac{s}{b} + \frac{k}{a}\right)}\left(C_a + b\zeta - b\delta\right) + \frac{1}{a\left(\frac{s}{b} + \frac{k}{a}\right)}M_a\frac{1}{P}$$

und mit $\varepsilon = \dfrac{1}{s + \dfrac{bk}{a}}$

$$N = \varepsilon\left(C_a + b\zeta - b\delta\right) + \varepsilon\frac{b}{a}M_a\frac{1}{P}$$

Das ist die einfachste Form einer preisniveauabhängigen Gesamtnachfragefunktion.

Bei der Ableitung müssen wir beachten, daß in a) und b) nach i aufgelöst wird. Würde nach N aufgelöst, dann würde N eliminiert. Dies kann bei der Ableitung einer Nachfragefunktion nicht die Absicht sein.

Wir wollen die gesamtwirtschaftliche Nachfragefunktion auch graphisch ableiten. Daraus wird deutlich, daß die Nachfragefunktion der geometrische Ort aller Güter- und Geldmarktgleichgewichte ist, bei alternativen Preisniveaus.

Wir zeichnen in ein i - N-Diagramm die IS-Kurve aus Aufg. 85 und die LM-Kurve aus Aufg. 109, wobei wir bei der LM- Kurve alternative Preisniveaus P_0, P_1 und P_2 festsetzen. Die IS-Kurve (LM-Kurve) ist der geometrische Ort aller Gleichgewichte auf dem Gütermarkt (Geldmarkt). Die Schnittpunkte dieser beiden Kurven stellen Simultangleichgewichte auf beiden Märkten dar.

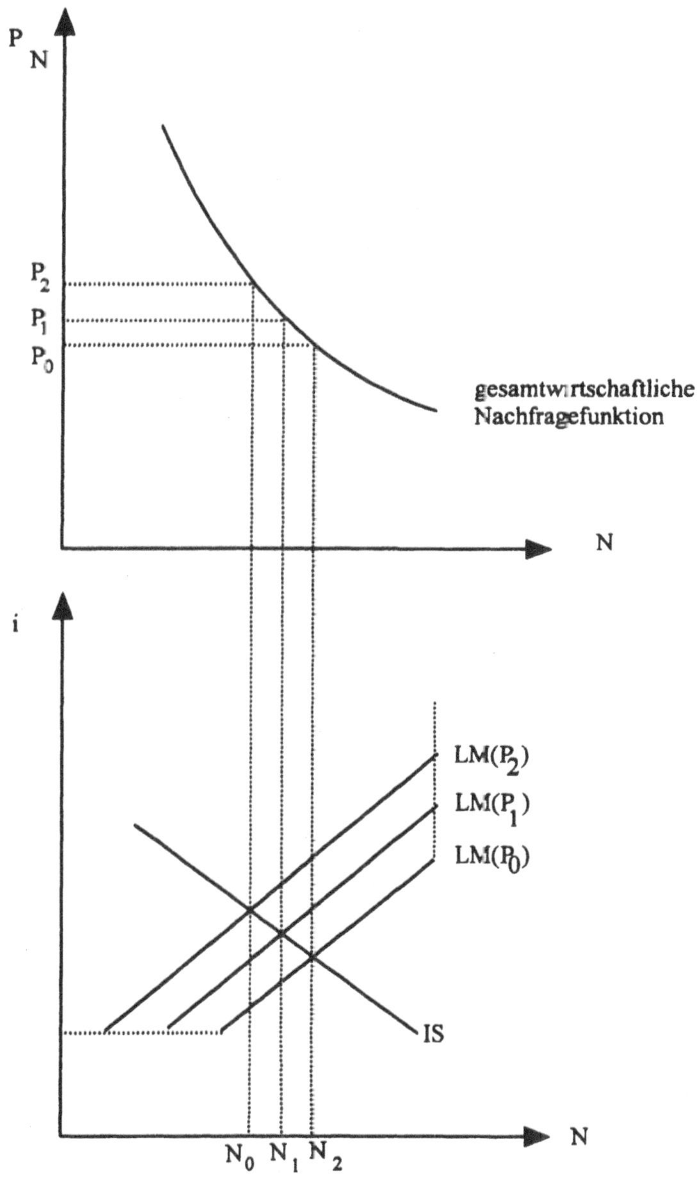

120. (A) , (D)

Vgl. Lösung zu Aufgabe 119.

121.

a) (B), (C) $N = 100 + 1000/P$

b)

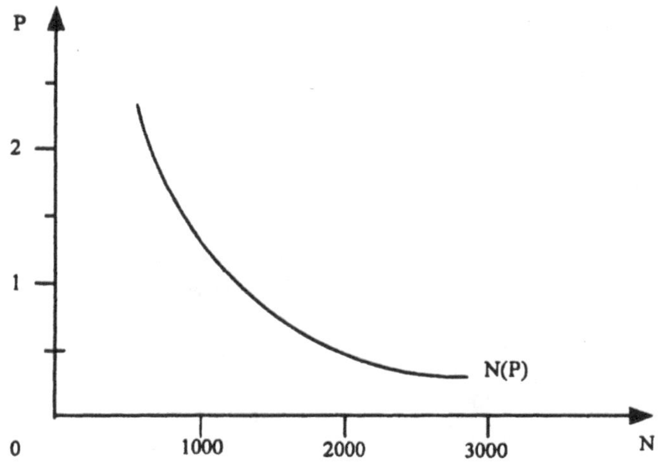

122.

a) (A) $N_1 = 260 + 1000/P$

b)

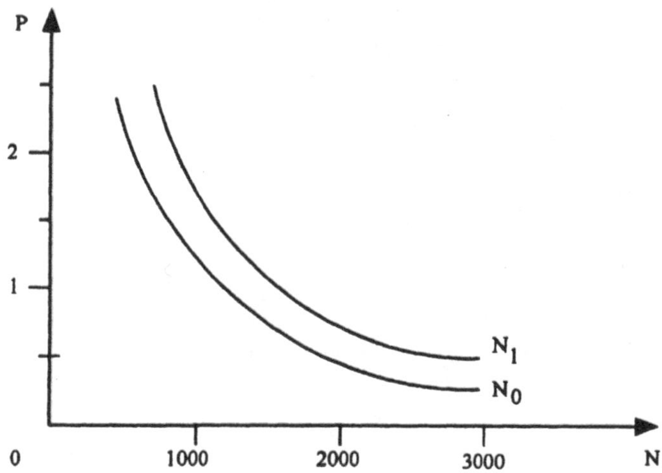

Die Gesamtnachfragefunktion verschiebt sich - linear transformiert - im P-N-Diagramm nach rechts (vom Ursprung weg).

123.

$P\uparrow \longrightarrow \frac{M_a}{P}\downarrow \longrightarrow i\uparrow \longrightarrow I\downarrow \longrightarrow N\downarrow$

Geldmarkt Gütermarkt

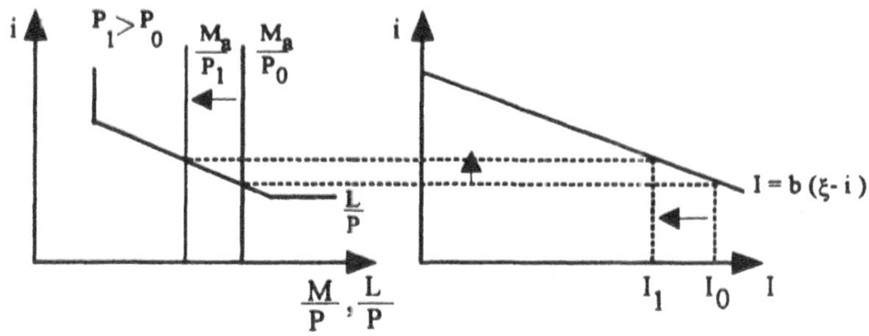

Die Kausalkette wird aus den Verhaltensgleichungen des Modells abgeleitet. Die Argumentation muß mit dem Geldmarkt beginnen, weil nur dort das Preisniveau explizit eine Rolle spielt. Dabei ist es wichtig, zwischen autonomen und variablen Größen zu trennen. Die Steigung läßt sich nämlich nur begründen, wenn die Kurve selbst beschrieben wird ("Wanderung auf derselben Kurve"). Verändern wir autonome Größen (oder festgesetzte Verhaltensparameter), dann verändern wir auch die Kurve ("Wanderung zwischen verschiedenen Kurven").

Die Modellgleichungen vor Augen, müssen wir immer die richtigen Übergänge der Kausalkette dadurch finden, indem wir nach identischen Variablen in verschiedenen Funktionen schauen. Z.B. bewirkt die Erhöhung des Preisniveaus auf dem Geldmarkt ein Steigen des Zinssatzes. Die Frage lautet nun: Wo spielt der Zins als unabhängige Variable eine Rolle? Die Antwort: bei den Investitionen!

124. (B)

Wir vergleichen zwei Nachfragefunktionen mit unterschiedlichen Steigungen:

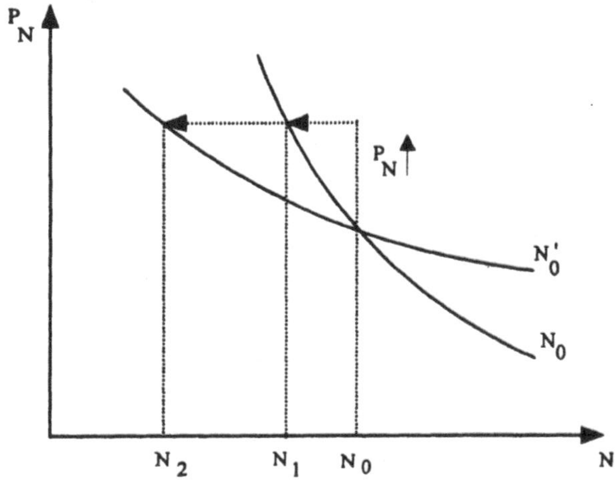

Bei der flacheren Nachfragefunktion N'_0 entspricht einer gegebenen Erhöhung des Preisniveaus ein stärkerer Rückgang der Gesamt-Nachfrage als bei der Funktion N_0. Der Grund: Bei N'_0 reagieren die Geldnachfrager bzw. Investoren elastischer auf eine Veränderung von M_a/P bzw. i. Dies soll mit Hilfe der Kausalkette gezeigt werden, die die Steigung der Nachfragefunktion begründet. Die Kausalkette lautet:

$$P\uparrow \longrightarrow \frac{M_a}{P}\downarrow \longrightarrow i\uparrow \longrightarrow I\downarrow \longrightarrow N\downarrow$$

Geldmarkt ($\frac{M_a}{P}\downarrow \longrightarrow i\uparrow$) Gütermarkt (Investitionsfunktion) ($i\uparrow \longrightarrow I\downarrow$)

Elastische Reaktion heißt auf dem Geldmarkt (nicht ganz korrekt), daß die Geldnachfragefunktion im i - P - Diagramm steiler verläuft oder, was das gleiche aussagt, daß die Spekulationsneigung kleiner wird. In der folgenden Abbildung ist der Geldmarkt dargestellt:

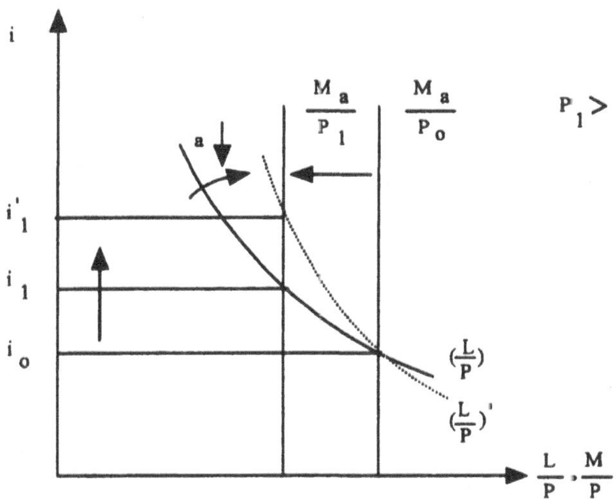

Der Rückgang von M_a/P bewirkt bei der Geldnachfragefunktion (L/P), die der Gesamtnachfragefunktion N (oberes Bild) entspricht, eine geringere Zinssteigerung (nämlich von i auf i_1) als die Funktion (L/P), die N'_0 entspricht. In diesem Fall steigt der Zins von i_0 auf i'_0; der Zins reagiert elastischer.

Elastische Reaktion heißt auf dem Gütermarkt (bei der Investitionsfunktion), daß die Investitionsfunktion im i-I- Diagramm flacher verläuft oder, was das gleiche aussagt, daß die Investitionsneigung größer wird. In der folgenden Abbildung ist ein Teil des Gütermarkts mit der Investitionsfunktion dargestellt:

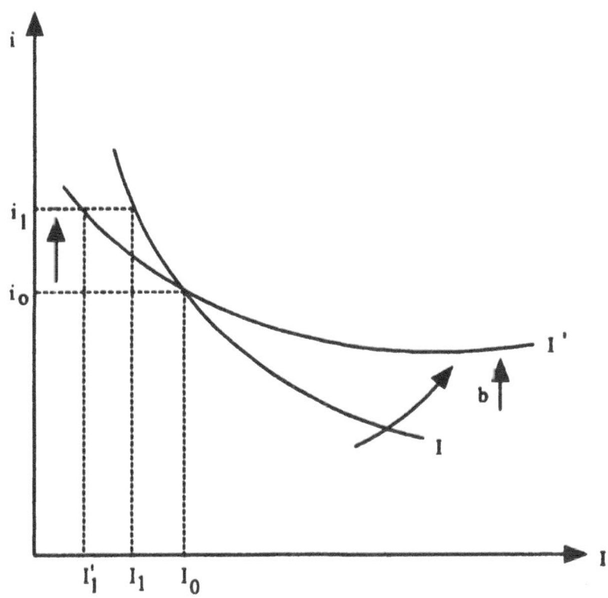

Das Steigen des Zinssatzes bewirkt bei der Investitionsfunktion I, die der

Gesamtnachfragefunktion N_0 entspricht, einen geringeren Rückgang der Investitionen (nämlich von I_0 auf I_1) als die Funktion I', die N'_0 entspricht. In diesem Fall sinken die Investitionen von I_0 auf I'_1 die Investitionen reagieren elastischer.

125. (A) , (B)

Lage der	Lösung zu Aufgabe Nr.
Konsumfunktion	30
Investitionsfunktion	46
Staatsausgabenfunktion	61
Exportfunktion	71
Geldangebotsfunktion	93/94
Geldnachfragefunktion	106

126. (A) , (E)

Die Berechnungen mit dem formulierten Modell führen zu einer "Lösung" N = N. Die einzelnen Nachfragekomponenten heben sich gegenseitig auf, da der Zins und die Nachfrage beide aus dem Gütermarkt (in unterschiedlichen Formulierungen) erklärt werden.

N muß daher anders erklärt werden. Die "Neoklassiker" tun dies über die Fishersche Verkehrsgleichung. Setzt man das Geldangebot autonom, dann ergibt sich als gesamtwirtschaftliche Nachfragefunktion "neoklassischer" Prägung

$$N = v_N M_a \frac{1}{P}$$

127. (E)

Vgl. Antwort zu Aufgabe 126.

128.

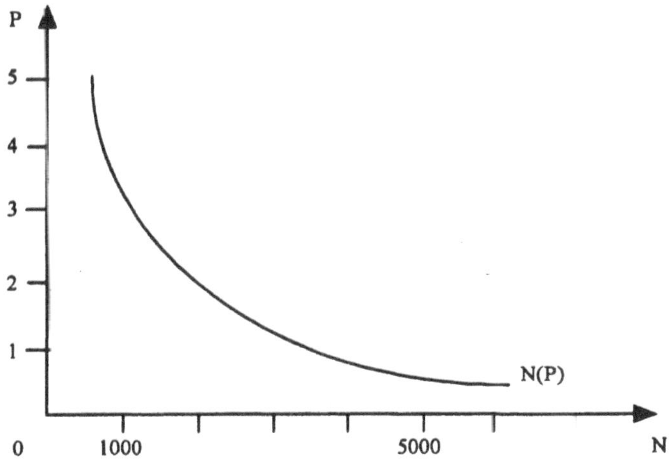

129.

$$P\uparrow \;\rightarrow\; \frac{M_a}{P}\downarrow \;\cdots\cdots\rightarrow\; C\downarrow \text{ und } I\downarrow \;\rightarrow\; N\downarrow$$

Die Argumentation bezieht sich ausschließlich auf den Geldmarkt: Mehr Geldangebot führt zu höherer (nominaler) Nachfrage. Dieser "naiven" Quantitätstheorie werden heute portfoliotheoretische Überlegungen gegenübergestellt, die aber zum gleichen Ergebnis führen: Die Erhpöhung der (realen) Geldmenge (durch sinkendes Preisniveau) führt zu einer Störung des Portfoliogleichgewichts, weil sich die relativen Ertragsraten für die einzelnen Vermögensformen verändern.

Die dadurch ausgelösten Anpassungsprozesse führen dann (allerdings nicht ganz zwingend, denn "unterwegs" sind einige Hürden in Form nichtreagierender Wirtschaftssubjekte eingebaut) zu einer Erhöhung der Nachfrage durch sinkenden Konsum und/oder sinkende Investitionen.

130. (A) , (D) , (E)

Für die "Neoklassiker" (besser: Monetaristen) spielt nur Geld eine Rolle (M. Friedman: "just money matters"). Andererseits werden die aktuellen Zinsen nicht vom Geldmarkt beeinflußt; die "Neoklassiker' denken in langfristigen und gleichgewichtigen ("natürlichen") Kategorien.

131. (A) , (B)

Vgl. die Antwort auf Frage 126.

132. (C)

Eine Verbesserung der Gewinnerwartungen verlagert die Investitionsfunktion im i-I-Diagramm vom Ursprung nach außen. Die kreditfinanzierten Investitionen steigen. Bei gegebener Sparfunktion steigt der Kapitalmarktzins. Die zinsabhängigen Konsumausgaben sinken, und zwar um so viel, daß die Investitionszunahme gerade kompensiert wird.

Dies ist der ökonomisch-argumentative Hintergrund für eine Antwort, die nur an der "neoklassischen" Nachfragefunktion orientiert wäre. Die Gewinnerwartungen erscheinen nicht als expliziter oder impliziter Parameter in der Nachfragefunktion, daher bleibt die Gesamtnachfrage konstant, es sei denn, die Geldmenge oder die Umlaufgeschwindigkeit des Geldes würden erhöht.

133. (B) , (C) , (E)

Vgl. Antwort auf Frage 132.

Die Umlaufgeschwindigkeit des Geldes entspricht dem reziproken Kassenhaltungskoeffizienten.

134.

a)

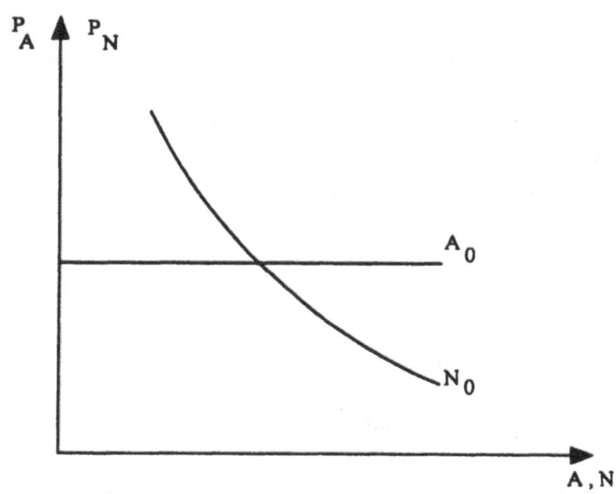

b) (C) , (E)

Im Schnittpunkt stimmen Gesamtangebot und -nachfrage überein; alle Marktteilnehmer sind zufrieden und sehen ihre Pläne erfüllt.

Diese Situation ist wenig realitätsnah. Der Wirtschaftsprozeß verläuft in einer sukzessiven Folge von Ungleichgewichten. Theoretisch ist die Annahme einer Gleichgewichtssituation jedoch unerläßlich: Wie und wo sollte man sonst bei der unendlichen Menge von Ungleichgewichtssituationen eindeutige Aussagen erhalten? Die Gleichgewichte sind daher als analytische Orientierungspunkte aufzufassen. So lange wir keine besseren Möglichkeiten haben, Ungleichgewichtsprozesse zu analysieren, werden wir mit dem Konstrukt des Gleichgewichts und dem Vergleich verschiedener Gleichgewichtszustände (komperativ-statische Analyse) leben müssen.

135. (A) , (B) , (D)

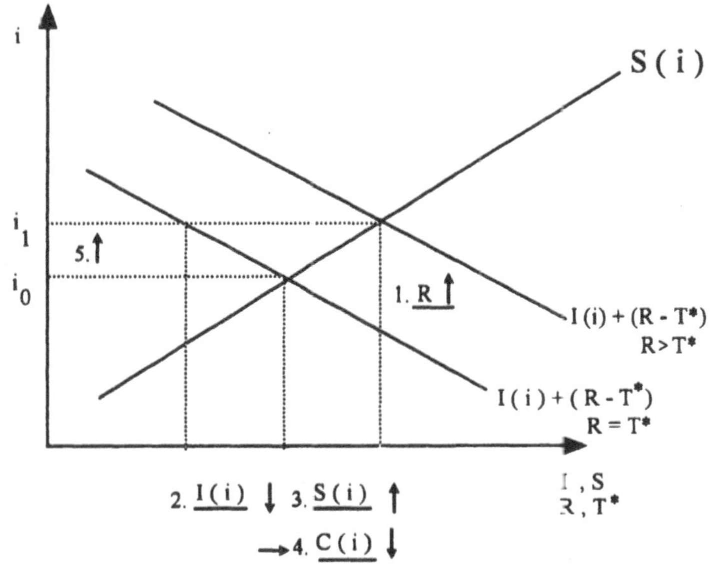

Der "zinsinduzierte" Verdrängungseffekt ("crowding out" Effekt) spielt in der Wirkungsanalyse der "neoklassischen" Theorie die entscheidende Rolle. Analog zur Argumentation in Antwort 132 werden die zusätzlichen Staatsausgaben über den Kapitalmarkt finanziert, der Kapitalmarktzins steigt. Dadurch werden zinsempfindliche Investitionen und Konsumausgaben der Privaten in gleicher Höhe verdrängt, so daß der Gesamteffekt der Staatsausgabensteigerung auf die Nachfrage Null ist.

Bei einer Steuerfinanzierung bleibt der Zins konstant und der Effekt ist sowieso Null. (Mit Hilfe eines keynesianischen Modells läßt sich zeigen, daß doch ein positiver Impuls übrigbleibt - "Haavelmo-Theorem").

136. (C) , (D) , (E)

In der Antwort auf die Frage 124 war darauf hingewiesen worden, daß die Verschiebungsparameter der Modellgleichungen in der besprochenen expansiven oder kontraktiven Wirkung auch in der Gesamtgleichung der Nachfrage auftreten und wirken. Dabei kommt es auf die Vorzeichen der entsprechenden Parameter an.

137. (A) , (D)

Nach keynesianischer Argumentation steigt durch steigende Staatsausgaben auch der Zins, aber es findet nur eine teilweise Verdrängung von privaten Ausgaben statt. Dies hat vor allem zwei Gründe. Erstens kann der zusätzliche Bedarf an Kasse (durch Wertpapierverkäufe) über die Spekulationskasse gedeckt werden. Die Verkäufe lassen die Kurse fallen, die Zinsen steigen. Zweitens hängen die Konsumausgaben nicht vom Zins ab. Daher bewirkt der steigende Zins nur einen Rückgang der Investitionen. Die Finanzierung der zusätzlichen Staatsausgaben über das Einkommen (oder die Gesamtnachfrage) erfolgt dadurch, daß die Transaktionskasse steigt und - bei konstanter Geldmenge - den beschriebenen Rückgang der Spekulationskasse auslöst.

138. (B) , (E)

Die keynesianische Theorie des Einkommens, des Geldes und des Zinses von 1936 ist nach einer Depressionsphase der Volkswirtschaft veröffentlicht worden. Das Modell ist in der üblichen Interpretation von Hicks und Hansen

- bezogen auf eine geschlossene Volkswirtschaft,
- weitgehend nachfrageorientiert ohne explizite Angebotsfunktion, d.h. die Anbieter passen sich sehr elastisch an die herrschende Nachfrage an,
- auf ein konstantes Preisniveau abgestellt und entspricht daher am besten der Beschreibung einer unterbeschäftigten Volkswirtschaft.

Volkswirtschaften, bei denen diese Bedingungen weitgehend erfüllt sind, werden mit keynesianischer Wirtschaftspolitik keine großen Probleme haben. Der Fall der Rezession in der Bundesrepublik 1966/67 zeigt dies deutlich. Bis auf die Annahme der geschlossenen Volkswirtschaft waren damals o.g. Voraussetzungen in etwa erfüllt. Das keynesianisch orientierte Programm des Wirtschafts- und Finanzministers Prof. Karl Schiller brachte die Volkswirtschaft aus der Rezession, beseitigte die konjunkturelle Arbeitslosigkeit, und zwar ohne nennenswerte Inflation.

Inzwischen haben sich in Wirtschaft und Gesellschaft (national und international) tiefgreifende Veränderungen vollzogen, welche die oben genannten vier Problemkreise keynesianischer Theorie betreffen:

- Die außenwirtschaftliche Situation ist gekennzeichnet durch ein anderes

Weltwärungssystem (Zusammenbruch des Systems fester Wechselkurse von Bretton Woods, Europäisches Währungssystem etc.) und ein sich veränderndes Welthandelssystem (Nord-Süd-Dialog, Protektionismus, Rohstoffkartelle, etc.).

- Bei hohem Einkommensniveau, gesättigten Märkten, stark ausgebautem öffentlichem Sektor mit Einnahmegrenzen, veränderten Werten und Einstellungen und potentialorientierter Geldpolitik sind der Globalsteuerung enge Grenzen gesetzt.
- In vielen Bereichen sind Strukturverhärtungen festzustellen; Anpassungen (des Angebots) werden schwieriger und sind oft mit Preissteigerungen verbunden. Damit sind auch in einer unterbeschäftigten Volkswirtschaft Preisniveausteigerungen zu erwarten.
- Der politische Prozeß macht es wegen einer stark gewachsenen Bürokratie, komplizierten Vorschriften und Gesetzen und konfliktscheuen Politikern schwerer, vernünftige Wirtschaftsprogramme durchzusetzen.

Diese Veränderungen haben wesentlich dazu beigetragen, daß die Wirtschaftspolitik seit etwa 1974 große Schwierigkeiten hat, die gesamtwirtschaftlichen Ziele des Stabilitätsgesetzes auch nur annähernd zu erreichen. Feinsteuerung der Volkswirtschaft war gar nicht mehr möglich.

Dies führte zu zwei theoretischen Richtungen, die versuchten, die Wirtschaft wieder "in den Griff" zu bekommen. Die keynesianische Theorie wurde durch außenwirtschaftliche und strukturpolitische Ansätze verbessert.

Das wiedererweckte klassische Paradigma einer in sich stabilen Volkswirtschaft trägt seine tiefe Skepsis über die Lenkungsfähigkeit und -notwendigkeit einer Wirtschaft vor und plädiert für starke, intakte Märkte, eigenverantwortliche leistungsstarke Individuen, und Selbstorganisation. Ein Neoklassiker würde auch die Antwortmöglichkeit (C) und (D) zulassen.

139.

a) (B), (D)

$$N = \frac{1}{s}\left(C_a + I_a\right)$$

Als Gleichung (4) muß man einführen:

(4) $A = N$

Dann (4) in (2), das Ergebnis und (3) in (1) ergibt die Lösung

$$N = \frac{1}{s}\left(C_a + I_a\right), \text{ wobei } s + c = 1.$$

b) (D) N = 500

Mit den angegebenen Parameterwerten kann man N = 500 berechnen.

c) (C)

Statt $I_a = 100$ ist in die Lösungsgleichung nach a) $I_a = 160$ einzusetzen.

140. (D) , (E)

Der Aufgabentext spricht für sich.

141. (B)

Ein Prozeß kann niemals mit einem statischen Modell beschrieben werden, in dem sich alle Variablen auf einen Zeitpunkt beziehen, der genaue Ablauf auch nicht durch komparative Statik.

142. (C) , (D)

Siehe Lösungen zu den Aufgaben 143 b) und 144 b).

143.

Periode	$A_t = N_t$ $N_t = C_t + I_t$	$C_t = C_a + cA_{t-1}$ mit $C_a = 100$ und c = 0,7	I_t	ΔA
0	1000	800	200	-
1	1100	800	300	100
2	1070	870	200	70
3	1049	849	200	49
4	1034,3	834,3	200	34,3
.	.	.	.	.
.	.	.	.	.
∞	1000	800	200	0

a) (B)

b)

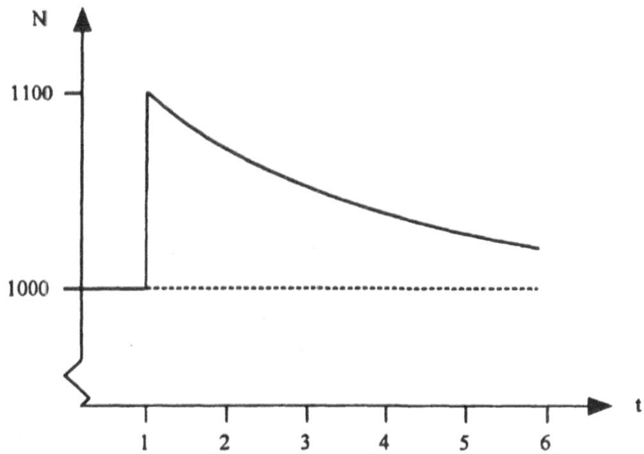

Ausgehend von einem Ausgangsgleichgewicht erhöht sich die Nachfrage zunächst in Höhe der (zusätzlichen) Investitionen.

Da diese in der nächsten Periode wieder auf ihr altes Niveau zurückfallen, wird der weitere Verlauf des Prozesses gespeist von immer kleiner werdenden Einkommenseffekten (die von den Investitionen ausgelöst werden): Einkommenszuwächse werden zum Teil konsumiert, zum Teil gespart. Letzteres "versickert", d.h. das Sparen wird nicht nachfrage- und damit einkommenswirksam. Dagegen schafft der Konsumteil wieder Einkommen. Davon wird wieder konsumiert und gespart, usw. Die Zuwächse werden immer kleiner, weil die Konsumneigung kleiner als eins ist. Der Prozeß ist beendet, wenn keine Einkommenszuwächse mehr auftreten. Man sieht allerdings an der Kurve, daß nach 4-5 Perioden ein großer Teil des Multiplikatoreffektes abgelaufen ist.

144.

Periode	$A_t = N_t$ $N_t = C_t + I_t$	$C_t = C_a + cA_{t-1}$ mit $C_a = 100$ und $c = 0{,}7$	I_t	ΔA
0	1000	800	200	-
1	1100	800	300	100
2	1170	870	300	170
3	1219	919	300	219
4	1253,3	953,3	300	253,3
.	.	.	.	
.	.	.	.	
∞	1333	1033	300	

a) (D)

b)

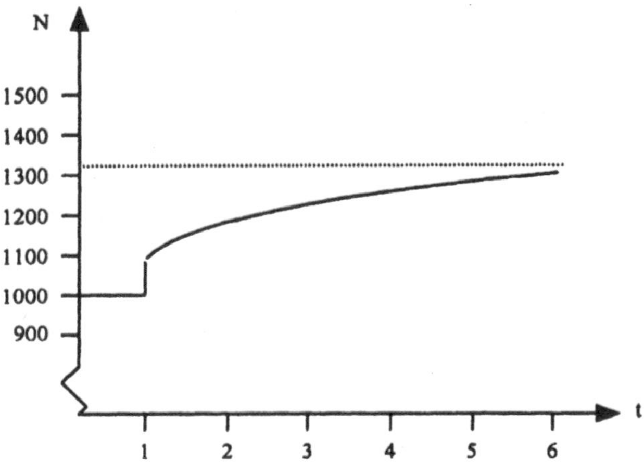

Bei einer dauerhaften Erhöhung der Investitionen gelingt es, ein höheres Einkommensniveau zu erreichen. Nun werden nämlich in jeder Periode immer neue Einkommensimpulse ausgelöst, die den Einkommenrückgang des einmaligen Investitionsstoßes verhindern. Dadurch resultiert ein höheres Einkommensgleichgewicht. Beim einmaligen Investitionsstoß dagegen wird das ursprüngliche Einkommensgleichgewicht wieder erreicht.

145. (B)
Vgl. die Antworten zu Aufgabe 143 und Aufgabe 144 b).

146. (A)

Diese Aufgabe zeigt,daß

- Veränderungen jeder autonomen Größe Multiplikatoreffekte auslösen können,
- die Wirkungsrichtungen der Multiplikatoren vom Vorzeichen dieser autonomen Größen abhängen,
- die Multiplikatoren nur abgeleitet werden können, wenn die ceteris-paribus-Klausel strikt angewendet wird.

Ich will dies am Beispiel des Staatsausgabenmultiplikators zeigen. Im Ausgangsgleichgewicht gilt:

$$N^0 = \varepsilon\left(C_a^0 + b\xi^0 + R_a^0 + Ex_a^0 - b\delta^0\right) + \varepsilon\left(\frac{b}{a} M_a^0 + dP_a^* e_a^0 - cT_a^0\right)\frac{1}{P^0}$$

Nun sollen die Staatsausgaben R_a^0 um einen Betrag ΔR_a erhöht werden. Alle anderen autonomen Größen sollen konstant bleiben (c.p.!). Dann gilt in der Periode 1:

$$N^1 = \varepsilon\left(C_a^0 + b\xi^0 + R_a^0 + \Delta R_a + Ex_a^0 - b\delta^0\right) + \varepsilon\left(\frac{b}{a} M_a^0 + dP_a^* e_a^0 - cT_a^0\right)\frac{1}{P^0}$$

Ziehen wir nun die obere Gleichung von der unteren ab, dann erhalten wir:

$$\Delta N = N^1 - N^0 = \varepsilon\, \Delta R_a$$

Bei einer Erhöhung der Staatsausgaben um ΔR_a steigt nach diesem Modell die Nachfrage N um dessen ε-faches. ε ist der Staatsausgabenmultiplikator.

147. (D) , (E)

Staatsausgaben- und Steuermultiplikator unterscheiden sich nicht nur durch ihr Vorzeichen. Im Gegensatz zu einer Ausgabenänderung werden Steueränderungen nicht schon in der ersten Periode voll nachfragewirksam. Ein Teil geht auch in die Ersparnis; dadurch fällt die Einkommensveränderung geringer aus.

Wie man an der Nachfragefunktion

$$N = \varepsilon\left(C_a + b\xi + R_a + Ex_a - b\delta\right) + \varepsilon\left(\frac{b}{a} M_a + dP_a^* e_a - cT_a\right)\frac{1}{P}$$

mit $\varepsilon = \dfrac{1}{s + \dfrac{bk}{a}}$

sofort sieht, enthält der Steuermultiplikator zusätzlich den Faktor c (Konsumneigung). Da c < 1, ist der Steuermultiplikator kleiner als der Staatsausgabenmultiplikator. Das bedeutet, daß eine steuerfinanzierte Ausgabensteigerung einen expansiven Effekt auslöst, obgleich

$\Delta R_a = \Delta T_a$ (Haavelmo-Theorem)

Der Exportmultiplikator ist auf die Veränderung des autonomen Exports abgestellt und wir sehen vor der Klammer des ersten Terms der Nachfragefunktion nur ε als Multiplikator. In ε ist aber die Exportneigung d nicht enthalten. Tatsächlich dürfte der Exportmultiplikator jedoch auch von d abhängen und nur die spezielle Formulierung des Modells schließt dies hier aus. Man sieht, daß eine Veränderung des ausländischen Preisniveaus P_a^* oder des Devisenkurses e_a mit einem Multiplikator $d\varepsilon\, \Delta P_a^*$ bzw. $d\varepsilon\, \Delta e_a$ verbunden ist.

Der Geldmengenmultiplikator im oben formulierten Nachfragemodell (genauer:

in der Reduzierte-Form-Gleichung des Nachfragemodells) lautet ε (b/a). Dies hat keinerlei Ähnlichkeit

mit dem Geldangebotsmultiplikator $m_1 = \frac{1 + g_{BG}}{g_{BG} + r_{DE}}$. Beide Ausdrücke werden als Multiplikatoren bezeichnet, weil sie aus Prozessen abgeleitet werden, die im Prinzip gleich sind. Ich habe in der Antwort zur Aufgabe 144 erläutert, daß der Investitionsmultiplikator dauernde Einkommenszuwächse durch (immer kleiner werdende) Konsumzuwächse bewirkt. Sickerverluste treten durch Sparen auf. Beim Geldangebotsmultiplikator sind diese Sickerverluste die Abflüsse von Überschußreserve aus dem Bankensystem: Bargeldquote g_{BG} und Mindestreservesatz r_{DE}. Diese Anteile der Einlagen stehen für eine weitere Kreditgewährung nicht mehr zur Verfügung. Sie bremsen bzw. limitieren den Multiplikatorprozeß.

Beim Geldmengenmultiplikator wird nicht M erhöht, sondern N. Die Fragestellung lautet daher: Wie verändert sich die Gesamtnachfrage, wenn die Geldmenge verändert wird, und nicht (wie beim Geldangebotsmultiplikator), wie verändert sich die Geldmenge, wenn die Zentralbankgeldmenge verändert wird.

148. (A)

Die richtige Kurve kann man an den Rezessionsjahren in der Bundesrepublik identifizieren: drei Mal ging das Bruttosozialprodukt (bzw. die Gesamtnachfrage) absolut zurück, d.h. drei Mal waren die jährlichen Wachstumraten negativ, nämlich 1967, 1975 und 1981.

149. (B), (D)

Expansive Prozesse sind gekennzeichnet durch steigende Nachfrage im Vergleich zur Vorperiode. Bei kontraktiven Prozessen schrumpft die Nachfrage absolut. Da die Nachfrage nur in drei Jahren absolut gesunken ist, überwiegen eindeutig die expansiven Prozesse.

150. (B), (E)

Güterwirtschaftliches Gleichgewicht ist gegeben, wenn I = S (ex ante interpretiert) oder Güterangebot = Güternachfrage. Beim gesamtwirtschaftlichen Gleichgewicht dagegen ist ein simultanes Gleichgewicht von Güter-, Geld- und Arbeitsmarkt unterstellt. Ein IS-Gleichgewicht impliziert nicht notwendig ein gesamtwirtschaftliches.

151. (A)

Die entscheidende Frage bei der Analyse von expansiven und kontraktiven Prozessen lautet, wie das wirtschaftliche System sich nach einer Störung des Ausgangsgleichgewichts an ein neues Gleichgewicht anpaßt. Diese Anpassungsprozesse hängen davon ab, welche Verhaltensweisen der Wirtschaftssubjekte wir im dynamischen Modell unterstellen und welche Rahmenbedingungen gegeben sind.

Bei vollständig starrem Angebot ("Neoklassik") kann die Anpassung natürlich nicht über größere Angebotsmengen laufen. Es bleiben nur die Preise, denn die betrachteten Modelle berücksichtigen keine Lieferfristen, Qualitätsverschlechterungen und sonstigen Anpassungsmöglichkeiten. Bei vollständig elastischem Angebot ("Keynesianismus") kann die Anpassung nur über die Menge laufen, da das Preisniveau konstant ist. In der Realität werden - bei einer positiv steigenden Angebotsfunktion- Mischformen der Anpassung auftreten.

152. (A) , (D)

Die Lücke zwischen Angebot und Nachfrage wird als inflatorische Lücke bezeichnet, weil diese Situation (A < N) bei positiv geneigter oder starrer Angebotsfunktion Preisniveausteigerungen auslöst. In dem folgenden Bild ist eine solche Situation

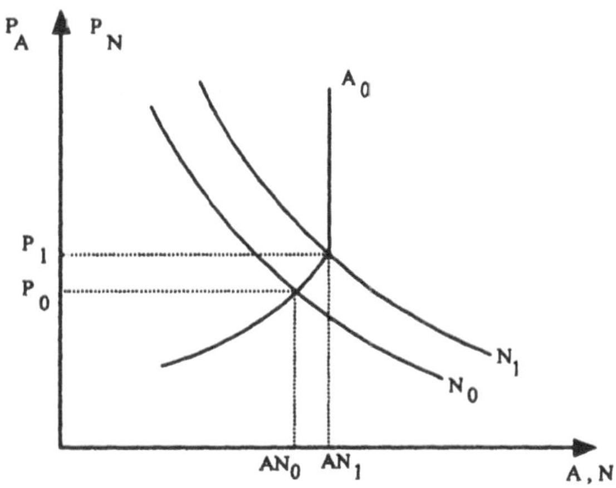

dargestellt. Eine Verschiebung der Nachfragefunktion N_0 nach rechts (z.B. durch steigende Staatsausgaben) bewirkt ein Angebots-Nachfrage-Ungleichgewicht. Das System paßt sich durch einen expansiven Prozeß von P_0-AN_0 nach P_1-AN_1 an. Es liegt eine gemischte Anpassung vor, weil sowohl das Preisniveau ($\Delta P = P_1 - P_2$) als auch die Menge ($\Delta AN = AN_1 - AN_0$) gestiegen sind.

Dem Nachfrageüberhang entspricht (auf dem Gütermarkt) ein Überschuß der geplanten Investitionen über das geplante Sparen (geschlossene Volkswirtschaft ohne Staat).

153. (A) , (D) , (E)

Das in der Antwort zu 152 gezeichnete Bild zeigt, daßdie Ausgangssituation P_0-AN_0 nur durch eine Linksverlagerung der gesamtwirtschaftlichen Nachfragefunktion erreicht werden kann. Eine solche Verlagerung ist mit Hilfe aller (einzelner oder mehrerer) Verhaltensparameter und autonomen Größen möglich, die im Nachfragemodell auftreten.

Nach dem "neoklassischen" Paradigma kann eine inflatorische Lüke nur geschlossen werden, indem man die Geldmenge senkt und/oder die Umlaufgeschwindigkeit des Geldes ebenfalls in dieser Richtung beeinflußt.

154. (C)

155. (C), (E)

Analog zur Antwort auf Aufgabe 152, aber vice versa.

156. (B) , (C)

Analog zur Antwort auf Aufgabe 153, aber vice versa.

157. (C) , (D) , (E)

Die Konzeption der antizyklischen Konjunktursteuerung geht davon aus, daß

- die Konjunktur (fein-)gesteuert werden kann (davon wird heute nicht mehr ausgegangen),
- die Volkswirtschaft im Grunde instabil ist und die Markt- oder Systemkräfte keine gleichgewichtige Entwicklung der Wirtschaft herbeiführen können,
- bei einer Nachfrageschwäche (Rezession) der Staat durch zusätzliche Nachfrage ausgleichen muß, und vice versa.

Zum ersten und dritten Punkt: bis etwa 1974 haben Bundesregierung und Bundesbank versucht, durch Globalsteuerung die Wirtschaft auf einen gleichgewichtigen Entwicklungspfad zu bringen.

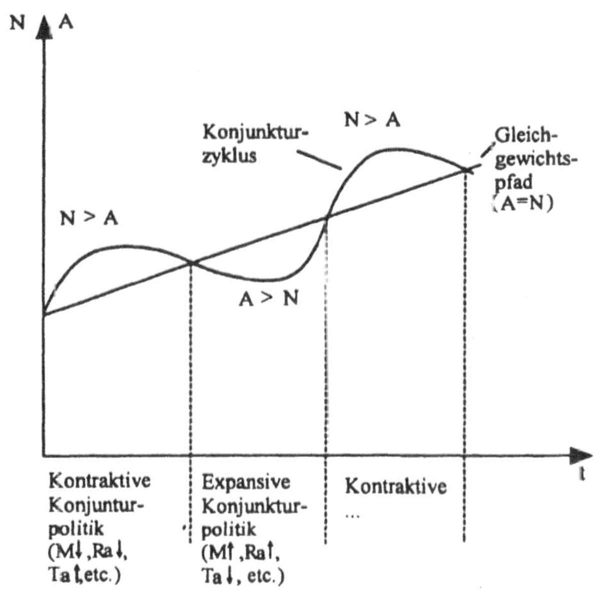

Dieser Politik waren gute Erfolge beschieden. Allerdings haben dann tarifpolitische und außenwirtschaftliche Entwicklungen ("offene außenwirtschaftliche Flanke") die Rahmenbedingungen für die Wirtschaftspolitik entscheidend verändert (vgl. die Antwort auf Aufgabe 138).

Zum zweiten Punkt: der Streit darüber, ob die Volkswirtschaft inhärent stabil oder instabil sei, ist ein Streit zwischen den "Neoklassikern" (besser: Monetaristen, das sind "Neo-Neoklassiker") und den "Fiskalisten" (auch: Keynesianern). Der Streit ist heute noch nicht beigelegt, doch es scheint, als würde eine Annäherung stattfinden. Die langfristig orientierten "Neoklassiker" konzidieren, daß kurzfristig Instabilitäten auftreten können. Die kurzfristig orientierten Keynesianer betonen heute mehr als früher den stabilisierenden Einfluß von Marktkräften. Hinzu treten schließlich die Angebotsökonomen, die der Angebotsseite und der Lenkungskraft relativer Preise mehr Aufmerksamkeit widmen.

Neoklassiker bestreiten, daß die antizyklische Konjunktursteuerung angesichts auftretender Crowding-out-Effekte möglich ist. Vertreter der politischen Ökonomie weisen auf Politikversagen hin (Diagnose. Programmierung). Außerdem wirken Instrumente mit zeitlichen Verzögerungen (time-lags).

158. (A)

Mit den beiden genannten Anpassungshypothesen sind zwei extreme Positionen markiert. Beim Robertson - lag wird unterstellt, daß die Anpassungslast eines expansiven oder kontraktiven Prozesses nur von den Konsumenten getragen wird, die sich mit ihren laufenden Konsumausgaben am Einkommen der letzten

Periode orientieren. Allerdings ist die Hypothese sehr starr formuliert: Die Konsumenten stellen immer wieder fest, daß ihr Verhalten ($C_t = Ca + cA_{t-1}$) nur einen geringen Teil der Anpassung bewirkt, und trotzdem halten sie daran fest. Der Wert dieser Hypothese liegt wohl mehr im didaktischen Bereich, nämlich zu zeigen, wie solch ein Anpassungsprozeß unter extrem einfachen Annahmen abläuft.

Im Falle des Lundberg - lag passen sich nur die Unternehmer an: sie orientieren ihr Angebot an der Nachfrage der letzten Periode, und sie hinken damit auch (ohne Lerneffekte) hinter dem Prozeß her.

Kapitel III: Beschäftigung und Gesamtnachfrage

(Helge Majer, Makroökonomik, S. 107-164)

<u>LÖSUNGEN</u>:

159. (C)
Kosten und Angebot sind nur ex post identisch; sie entsprechen dann der bewerteten Produktion. Ex ante können Kosten und Angebot voneinander abweichen. Die Abweichung hängt vom Verhalten der Anbieter ab.

Ganz analog zur Mikroökonomik wird hier argumentiert. Dort wird aus der Produktionsfunktion die Kostenfunktion abgeleitet:

1. $Q = Q\ (B,K)$ Produktionsfunktion

2. $KO = (\ell B + rK) = KO\ (Q)$ Kostenfunktion

Dies ist die technische und ökonomische Seite des Angebots. Nun muß noch die Marktseite, die Nachfrage berücksichtigt werden:

3. $P = P\ (N)$.

Dies ergibt den Umsatz (U):

4. $U = P\ (N)\ [\ Q]$.

Umsatz und Kosten werden über den Gewinn zusammengebracht, der gleichzeitig als Verhaltensorientierung dient.

5. $G = U - KO$

$G = P\ (N)\ [\ Q - KO\ (Q)]$.

Nimmt man an, das Unternehmerverhalten sei gekennzeichnet durch Gewinnmaximierung, dann läßt sich die Bedingung ableiten, daß die Unternehmer immer dann ihren Gewinn maximieren, wenn sie die Produktionsmenge produzieren, bei der Grenzkosten und Grenzumsatz gleich sind. Daraus wird die Angebotsfunktion im P-Q-Diagramm abgeleitet. Sie ist der geometrische Ort aller Punkte, für die die Unternehmen ihren Gewinn maximieren. Steigt der Preis, dann steigt auch die Produktionsmenge Q, weil dann der Grenzumsatz kleiner ist als die Grenzkosten. Der Grenzgewinn kann gesteigert werden durch eine Erhöhung des Grenzumsatzes. (Diese Zusammenhänge gelten im ansteigenden Ast der Umsatzkurve).

Die Makroökonomik ist keine aggregierte Mikroökonomik und auf der makroökonomischen Ebene müssen andere Hypothesen über das Unternehmerverhalten eingeführt werden. Aber die methodische Analogie kann durchaus fruchtbar sein.

Wir gehen aus von der Kostengleichung (keine Importe)

$KO = \ell B + rK = W + G$.

Dies ist auch unsere ex post Gleichung für das Angebot, das wir in realen Größen ausdrücken:

$$A = \frac{W}{P} + \frac{G}{P} = \frac{\ell}{P} B + \frac{r}{P} K.$$

Das Angebot wird rein definitorisch von der Menge an Produktionsfaktoren bestimmt, die mit ihren realen Faktorpreisen bewertet sind.

Wegen Q = Q (B,K) läßt sich diese Angebotsgleichung auch schreiben als Angebotsfunktion

$$A = A(Q).$$

Dabei wird ein Produktionsprozeß unterstellt, der kostenminimierend (bzw. gewinnmaximierend) ist. D.h., die Isoquanten der gesamtwirtschaftlichen Produktionsfunktion tangieren bei steigenden Produktionsmengen Q immer die Isotimen. Das Angebot A erhält man, indem dieser Prozeßstrahl mit kostenminimalen Produktionsmengen über kostante (reale) Faktorpreise in das W-G-System übertragen wird (vgl. die Abbildung in Lösung zu Aufgabe 160). Q und A unterscheiden sich in dieser Formulierung durch das Niveau und die Dimension. Q ist in physischen Einheiten ausgedrückt - makroökonomisch sehr problematisch -, A in einem konstanten Angebotspreisniveau, das von den Faktorkosten bestimmt wird.

Wie gelangt man nun von Q nach P? Wir benötigen eine Formulierung Q = Q (P), die, in A = A (Q) eingesetzt, die gesuchte Angebotsfunktion A = A'(P) ergibt. Hier gibt es verschiedene Möglichkeiten. Eine erste wäre, von einer Nachfragefunktion N = N (P) auszugehen, um über N = Q zu A = A'(P) zu gelangen. Eine zweite Möglichkeit behält die realen Faktorpreise ℓ/P und r/P in der Funktion A = A (Q; ℓ/P, r/P), setzt ℓ und r fest und läßt P variieren. Dann gilt A = A (Q, P; l, r). Für die Darstellung dieser Funktion im P-A-System muß Q entweder festgesetzt werden oder man bildet eine Schar von Angebotsfunktionen ab mit unterschiedlichen Produktionsmengen.

Eine Variante zwischen den beiden dargestellten Möglichkeiten liegt darin, daß A = Q gesetzt wird. Dann erhält man sofort A = A (P) aus Q = Q (P), und diese resultiert aus N = N (P). Eine genaue Formulierung dieser Operation deckt allerdings gravierende Skalierungsprobleme auf.

160.

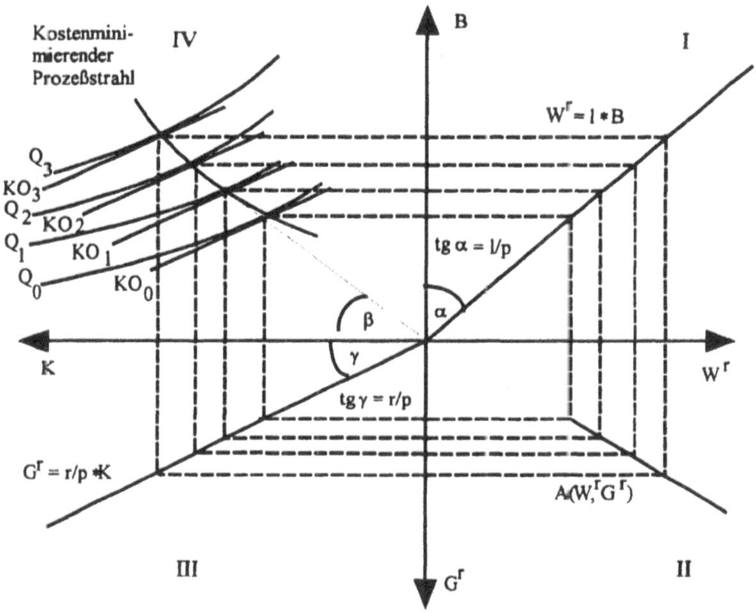

Im Quadranten IV sind die Isoquanten Q_0, Q_1, Q_2 und Q_3 (Kurven gleicher Produktion) abgebildet, die aus der geltenden makroökonomischen Produktionsfunktion abgeleitet werden. Die Isotime (Kurve gleicher Kosten) KO = ℓB + rK tangiert eine Isoquante im gesamtwirtschaftlichen Kostenminimum.

Bei gegebenen Kosten KO wird die Produktion Q maximiert. In dieser Situation wird der Produktionsprozeß (gesamtwirtschaftlich interpretiert) K_1/B_1 mit einerKapitalintensität tg βverwirklicht.

Um von diesen Mengenkategorien (Q_1) zu Wertkategorien zu gelangen, müssen die Faktorpreise abgebildet werden; es ist notwendig, die Produktionsfaktoren (bei kostenminimaler Produktion) zu bewerten. Dies ist für die (reale!) Lohnsumme bzw. Gewinnsumme

$$W^r = \frac{\ell}{P} B \text{ und } G^r = \frac{r}{P} K.$$

Die tg der Winkel α und γ geben die herrschenden realen Faktorpreise an,

nämlich $(\frac{\ell}{P})_0$ und $(\frac{r}{P})_0$. Damit gelangt man nun von B_1 über $(\frac{\ell}{P})_0$ zu W_1^r

und von K_1 über $(\frac{r}{P})_0$ zu G_1^r.

Dies ergibt das kostenminimale bzw. gewinnmaximierende Angebotsvolumen

$$A_1 = W_1^r + G_1^r.$$

161. (A) , (B)

Gewinnmaximierung heißt auch Kostenminimierung. Hier wird dieses Verhalten der Anbieter unterstellt. Die realen Faktorpreise bestimmen immer die Kosten, diese Antwort beleuchtet jedoch nur einen Teilaspekt der Frage und wird daher als nicht ausreichend angesehen.

162.

Gesamtwirtschafliches Produktionskonto	
1. Importe 2. Nettolöhne und Gewinnsumme 3. Direkte Steuern 4. Indirekte Steuern ./. Subventionen	

Abweichend von der üblichen Darstellung in der Volkswirtschaftlichen Gesamtrechnung enthalten die Wertschöpfungsgrößen nicht die Exporterlösanteile.

163. (C) , (E)

Wir trennen, wie in der Nachfragetheorie, zwischen der Angebotsgleichung und der Angebotsfunktion.

Die Angebotsgleichung ist die Definitionsgleichung des Gesamtangebots aus dem gesamtwirtschaftlichen Produktionskonto. Sie gilt ex post und ist immer "wahr". Im Hinblick auf die abzuleitende Angebotsfunktion sollten die Komponenten des Angebots so gewählt sein, daß sie mit einigermaßen homogenen Verhaltensweisen beschrieben werden können.

Die Angebotsfunktion ist eine Verhaltensgleichung, in die Hypothesen über das Verhalten der Anbieter (in bezug auf die Angebotskomponenten) eingegangen sind. Diese Funktion gilt ex ante, enthält also Plangrößen, und sie ist natürlich nicht immer "wahr", sondern nur so lange, bis sie falsifiziert wird (Karl Popper).

Man wird versuchen, diese Größen in konstanten Preisen auszudrücken. Ob die in einer Antwortmöglichkeit angesprochenen Faktorpreisverhältnisse konstant sind, muß nicht zwingend vorgegeben sein; eine solche Annahme vereinfacht aber die Analyse (vgl. z.B. in Aufgabe 160).

164. (C)

Die gesamtwirtschaftliche Angebotsfunktion ist eine Gleichgewichtskurve im P-A-Raum. Das damit abgebildete Anbieterverhalten läßt sich zurückführen auf Gleichgewichtssituationen der Teilmärkte. Arbeitsangebot und -nachfrage, Importangebot und -nachfrage sowie Kapitalgüterangebot und -nachfrage sollen gleich sein. Diese "Märkte" werden durch Strukturgleichungen beschrieben. In die Gleichgewichte gehen die Verhaltenshypothesen dieser Strukturgleichungen ein (vgl. auch die Lösungen zu den Aufgaben 159 und 163).

165.

.Determinaten der Arbeitsnachfrage	Aussage Nr.
Reallohn (1/P)	(1) , [(2)] , (4)
Technologieniveau (π)	(3)
Kapitlalstock (K^*)	(3)
Auslastungsgrad (γ) (Güternachfrage)	(1)
Lohnnebenkosten	(2) , (1)
Saisonale Einflüsse	(1)

Die Determinanten der Arbeitslosigkeit (AL) lassen sich zurückführen auf Arbeitsangebot (B_s) und Arbeitsnachfrage (B_d), denn es gilt $AL = B_s - B_d$. Wenn man B_s und B_d er-klären kann, dann läßt sich auch AL bestimmen. Rationalisierung ist häufig mit Investitionen verbunden. Dann steigen Technologieniveau <u>und</u> Kapitalstock. Der Auslastungsgrad des Produktionspotentials hängt von der herrschenden Güternachfrage ab.

Die zwei letztgenannten Determinanten (Lohnnebenkosten, saisonale Einflüsse) zählen zu den "sonstigen Faktoren" (γ). Hierbei handelt es sich um ein Bündel von Einflußgrößen; die wichtigsten betreffen die Rahmenbedingungen des Arbeitsmarktes: Organisation und Macht der Gewerkschaften, Mitbestimmung, Betriebsverfassung, Kündigungsschutz, allgemeine politische Faktoren, regionale und sektorale Strukturen.

166. (A) , (B) , (E)

Die Beschäftigungsfunktion ist eine rein technologische Beziehung, die aus der Produktionsfunktion (Input-Output- Beziehung) abgeleitet wird, indem man diese nach den Beschäftigten auflöst; die Beschäftigten sind also als abhängige Variable formuliert.

Die solcherart gewonnene Arbeitsnachfragefunktion unterstellt demnach, daß die Unternehmen ausschließlich auf der Grundlage von Produktionsbedingungen entscheiden (konkret: aufgrund der Produktionselastizitäten von Arbeit und Kapital α und β).

167.

$$B_d = \left(\frac{N}{\pi K^{\beta}} \right)^{\frac{1}{\alpha}} \quad \text{mit } Q \overset{!}{=} N$$

Die reine Produktionsbeziehung erfährt eine nachfrageseitige Interpretation. Dabei ist mit Q = N eine sehr enge Ausrichtung der Produktion an der Nachfrage angenommen.

Diese Beschäftigungsfunktion macht die Grenzen einer reinen Nachfragesteuerung über Investitionen deutlich, wenn diese Investitionen arbeitssparenden technischen Fortschritt tragen und Arbeitskräfte freisetzen: steigen Zähler und Nenner in gleichem Maße, dann verpufft der Beschäftigungseffekt der Nachfragesteigerung. Der positive Effekt der Nachfragesteigerung kann also durch einen negativen Effekt gemindert oder vollständig kompensiert werden.

Es gilt: für $\Delta B_d > 0$ muß $\Delta N > \Delta\pi \cdot K^{\beta}$ sein.

168. (B), (E)

Bei vollkommener Konkurrenz auf den Güter- und Faktormärkten maximieren die Unternehmen dann ihre Gewinne, wenn sie sich nach der Inputregel richten.

Die ökonomische Begründung dieser Regel leuchtet unmittelbar ein: Ein Produktions"faktor" Arbeit (soweit man Arbeit so bezeichnen soll) oder Kapital trägt zur Produktion (Wertschöpfung) unmittelbar bei.

Betrachtet man Veränderungen, nämlich die Veränderung der Produktion in bezug auf einen Input (z.B. Arbeit), dann ist es so lang gewinnbringend, Arbeitskräfte einzustellen, so lang der Reallohn dieser Arbeitskräfte kleiner ist als die zusätzliche Produktion, die diese Arbeitskräfte erstellen können. Gilt (für Arbeit)

$$\frac{\ell}{P} \rangle \frac{Q}{B},$$

dann müssen die Unternehmen Arbeitskräfte entlassen, wenn sie weiter ihren Gewinn maximieren wollen. Eine Reihe "neoklassischer" Wissenschaftler behauptet z.B., daß ein (großer) Teil der heutigen Arbeitslosigkeit von einem zu hohen Reallohn herrührt.

Das Grenz<u>wert</u>produkt ist die mit Produktpreisen be<u>wert</u>ete Grenzproduktivität. Die Inputregel lautet dann (für Arbeit):

$$\ell = \frac{\delta Q}{\delta B} \cdot P.$$

Man muß davon ausgehen, daß in der Realität weder auf Produkt-, noch auf Faktormärkten vollkommene Konkurrenz herrscht. Insbesondere der Arbeitsmarkt hat nur einen engen Konkurrenzbereich (ausgedrückt durch den Lohngap, die Differenz zwischen Effektiv- und Tariflöhnen); der Arbeitsmarkt muß durch ein Verhandlungsmodell (bilaterales Monopol als Marktform) abgebildet werden. Die Inputregel muß daher modifiziert werden durch einen Ausdruck, der die unvollkommene Anpassung wiederspiegelt; dies kann mit Hilfe von Elastizitäten geleistet werden. (Unsere Einstellungsneigung x soll solche Ausdrücke approximieren).

169. (D) , (E)

Vgl. die Lösung zu Frage 168.

170. (C)

Die Grenzproduktivität ist definiert als $\Delta Q/\Delta B$ oder dQ/dB.

Differenziert man $Q = \pi B^{\alpha} \gamma^{\beta} K^{*\beta}$ nach B partiell (weil mit B <u>und</u> K mehrere unabhängige Variablen in der Funktion vorkommen), dann erhält man aus

$$Q = (\pi \gamma^{\beta} K^{*\beta}) B^{\alpha}$$

$$\frac{\delta Q}{\delta B} = \alpha (\pi \gamma^{\beta} K^{*\beta}) B^{\alpha-1},$$

wobei die Größen in der Klammer als konstant angenommen werden.

171. (D) , (E)

$$Q = 120 \sqrt{B}$$

$$\frac{\delta Q}{\delta B} = \frac{60}{\sqrt{B}}$$

172.

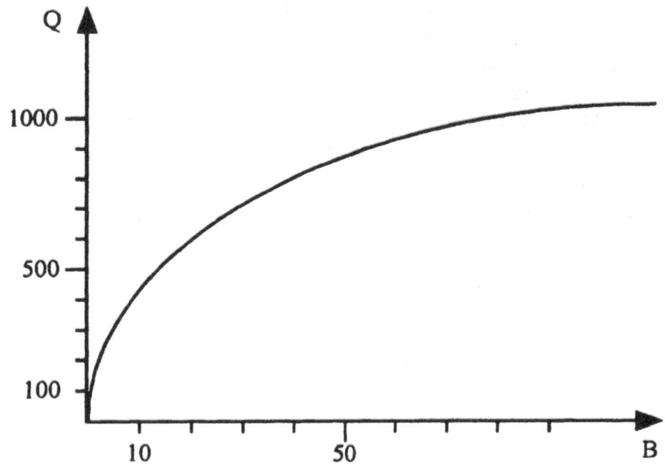

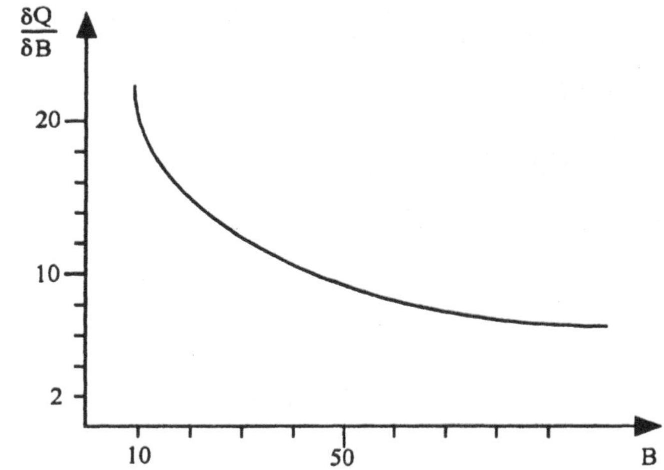

173. (B) , (D)

Vgl. Lösung zu Frage 168.

174. (B)

Gegeben sind $\frac{\ell}{P} = x \cdot \frac{\delta Q}{\delta B}$ und $\frac{\delta Q}{\delta B} = \alpha\ (\pi\ \gamma^{\beta}\ K^{*\beta})\ B^{\alpha-1}$.

Setzt man beide gleich, dann ergibt sich $\frac{\ell}{P}\ \frac{1}{x} = \alpha\ (\pi\ \gamma^{\beta}\ K^{*\beta})\ B^{\alpha-1}$.

Nun muß nach B aufgelöst werden:

$$B^{\alpha-1} = \frac{\ell/P}{x\alpha\,\pi\gamma^{\beta}K^{*\beta}} \quad ; \quad B = \left(\frac{x\alpha\,\pi\,\gamma^{\beta}K^{*\beta}}{\ell/P}\right)^{\frac{1}{1-\alpha}}$$

175.

a) (B) , (C)

b) (C) , (E)

c)

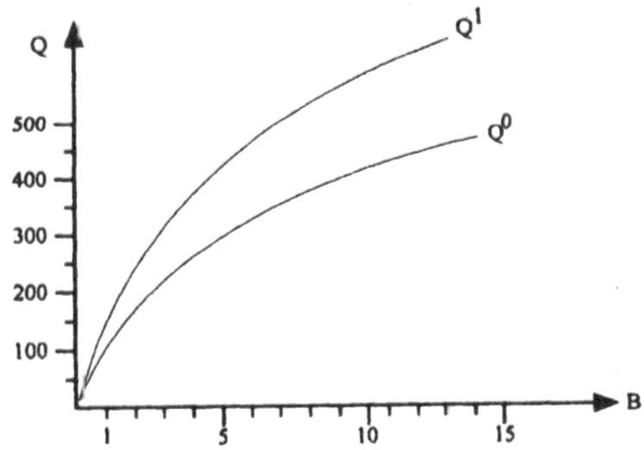

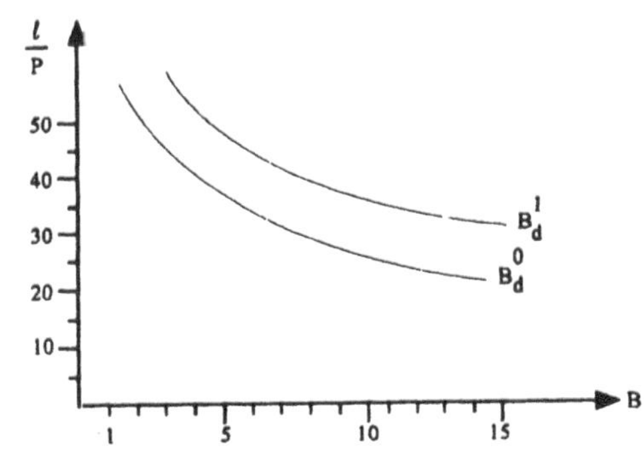

176.

a) (A) , (C)

b) (B) , (E)

c) Siehe Diagramme der Lösung zu Aufgabe 175 c).

177. (A), (B), (E)

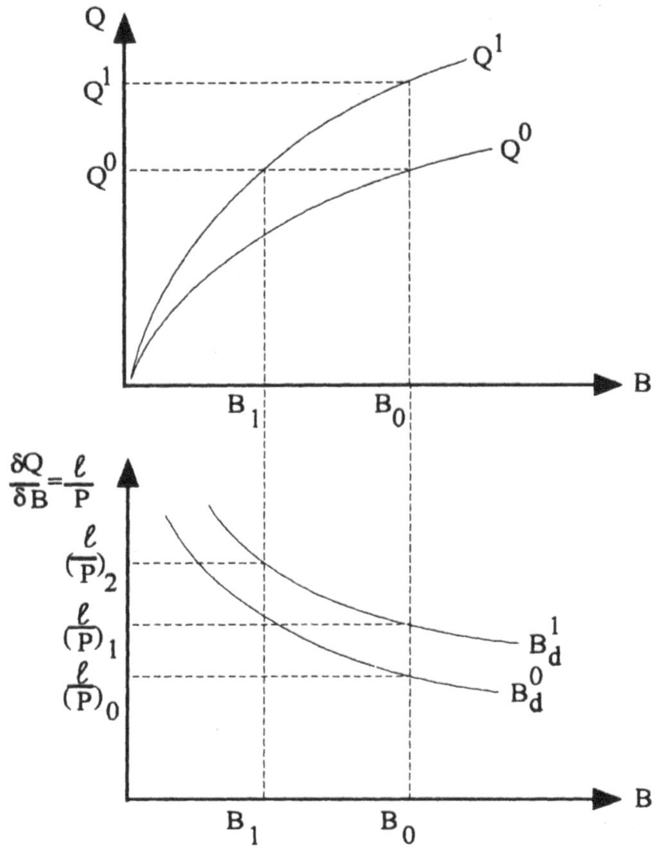

Wir gehen aus von B_d^0, Q^0 und $\left(\frac{\ell}{P}\right)_0$. Die Erhöhung des Technologieniveaus

π bewirkt eine Verlagerung der Arbeitsnachfragefunktion von B_d^0 nach B_d^1, und der Produktionsfunktion von Q^0 nach Q^1. Die Produktionsmenge Q_0 kann nun mit B_1 erstellt werden. (B_0 - B_1) entspricht der theoretischen Freisetzung von Arbeitskräften. Die weiterhin Beschäftigten (B_1) werden durch die Produktivitätssteigerung belohnt:

$\left(\frac{\ell}{P}\right)_0$ steigt auf $\left(\frac{\ell}{P}\right)_2$.

Die theoretische Freisetzung kann vermieden werden durch kompensatorisches Wachstum: Wird die Produktion von Q_0 auf Q_1 ausgedehnt, dann können (B_0 - B_1) Beschäftigte (die theoretisch freigesetzten) weiterbeschäftigt werden. Daran sind allerdings zwei Voraussetzungen geknüpft:

(1) Der Reallohn muß von $\left(\frac{\ell}{P}\right)_2$ auf $\left(\frac{\ell}{P}\right)_1$ sinken, wenn die Unternehmer weiter ihren Gewinn maximieren wollen.

(2) Die zusätzliche Produktion muß auch abgesetzt werden können.

Kompensatorisches Wachstum und Reallohnverzicht (von $\left(\frac{\ell}{P}\right)_2$ auf $\left(\frac{\ell}{P}\right)_1$) sind bei gewinnmaximierenden Unternehmen untrennbar miteinander verbunden, wenn die Beschäftigung konstant bleiben soll.

178.

a)

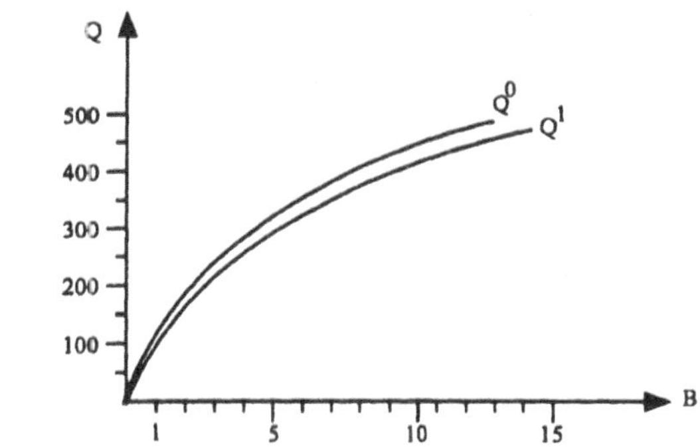

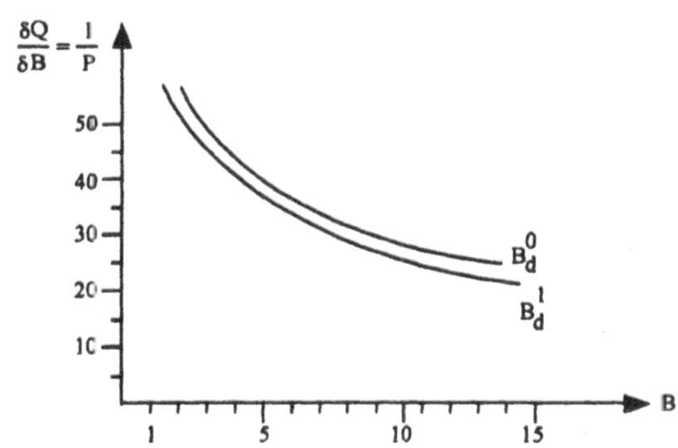

b) (B) , (C)

$$Q^1 = 114\sqrt{B} \qquad\qquad B_d^1 = \left(\frac{93}{\ell/P}\right)^2$$

c) Siehe Diagramme der Teilaufgabe a)

179. (A) , (C)

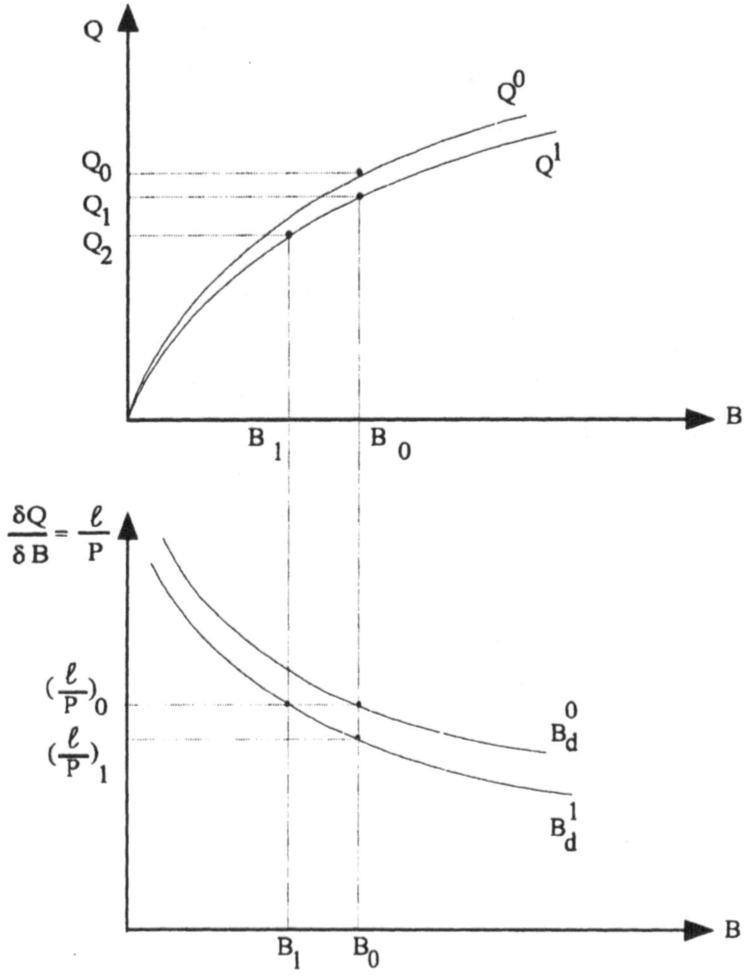

Wir gehen aus von Q^0 und B_d^0 und $\left(\frac{\ell}{P}\right)_0$. Sinkende Kapazitätsauslastung (wegen zurückgehender Nachfrage) führt dazu, daß $Q^0 \rightarrow Q^1$ und $B_d^0 \rightarrow B_d^1$. (Die Produktionsfunktion istdabei ausdrücklich als Kapazitäts-Produktionsfunktion definiert, denn üblicherweise gibt sie die Produktionsmöglichkeiten bei Vollauslastung an). Wird der alte Reallohn $\left(\frac{\ell}{P}\right)_0$ gehalten, dann entsteht Arbeitslosigkeit in Höhe von $(B_0 - B_1)$; außerdem geht die Produktion zurück um $(Q_0 - Q_1)$.

Ein sinkender Reallohn (auf $\left(\frac{\ell}{P}\right)_1$) kann die Arbeitslosigkeit vermeiden; die Produktion nimmt freilich immer noch etwas ab (um $Q_0 - Q_1$). Die Unterauslastung der Kapazitäten kann damit wohl durch Lohnsenkungen aufgefangen werden. Doch wir müssen einschränken: Löhne haben auch eine Kaufkraftseite und diese bewirkt einen Rückgang der Konsumnachfrage (c.p.). (Der Kaufkrafteffekt ist im Modell nicht enthalten). Die Kapazitäten sinken weiter, wenn nicht andere Nachfragekomponenten stützend auftreten. Eine Sanierung des Staatshaushalts löst kontraktive Effekte aus. Dies kann Arbeitslosigkeit verursachen. Doch ist dies nicht unausweichlich; eine Sanierung kann das Vertrauen der Wirtschaft stärken (diese Wirkung ist im betrachteten Modell nicht berücksichtigt) und dies kann zu expansiven Impulsen führen.

180. (B), (C)

Vgl. Lösung zu Frage 168.

181. (A), (D), (E)

Alle Größen in der Arbeitsnachfragefunktion

$$B_d = \left(\frac{x \alpha \pi_a \gamma_a^{1/2} K_a^{*1/2}}{\ell/P} \right)^2 ,$$

die festgesetzt sind (also: x, α, π_a, γ_a, K_a^*), d.h. alle Größen, außer der unabhängigen Variablen (l/P) mit einem positiven Vorzeichen verlagern die Funktion bei einer Erhöhung nach rechts.

Faktoren wie Kündigungsschutz und Qualifikationsniveau sind nicht explizit in der Funktion enthalten, sie bestimmen aber die Einstellungsneigung x wesentlich, hier negativ. Die Anzahl der Beschäftigten läßt sich ausdrücken durch den Quotienten aus Beschäftigtenstunden und Arbeitszeit (Stunden je Beschäftigtem). Arbeitszeitverkürzungen würden deshalb (rein numerisch) die Beziehung zwischen B und Q verändern. Ein gegebenes Q könnte bei kürzerer Arbeitszeit nur mit mehr Beschäftigten produziert werden. Steigen allerdings parallel dazu die Löhne ohne Produktivitätssteigerung, dann kann dieser Effekt zunichte gemacht werden.

182. (B) , (C)

Ein sinkender Kapitalstock bewirkt, daß die Produktionsfunktion flacher verläuft, die Grenzproduktivität sinkt.

183. (C) , (D) , (E)

In den Aussagen sind die wichtigsten Determinanten des Arbeitsangebots angesprochen. Wir systematisieren:

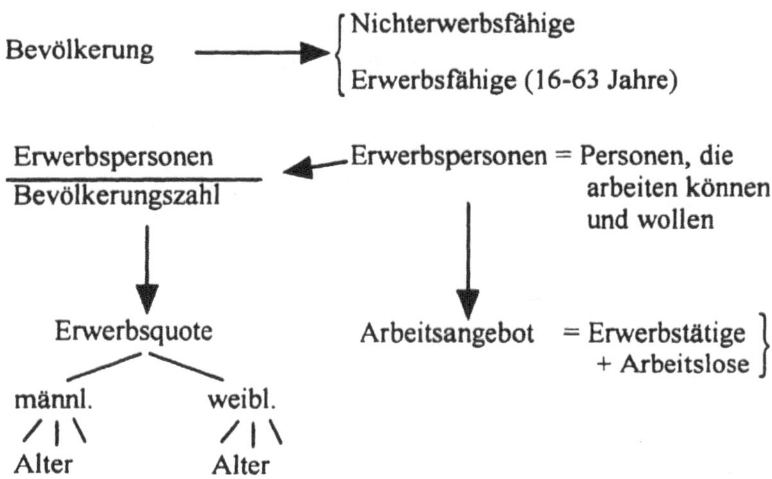

Die Erwerbsquote (geschlechts- und altersspezifisch!) ist eine entscheidende Größe für die Höhe des Arbeitsangebots. Sie wird bestimmt von den Präferenzen der Einzelnen für Arbeit und Freizeit und diese werden wesentlich vom pekuniären Aspekt, dem Lohnsatz, determiniert.

Diese Hypothese (des lohnabhängigen Arbeitsangebots) wird von der herrschenden Theorie immer noch in den Vordergrund gestellt. Sie muß vor allem mit drei Argumenten relativiert werden.

Erstens muß bezweifelt werden, ob viele Arbeitnehmer überhaupt die Wahl haben, zu arbeiten oder nicht zu arbeiten. Zweitens wurde das Arbeitsangebot in hochentwickelten Industriegesellschaften mehr von Veränderungen der (geschlechtsspezifischen) Erwerbsquote, als vom Lohnniveau bestimmt (z.B. Rollenverständnis der Frauen). Drittens liegt der Lohn in diesen Gesellschaften auf einem Niveau, bei dem (die relativ geringen) Veränderungen nicht auf das Arbeitsangebotsverhalten durchschlagen dürften.

Veränderungen der Arbeitszeit (z.B. Wochenarbeitszeit, Urlaub) beeinflussen das jährliche (wöchentliche) Arbeitsvolumen. Regelungen, welche die Lebensarbeitszeit betreffen (Schuldauer, Pensionierungsgrenze) beeinflussen die Erwerbsquote. Bei der Interpretation der Arbeitsangebotsfunktion ist es nicht gleichgültig, ob das Arbeitsangebot in Stunden oder Personenzahl angegeben ist.

184. (A) , (D) , (E)

185. (B) , (E)

Wir müssen davon ausgehen, daß die Lohnhypothese des Arbeitsangebots an Erklärungskraft eingebüßt hat. (Vgl. auch die Lösung zu Frage 183), weil der Lebensstandard in der Bundesrepublik schon sehr hoch ist.

186. (A) , (C)

Die Keynesianer haben das institutionelle Element des Arbeitsmarktes betont und, aus der empirischen Beobachtung heraus, die Starrheit des Lohnes nach unten angenommen.

187. (A)

Der Lohngap (Lohnlücke) bezieht sich auf den Unterschied zwischen Effektiv- und Tariflohnniveau. Als Lohndrift bezeichnet man die Differenz zwischen den Wachstumsraten von Effektiv- und Tariflöhnen.

188. (C) , (D)

In der Praxis stellen Tariflöhne in der Regel die Mindestlöhne dar, die bezahlt werden. Sie werden bei den jährlich stattfindenden Lohnverhandlungen zwischen den - nach Industriezweigen bzw. -gruppen organisierten - Arbeitgeberverbänden und Gewerkschaften ausgehandelt. Der Gewerkschaft ÖTV (Öffentlicher Dienst, Transport und Verkehr) und dem Beamtenbund stehen der Bundesinnenminister bzw. die Repräsentanten der Gemeinden gegenüber.

Nach einer Kündigung der Tarifverträge werden neue Verhandlungen vereinbart. Die Verhandlungen beginnen in der Regel im Metallbereich zwischen der IG Metall und dem Gesamtverband Metall; die Abschlüsse im Metallbereich dienen oft als Orientierung für andere Tarifverhandlungen; man spricht daher auch von Tariflohnführerschaft. Die Tarifparteien sind in ihren Entscheidungen autonom, d.h. sie können frei bestimmen.

Zur Verhandlung können auch Positionen stehen, die nicht direkt zum Lohn gehören. In den Verhandlungen über den Manteltarif wird über die Arbeitsbedingungen gesprochen.

Die Effektivlöhne liegen in der Regel über den Tariflöhnen. Sie hängen von der Angebots-Nachfragesituation bestimmter Regionen, Berufe und Qualifikationen ab.

189. (B) , (C)

Die "neoklassischen" Theoretiker unterstellen, daß man den Arbeitsmarkt als einen Konkurrenzmarkt beschreiben kann; die Löhne sind nach oben und unten flexibel.

Unvollkommenheiten treten beim Arbeitsmarkt auf durch die Laufzeiten der Tarifverträge (in der Regel ein Jahr), die Kündigungsfristen bei Arbeitsverhältnissen, die mangelnde berufliche und regionale Mobilität der Arbeitnehmer, Informationsbarrieren, etc.

Bei Tarifverhandlungen stehen (sitzen) sich zwei Verhandlungsführer (mit zahlreichen "Assistenten") gegenüber. Diese Situation entspricht der Marktform eines bilateralen Monopols.

In der Realität ist der Arbeitsmarkt durch beide Elemente gekennzeichnet: die Tariflöhne (als Mindestlöhne) werden ausgehandelt, die Effektivlöhne werden durch den Markt gebildet. Das Konkurrenzmodell dürfte daher für den Bereich des Lohngaps zutreffen.

190. (A) , (C) , (D)

Vgl. die Lösungen zu den Fragen 188 und 189.

191. (A) , (D)

Nominallohnsenkungen sind vor dem Hintergrund der Wirtschaftsgeschichte der Bundesrepublik unvorstellbar. Die äußerste Rückzugslinie der Gewerkschaften lag bisher bei konstanten Reallöhnen. Da bei den Verhandlungen die erwartete Inflationsrate einfließt, heißt eine nicht antizipierte (nicht richtig vorhergesehene) Inflation, daß trotz einer Politik konstanter Reallöhne diese auch sinken können. Solche Wirkungen können jedoch von den Gewerkschaften nicht kontrolliert werden. Anders ein völliger Verzicht auf Lohnsteigerungen, also auch auf einen Inflationsausgleich: diese Entscheidung liegt in der Hand der Gewerkschaften. Wir können davon ausgehen, daß dies nur unter dramatischen Begleitumständen möglich wäre. In den letzten Jahren war die Verhandlungsposition der Gewerkschaften wegen der hohen Arbeitslosigkeit zu schwach, um einen vollen Inflationsausgleich durchzusetzen. Damit hat aber keine Senkung der Geldlöhne stattgefunden.

192.

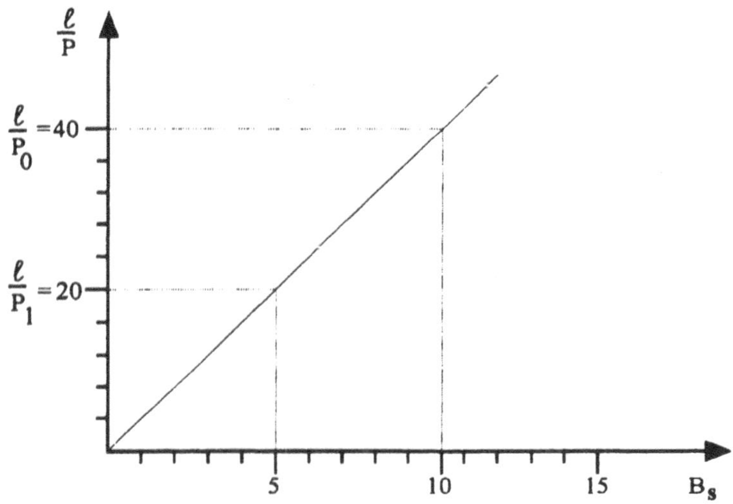

193.

a) (B)

b) (D)

Das Verhalten der Arbeitsanbieter wird durch die Kurve B = 0.5 (ℓ/P) wiedergegeben. Ändert sich der Reallohn nachoben oder unten, dann steigt oder sinkt das Arbeitsangebot.

194.

a) $\Delta\left(\frac{\ell}{P_a}\right)$ (D) $\qquad$ ΔB_S (B)

b) Siehe Diagramm der Lösung zu Aufgabe 192.

c) (B)

d) (A), (B), (D)

Die Arbeitsanbieter erkennen, daß das gestiegene Preisniveau den Reallohn senkt und sie passen ihr Arbeitsangebot sofort an. Diese unmittelbare Anpassung ist aber nur möglich, wenn die Arbeitsanbieter nicht durch Arbeitsverträge oder Kündigungsfristen gebunden sind. Sie funktioniert am besten, wenn vollkommene Konkurrenz herrscht. Ältere Arbeitnehmer haben größere Schwierigkeiten, nach Kündigung wieder eine neue Stelle zu bekommen.

195.

a) (B),(A)

$$\left(\frac{\ell}{P}\right) = 20, \quad B_s = 5$$

b)

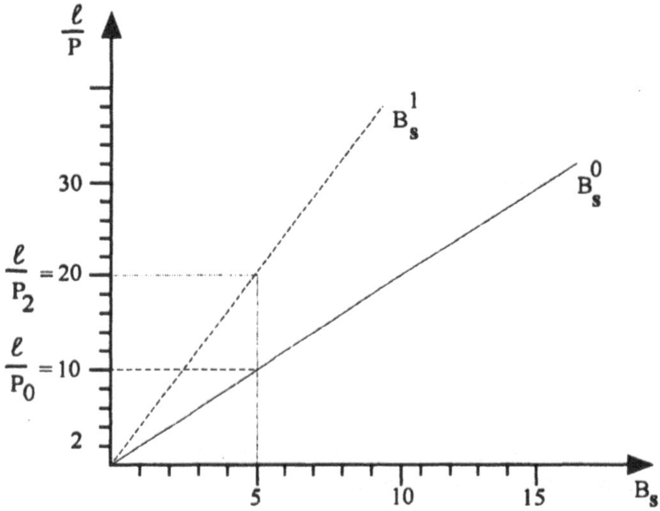

Die Arbeitsanbieter richten sich nur nach dem Geldlohn; die Arbeitsangebotsfunktion beträgt $B_S = 0.25\ l$.

Im $\left(\frac{\ell}{P}\right) - B_s$ – Diagramm läßt sich dieser Sachverhalt so darstellen, daß für jedes Preisniveau eine Arbeitsangebotsfunktion gilt. Für die Analyse muß man mit <u>der</u> Angebotsfunktion argumentieren, die dem herrschenden Preisniveau entspricht. Gilt z.B. $P_0 = 1$, dann wähle man die Funktion B_S^0 (vgl. Diagramm). Für $\left(\frac{\ell}{P}\right) = 10$ gilt dann $B_S = 5$. Steigt nun das Preisniveau auf $P_2 = 1/2$, dann ignorieren die Arbeitsanbieter dies, wenn wir annehmen, daß sie unter Geldillusion handeln: Sie entscheiden unter der Illusion, am Reallohn habe sich nichts geändert. Da l bei 10 verharrt, bieten sie weiter $B_S = 5$ an. In der Grafik kann dieses Verhalten so dargestellt werden, daß für die Arbeitsanbieter nun die Funktion B_S gilt.

Fazit: Nimmt man Geldillusion an, dann wird das Verhalten der Arbeitsanbieter von der Funktion aus der Schar von Angebotskurven dargestellt, die dem gerade herrschenden Preisniveau entspricht.

Man kann diese Unvollkommenheiten auch anders interpretieren: Für die Arbeitsanbieter gilt je nach institutionellen Bedingungen eine andere Angebotsfunktion. Sie können ihr Verhalten nicht frei variieren, weil sie Kündigungsfristen einhalten müssen oder Arbeitsverträge haben.

196. (B), (C), (D)

Aussage	Theorie
(A) Das Arbeitsangebot hängt vom Geldlohn ab	(1)
(B) Das Arbeitsangebot hängt vom Reallohn ab	(2)
(C) Die Arbeitsanbieter handeln unter Geldillusion	(1)
(D) Die Arbeitsanbieter handeln nicht unter Geldillusion	(2)
(E) Die Arbeitsanbieter sind inflexibel, weil an Verträge gebunden	(1)

Vgl. die Lösungen zu den Fragen 183, 194 und 195.

197. (B) , (C)

In der Formulierung $B = q = \left(\frac{\ell}{P}\right)$ ist nur der Einfluß des Reallohns auf das Arbeitsangebot berücksichtigt. Um die Faktoren der Frage aufzunehmen, müßte diese Funktion um einen autonomen Term (also B_{sa}) erweitert werden.

Das autonome Arbeitsangebot B_{sa} ist ein Bündel von Einflußgrößen wie Bevölkerungsstruktur (nach Alter, Geschlecht und Region), Schuldauer, Pensionierungsgrenze und Bevölkerungszahl, etc. Veränderungen dieser Größen verschieben die Funktion; das individuelle Verhalten bleibt gleich. Außerdem kann sich die Angebotsfunktion verlagern, wenn sich das individuelle Verhalten ändert (Präferenz für Freizeit, Einstellung zur Arbeit). Diese Änderungen lassen sich an Veränderungen der Erwerbsquote (nach Geschlecht, Alter, Region, Nationalität) ablesen. Verändern sich diese Größen so, daß eine Erhöhung des Arbeitsangebots damit verbunden ist, dann steigt B_{sa} und die Funktion verlagert sich nach rechts.

198. a) und b)

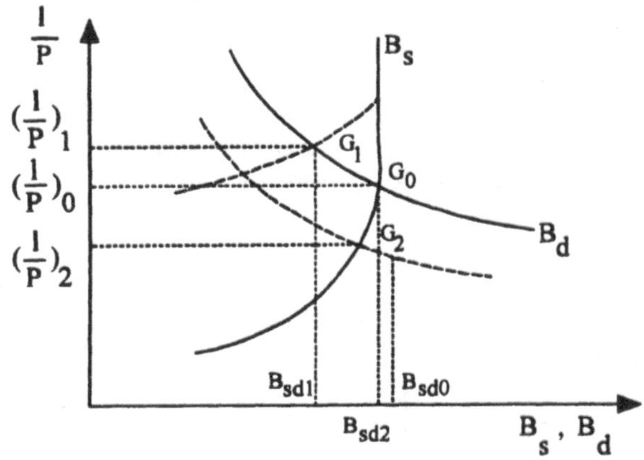

c) (B)

Gleichgewicht bei Unterbeschäftigung liegt immer dann vor, wenn sich die Arbeitsangebots- und Arbeitsnachfragekurve vor der Vollbeschäftigungsgrenze schneiden. Solche Situationen können in das Diagramm eingezeichnet werden, indem man die Arbeitsangebots- und/oder die Arbeitsnachfragefunktion nach links verlagert. Es entstehen dann die Gleichgewichtspunkte G_1 bzw. G_2. Die Anpassungsmechanismen auf dem (unvollkommenen) Arbeitsmarkt stellen nicht sicher, daß die Gleichgewichte mit einer Vollbeschäftigungssituation zusammenfallen.

Für die "Neoklassiker" sind Arbeitsmarktgleichgewichte immer Vollbeschäftigungsgleichgewichte. Ungleichgewichte auf dem Arbeitsmarkt erklären sie mit temporären Marktunvollkommenheiten.

199.

$$R\uparrow \rightarrow N\uparrow \rightarrow \gamma\uparrow \rightarrow B\uparrow$$

Nach keynesianischer Argumentation sind die Marktkräfte nicht in der Lage, eine Situation der Unterbeschäftigung zu beseitigen. Es ist notwendig, daß der Staat eingreift. Dafür gibt es viele Möglichkeiten; Arbeitsmarktpolitik ist gekennzeichnet durch ein Bündel von Maßnahmen, angefangen von Arbeitsbeschaffungsmaßnahmen (ABM) über Neueinstellungen im öffentlichen Dienst bis zu Umschulungsprogrammen. Im Zusammenhang mit unserer Frage wird das Argument von Keynes in den Vordergrund gestellt, daß die Beschäftigung von der effektiven Nachfrage abhängt.

Staatseingriff heißt dann, daß staatliche Ausgaben steigen oder daß die öffentlichen Hände darauf hinwirken, daß eine andere Nachfragekomponente steigt (z.B. Steuererleichterungen, Investitionsprämien, o.ä.). Der steigende Auslastungsgrad verlagert die Arbeitsnachfragekurve nach rechts. B steigt.

200.

a) (A) , (E)

b)

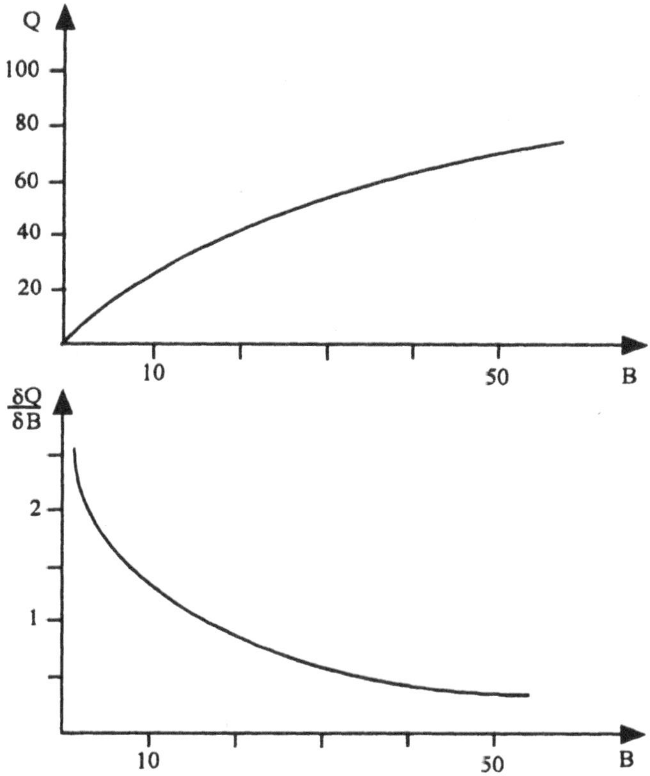

c) (C)

Gefragt ist nach der Anzahl der Beschäftigten, die von den Unternehmern bei gewinnmaximierendem Verhalten eingestellt werden. Die Bedingung für dieses Verhalten ist durch die Inputregel gegeben:

$$\frac{\ell}{P} = \frac{\delta Q}{\delta B}$$

Es gilt: $\ell=10$, $P=10$, $\frac{\delta Q}{\delta B} = \frac{5}{\sqrt{B}}$.

Nach B aufgelöst und die numerischen Werte eingesetzt ergibt B = 25 (Beschäftigungsstunden). Die Kokos-Unternehmer werden 25 Beschäftigte einstellen.

d) (D)

Nun muß der neue Nominallohn $\ell = 11.18$ in der Rechnung verwendet werden. Man erhält dann B = 20. Die Nominallohnsteigerung (hier auch Reallohnsteigerung) bewirkt, daß fünf entlassen werden.

e)

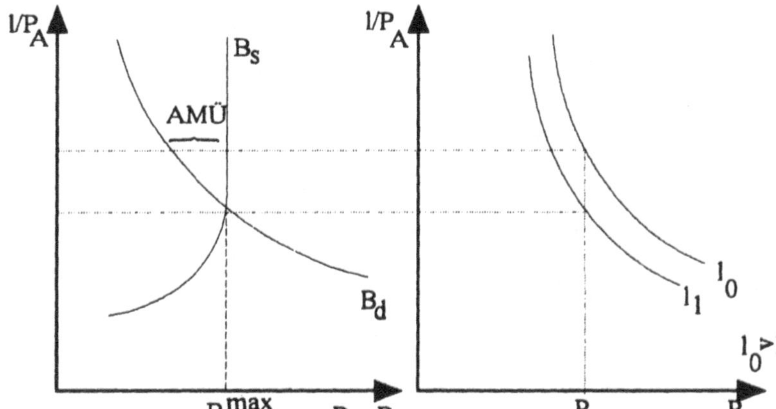

Im "neoklassischen" System sind die Geldlöhne nach oben <u>und</u> unten flexibel. Die Arbeitslosen (AMÜ) konkurrieren miteinander. Sie unterbieten sich in den Geldlöhnen so lang, bis ℓ_0 auf ℓ_1 gesunken ist. Dann herrscht wieder Vollbeschäftigung, und zwar bei einem niedrigeren Reallohnniveau. (Dieses hat sich über l und nicht über P verändert!).

201. (A), (C)

Eine Reallohnsteigerung verursacht strukturelle Arbeitslosigkeit (im Sinne von nicht-konjunktureller), H.-J. Barth spricht auch von Mindestlohnarbeitslosigkeit. Von den Ursachenkomplexen her kann man die Arbeitslosigkeit in die

Komponenten konjunkturelle und strukturelle Arbeitslosigkeit aufspalten. Dabei ist der Begriff der strukturellen Arbeitslosigkeit als ein Sammelausdruck für verschiedene Ursachenkomplexe zu verstehen, wie Veränderungen der Strukturen von Arbeitsangebot und Arbeitsnachfrage: Technologiestruktur, Nachfragestruktur sowie Lohnstruktur. Man faßt die strukturelle Arbeitslosigkeit als langfristiges Problem auf. Definiert man außerdem die Gesamt-arbeitslosigkeit als Differenz zwischen Arbeitsangebot und -nachfrage, dann läßt sich die Arbeitslosigkeit auch als Angebotsmengenüberschuß an Arbeit bezeichnen

202. (B) , (E)

Vgl. Lösung zu die Frage 199.

Ergänzend muß angemerkt werden, daß die "Keynesianer" den Arbeitsmarkt als bilaterales Monopol ansehen mit Preis- (Lohn-)starrheit nach unten. Eine Veränderung des Nominallohns kann hier dadurch auftreten, daß die Gewerkschaftsvertreter in den Lohnverhandlungen mäßige Lohnabschlüsse durchsetzen. Liegt die ausgehandelte Nominallohnsteigerung unter der Inflationsrate der Tarifvertragslaufzeit, dann sinkt auch der Reallohn. Dieser Effekt ist in den Jahren 1981 bis 1984 aufgetreten.

Sinkende Geldlöhne sind jedoch auch in einem anderen Fall denkbar. Bei großem Lohngap (großer Differenz zwischen Effektiv- und Tariflöhnen) besteht ein begrenzter Spielraum auf dem Arbeitsmarkt, für den das Konkurrenzmodell gilt. Dann können bei einem Überangebot an Arbeit die Geld- (Effektiv-) löhne auch sinken. In der strengen Auslegung der keynesianischen Theorie treten diese Wirkungen nicht auf. Im übrigen muß beachtet werden, daß diese Argumentation unter der c.p.-Prämisse gilt. Steigt z.B. mit der Kapazitätsauslastung auch das Technologieniveau, dann kann der Beschäftigungseffekt neutralisiert werden oder sogar negativ sein.

203. (A) , (C)

Am besten kommt das "neoklassische" Paradigma in der Antwort (C) zum Ausdruck. Ein "Neoklassiker" wird auch die Lösung (A) als richtig bezeichnen.

Wir müssen hierbei jedoch einschränken: der Arbeitsmarkt muß von seinen Institutionen her (z.B. Tarifverhandlungen versus Konkurrenzmarkt) so organisiert sein, daß auf "Marktkräfte" vertraut werden kann. Die "Tariflöhne" können durch staatliche Verordnungen nicht gesenkt werden (vgl. Lösung zu Frage 188). Mindestlöhne und Beschäftigungsprogramme wird ein "Neoklassiker" rigoros ablehnen, weil solche Maßnahmen nach seiner Ansicht beschäftigungspolitisch schädlich sind.

204.(B) , (C) , (D)

Das Zitat stellt ab auf den (hohen) Preis für Arbeit (hohe Lohnnebenkosten) und die Inflexibilität der Arbeitskräfte. Letztere kann sich beziehen auf regionale, zeitliche, berufliche, leistungsbezogene Anpassungen an "Erfordernisse" des Arbeitsmarktes.

Arbeitslosigkeit bedeutet eine Ungleichgewichtssituation auf dem Arbeitsmarkt. Das Arbeitsangebot ist größer als die Arbeitsnachfrage. Die Gründe für dieses Ungleichgewicht liegen für einen Verfechter vollkommener (Konkurrenz-) Arbeitsmärkte vor allem in den Anpassungshindernissen und im hohen Lohnniveau.

In der Tat hat das "soziale Netz" in der Bundesrepublik neben hohen Lohnnebenkosten (nach Angaben der Arbeitgeber ca. 70 % der Effektivlöhne) auch Inflexibilitäten verusacht durch Kündigungsschutz, Personal- und Betriebsräte für die Wahrung der Arbeitnehmerinteressen, etc. Diese Maßnahmen sollen verhindern, daß Menschen nur als Produktionsfaktoren behandelt werden.

Zum lohninduzierten technischen Fortschritt vgl. Lsg. 177.

205.

a)

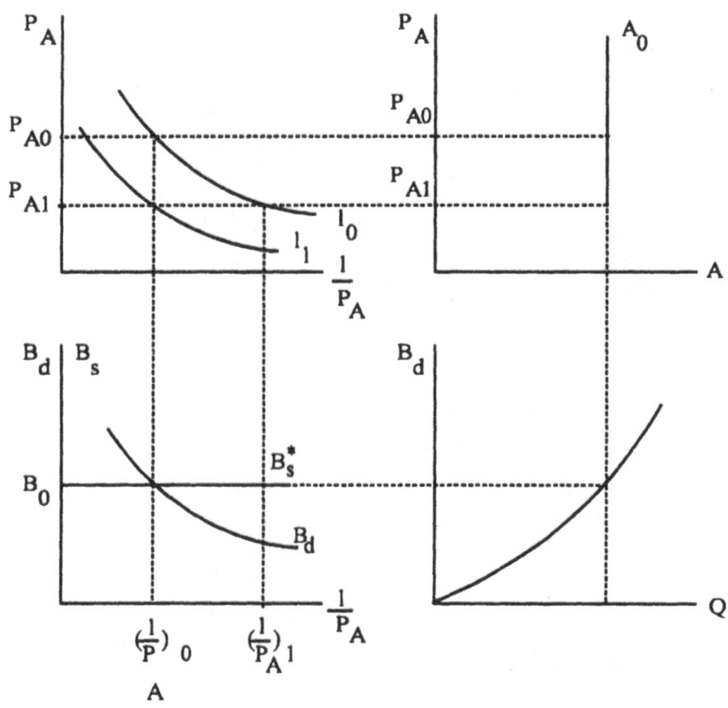

Auf dem Arbeitsmarkt besteht bei $\left(\ell/P_A\right)_0$ und B_0 ein stabiles Vollbeschäftigungsgleichgewicht. Wird das Preisniveau verändert, dann sorgen die Marktkräfte sofort wieder dafür, daß das Ausgangsgleichgewicht erreicht wird. Sinkt P_0 z.B. auf P_1, dann steigt der Reallohn auf $\left(\ell/P_A\right)_1$. Es entsteht Arbeitslosigkeit (Angebotsmengenüberschuß AMÜ). Die Konkurrenz der Arbeitsanbieter sorgt dafür, daß ℓ_0 auf ℓ_1 sinkt. Der Reallohn sinkt dadurch ebenfalls und es liegt wieder das ursprüngliche Gleichgewicht bei Vollbeschäftigung vor (bei niedrigerem Preis- und Lohnniveau). Für die Ableitung der gesamtwirtschaftlichen Angebotsfunktion im P-A-Diagramm gilt dabei vom Arbeitsmarkt her nur das (stabile) Vollbeschäftigungsgleichgewicht. Die Gesamtangebotsfunktion fällt also mit der gesamtwirtschaftlichen Kapazitätsgrenze zusammen.

Die graphische Darstellung enthält einige wichtige Prämissen: die Produktionsfunktion Q(B) ist partiell, denn K und π werden als konstant angenommen. Produktionsmenge Q (in physischen Einheiten) und Angebot A (in Werteinheiten) sind gleich. Die Geldlöhne sind nach oben und unten flexibel; der Arbeitsmarkt ist ein Konkurrenzmarkt.

Der Einfachheit halber wurde bei deer Ableitung der A-Kurve im Arbeitsmarkt-Diagramm keine ansteigende Arbeitsangebotsfunktion, sondern lediglich die Vollbeschäftigungsgrenze Bs* berücksichtigt. Für die Neoklassik hat diese Vereinfachung ohnehin keine Konsequenzen, weil nur der Gleichgewichtspunkt bei Vollbeschäftigung relevant ist.

b) (A), (B), (E)

Die Gewinne werden in beiden Ableitungen nicht explizit betrachtet. Im "neoklassischen" Modell wäre durch die Annahme vollkommener Konkurrenz auf allen Güter- und Faktormärkten der Gewinn Null, weil die Unternehmen die Produktionsmenge erstellen, bei welcher der Preis den minimalen Stückkosten entspricht. Kapitalverzinsung, Unternehmerlohn, Abschreibungen etc. werden dabei nicht als Gewinn bezeichnet ("user cost of capital"). In einem keynesianischen Modell, in dem keine vollkommene Konkurrenz unterstellt wird und eine Gewinnkomponente berücksichtigt ist (vgl. z.B. Aufgabe 208), muß der Gewinn nicht Null sein.

Die betrachteten Modelle in den Aufgaben 205 und 206 unterstellen ferner, daß das (reale) Angebot A der Produktionsmenge Q entspricht. Diese hängt via Produktionsfunktion von der Beschäftigung B ab. B wird auf dem Arbeitsmarkt durch den Reallohn ℓ/P bestimmt. Mit dieser Kausalkette bringt man A bzw. Q und P zusammen; die Zuordnungen beider werden als Angebotsfunktion bezeichnet.

Lehnt man die Gleichsetzung von A und Q ab mit der Begründung, daß Wert- und Mengengrößen nicht identisch sein können, dann kann über die Lohnsumme argumentiert werden. Das Angebot entspricht der mit den Faktorpreisen bewerteten Produktion. Dabei ist die Produktion durch die Beschäftigung (in der Arbeitsnachfragefunktion) oder mit der Beschäftigung (mit Hilfe einer Beschäftigungsfunktion) ausgedrückt.

206.

a)

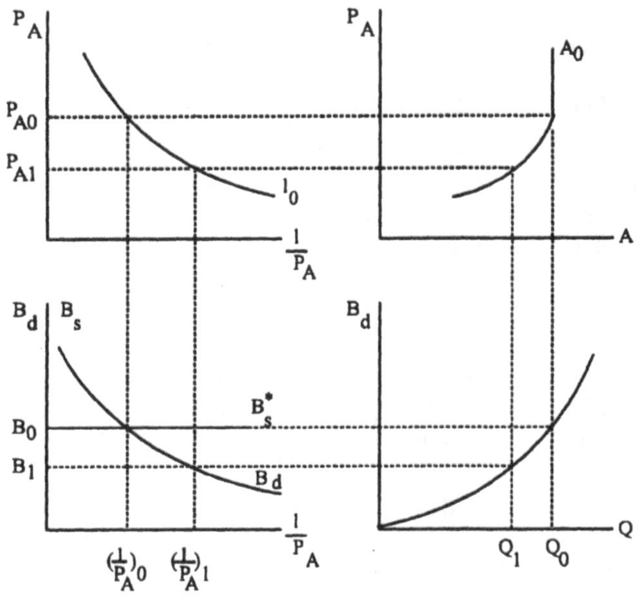

Auf dem Arbeitsmarkt besteht, für $\left(\ell/P_A\right)_0$ und B_0 ein Vollbeschäftigungsgleichgewicht. Steigt der Reallohn auf $\left(1/P_A\right)_1$, dann entsteht Arbeitslosigkeit. Diese ist instabil in dem Sinne, daß bei einer Störung keine Selbstheilungskräfte des Arbeitsmarktes auftreten, die für eine Beseitigung der Unterbeschäftigung sorgen. Der Geldlohn ist nach unten starr; die ℓ_0 -Hyperbel kann sich nicht nach links verschieben. Beim Vollbeschäftigungsgleichgewicht gilt der "klassische" Ast der gesamtwirtschaftlichen Angebotsfunktion. Sinkt das Preisniveau, dann läßt sich über das Arbeitsmarkt- und das Produktionsdiagramm das Gesamtangebot bestimmen. A und Q werden gleichgesetzt (Skalierungsproblem!).

Abweichend von der obigen Darstellung der keynesianischen Arbeitsangebotsfunktion wurde hier darauf verzichtet, eine Schar von positiv geneigten Arbeitsangebotsfunktionen zu zeichnen, die es gestatten, unterschiedliche Unterbeschäftigungsgleichgewichte darzustellen. Dies macht die Ableitung übersichtlicher.

b) (A), vgl. Lösung Aufgabe 205

207. (A) , (C) , (E)

Der Gewinn ist in zweierlei Hinsicht in der gesamtwirtschaftlichen Angebotsfunktion enthalten:

(1) in der Verhaltensbeschreibung der Inputregel auf dem Arbeitsmarkt,

(2) im Gewinnterm.

Im ersten Fall maximieren die Unternehmen immer ihren Gewinn, wenn sie ihre Produktionsmenge ausdehnen. Sinkt z.B. der Reallohn, dann werden gewinnmaximierende Unternehmen Arbeitskräfte einstellen. Dies ermöglicht höhere Produktion. Mit anderen Worten: jede Produktionsmenge, die mit der Inputregel vereinbar ist, läßt maximalen Gewinn zu. Wenn die Unternehmen nicht nach Maßgabe der Inputregel und der damit abgeleiteten Arbeitsnachfragefunktion handeln, dann verschenken sie Gewinnmöglichkeiten. Durch ihr Verhalten maximieren die Unternehmen wohl ihren Gewinn, aber dieser erscheint nicht explizit in der Angebotsfunktion. Zur Illustration betrachten wir das folgende Schaubild:

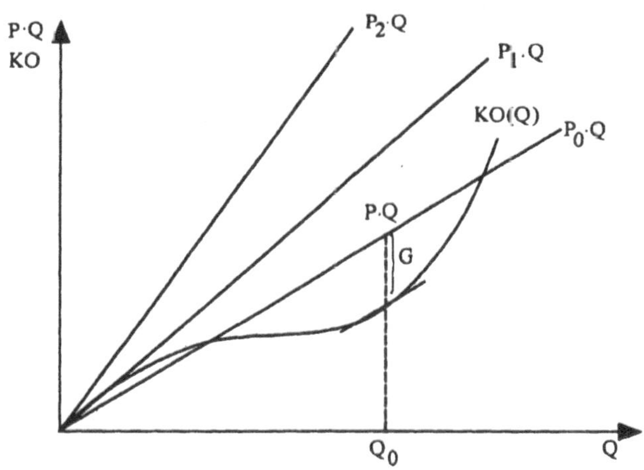

Wenn die Unternehmen Q_0 produzieren, dann erzielen sie den maximal möglichen Gewinn (dies entspricht der Inputregel). Der Gewinn aus $P_0 * Q - KO$ wird jedoch durch diese Verhaltensregel nicht expliziert. (Bei vollkommener Konkurrenz ist dieser Gewinn im übrigen Null). Preisniveauerhöhungen und/oder Produktivitätssteigerungen ermöglichen Gewinnsteigerungen. Im ersten Fall dreht sich die $P * Q$-Linie im Diagramm nach oben, im zweiten verlagert sich die Kostenfunktion KO (Q) nach unten.

208. (A) , (C) , (E)

Betrachten wir ein Unternehmen mit einer ertragsgesetzlichen Produktions- und Kostenfunktion. Die Stückkostenkurve KO/Q verläuft dann wie in folgendem Diagramm dargestellt. Die Grenzkostenkurve stellt die gewinnmaximierende

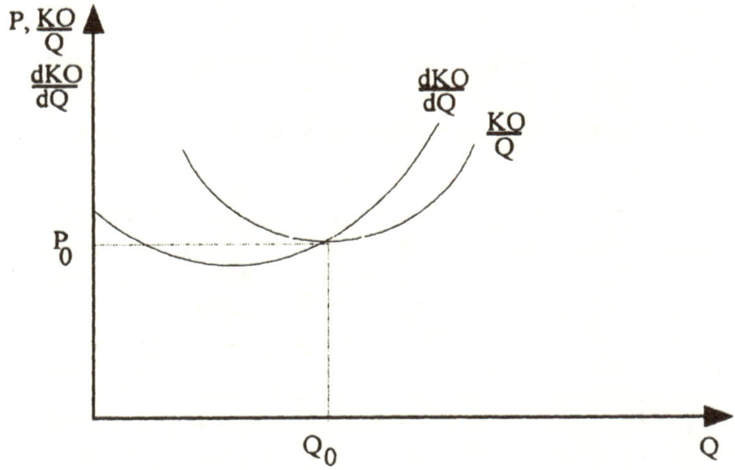

Angebotsfunktion des Unternehmens dar, wenn vollkommene Konkurrenz herrscht und daher Grenzumsatz und Preis gleich sind. Das Diagramm zeigt, daß im Minimum der Stückkostenkurve in der Situation P_0Q_0 keine Gewinne auftreten, denn

$P_0 = \frac{KO}{Q_0}$. Nur bei Preisen, die über P_0 liegen, treten positive Stückgewinne auf.

Allerdings erhält der Unternehmer in P_0Q_0 seine Kapitalverzinsung, die auch als Profitrate (r) bezeichnet wird. Dabei ist r mit D. W. Jorgenson als "user cost of capital" interpretiert. Diese Definition schließt Abschreibungen, Kostensteuern, Zinsen etc. ein.

209. (A) , (C)

Das Importangebot hängt von drei wesentlichen Größen ab: der Wirtschaftstätigkeit (je höher inländische Wirtschaftstätigkeit und Einkommen, desto mehr Güter und Dienstleistungen werden benötigt), den realen Austauschverhältnissen (die Terms of trade sind als das Verhältnis von Export- und Importpreisen definiert; je günstiger die Importpreise, desto höher die Importe) und den Wettbewerbsverhältnissen auf den inländischen Märkten (je einfacher die Substitution zwischen heimischen und importierten Gütern, desto flexibler reagieren die Importe auf Konjunktur- und Preisverschiebungen). Die Devisenkurse sind in den Terms of trade enthalten (vgl. Lösung zu Frage 66).

Damit haben wir - mit Ausnahme des Importpreisniveaus - die Importe nur aus der heimischen Sicht betrachtet. Da beim Außenhandel immer mehrere Länder beteiligt sind, sollte nicht nur das Inland berücksichtigt werden. Die Geldpolitik im Exportland kann erschwerend wirken (hohe Zinsen, ungünstiger Devisenkurs); oder die Konjunkturlage kann Lieferschwierigkeiten mit sich bringen.

Für Importe aus Nicht-EG-Ländern sind noch die Zölle als Einflußfaktor zu berücksichtigen.

Wenn für die Importfunktion nur das inländische Gesamtangebot als Variable herausgegriffen wird, dann müssen die anderen erwähnten Einflußgrößen im autonomen Import Im berücksichtigt werden. Es gilt dann

$$\frac{Im}{P} = Im_a + m^* A.$$

210. (A) , (B) , (E)

Vgl. hierzu die analogen Begriffe Konsum-, Investitions-, Exportneigung etc. und ihre Erklärung (z.B. Frage Nr. 29).

211. (B) , (C) , (E)

Die Lösung (a) gibt die mikroökonomische Beschreibung einer (einzelwirtschaftlichen) Angebotsfunktion wieder. Makroökonomisch ist diese direkte Interpretation falsch. Das Gesamtangebot steigt nicht unmittelbar aufgrund eines gestiegenen Preisniveaus. Die Beziehung zwischen P und A läuft über verschiedene Ursache-Wirkungsketten. Man kann z.B. argumentieren, daß eine Preisniveauerhöhung auf dem Arbeitsmarkt (über sinkenden Reallohn) eine Beschäftigungssteigerung auslöst, diese erhöht die Produktionsmenge und das Gesamtangebot steigt (vgl. zu A = A(Q) Lösung zu Frage 159). Die Gesamtangebotsfunktion ist eine Gleichgewichtskurve, die für alternative simultane Arbeitsmarkt-, Kapitalmarkt- und Importmarktgleichgewichte P und A einander zuordnet. Dabei löst das steigende Preisniveau gleich zwei Kausalketten aus: sinkender Reallohn erhöht Beschäftigung, Produktion und Angebot; steigender Gewinn erhöht ebenfalls die Produktion und das Angebot.

Auf keinen Fall kann man die Gesamtangebotsfunktion aus der Aggregation von einzelwirtschaftlichen Angebotsfunktionen gewinnen.

Was sagt die Gesamtangebotsfunktion also aus? Sie gibt an, wie hoch das Gesamtangebot bei einem bestimmten Preisniveau liegt. Dieses Preisniveau sagt auch indirekt etwas aus über den Reallohn, über die Beschäftigung und die Produktion. Eine direkte Wirkungskette läuft über die Gewinne. Über die Gleichsetzung von A und Q kann Q eliminiert werden. Das folgende Schema verdeutlicht diese Zusammenhänge.

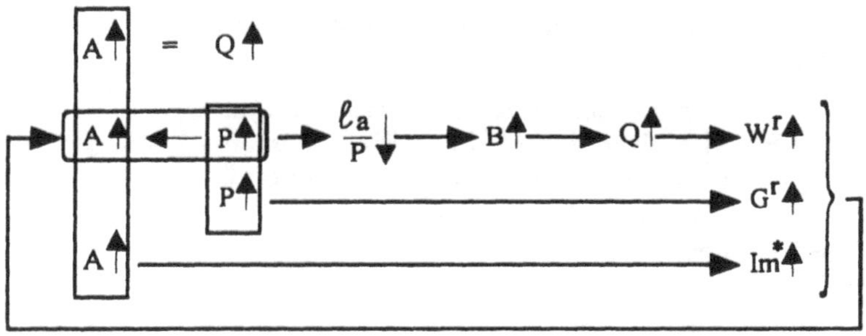

212. (A) , (E)

Vgl. Lösung zu Frage 213.

213. (B) , (D)

Die Berechnung im einzelnen:
(2), (9) und (4) in (1),

$$A = \frac{1}{P_A}\left(\frac{x\,\alpha\,\pi\,(\gamma K^{*\beta})}{1/P_A}\right)^{\frac{1}{(1-\alpha)}} + \frac{Q(P_A - 1/\pi)}{P_A},$$

dies ergibt

$$A = 1^1 P_A^{-1}\, 1^{-\frac{1}{(1-\alpha)}}\, P_A^{\frac{1}{(1-\alpha)}} (x\alpha\pi)^{\frac{1}{(1-\alpha)}} \left(\gamma K^*\right)^{\frac{\beta}{(1-\alpha)}} + \frac{Q(P_A - \frac{1}{\pi})}{P_A},$$

$$A = 1^{\frac{-\alpha}{(1-\alpha)}}\, P_A^{\frac{\alpha}{(1-\alpha)}} (x\alpha\pi)^{\frac{1}{(1-\alpha)}} \left(\gamma K^*\right)^{\frac{\beta}{(1-\alpha)}} + Q\cdot\left(1 - \frac{1}{\pi P_A}\right),$$

mit (6), (7) und (8) eingesetzt

$$A = \frac{\left(x\alpha\pi_a\right)^{\frac{1}{(1-\alpha)}}\left(\gamma_a K_a^*\right)^{\frac{\beta}{(1-\alpha)}}}{l_a^{\frac{\alpha}{(1-\alpha)}}}\, P_A^{\frac{\alpha}{(1-\alpha)}} + Q\left(1 - \frac{1}{\pi_a P_A}\right)$$

214. a) (A)

$$A = 250\,P_A + 1178 - \frac{1178}{2\,P_A}$$

b)

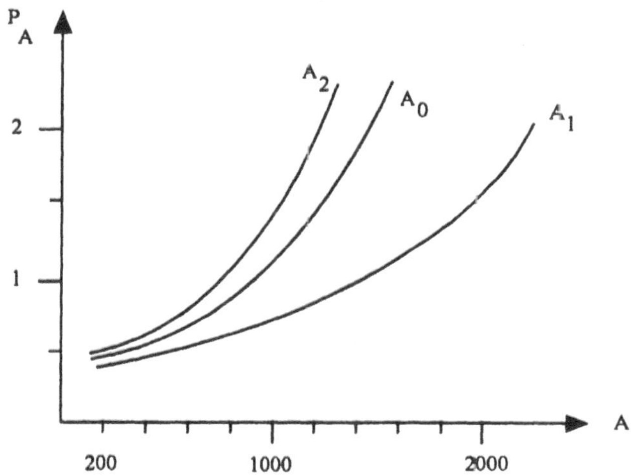

Man beachte, daß die Produktionsmenge Q in dieser Angebotsfunktion festgesetzt wurde. Dies ist ein sehr unbefriedigendes Vorgehen. Eine in sich geschlossene gesamtwirtschaftliche Angebotsfunktion muß eine Hypothese über die Determinanten von Q einführen. Die "traditionelle" Angebotsfunktion (vgl. Fragen 205 und 206) setzt Q = A. Da Q von der Beschäftigung B und diese vom gleichgewichtigen Reallohn (ℓ/P) determiniert wird, hängt das Gesamtangebot vom Reallohn ab. Allerdings muß man ergänzen, daß die Unternehmen in jedem Punkt der Arbeitsnachfragefunktion ihre Gewinne maximieren. Ändert sich der Reallohn, dann passen sich die Unternehmen auf der Arbeitsnachfragekurve gewinnmaximierend an; steigt er z.B., dann werden Arbeitskräfte entlassen. Man kann bei diesem theoretischen Ansatz aber nicht sagen, daß das Angebot direkt vom Gewinn abhängt und daher ist es zweifelhaft, ob damit das Angebotsverhalten der Unternehmer empirisch gehaltvoll beschrieben ist.

Für die hier diskutierte Angebotsfunktion bietet es sich an, die Produktionsmenge über die Nachfrage zu erklären.

215.

a) (D)

$$A_1 = 540 P_A + 1178\left(1 - \frac{1}{2{,}4 P_A}\right)$$

b) Siehe Diagramm der Lösung von Aufgabe 214 b.

216.

a) (A), (C)

$$A_2 = 175 P_A + 1178\left(1 - \frac{1}{2 P_A}\right)$$

b) Siehe Diagramm der Lösung zu Aufgabe 214 b.

217.

a) $P\uparrow \rightarrow \frac{l_a}{P}\downarrow \rightarrow B\uparrow \rightarrow Q\uparrow \rightarrow A\uparrow$

Dabei gilt $\gamma < 1$.

Eine "neoklassische" Argumentationskette würde lauten ($\gamma = 1$):

$$P\uparrow \rightarrow \frac{l_a}{P}\downarrow \rightarrow B_d\uparrow;\ l_a\downarrow \rightarrow \frac{l_a}{P}\downarrow \rightarrow B_d\downarrow \rightarrow \vec{B}^* \rightarrow \vec{Q}$$

$$\rightarrow \vec{A}\,,$$

wobei B^*, Q und A Vollbeschäftigungsgrößen sind (vgl. auch Lösung zu Frage 222).

Eine dritte Argumentation in einem Modell, in dem der Gewinn explizit berücksichtigt (und positiv) ist, läuft über die Kette ($\gamma < 1$):

$$P\uparrow \rightarrow G\uparrow \rightarrow Q\uparrow \rightarrow A\uparrow$$

218. (B)

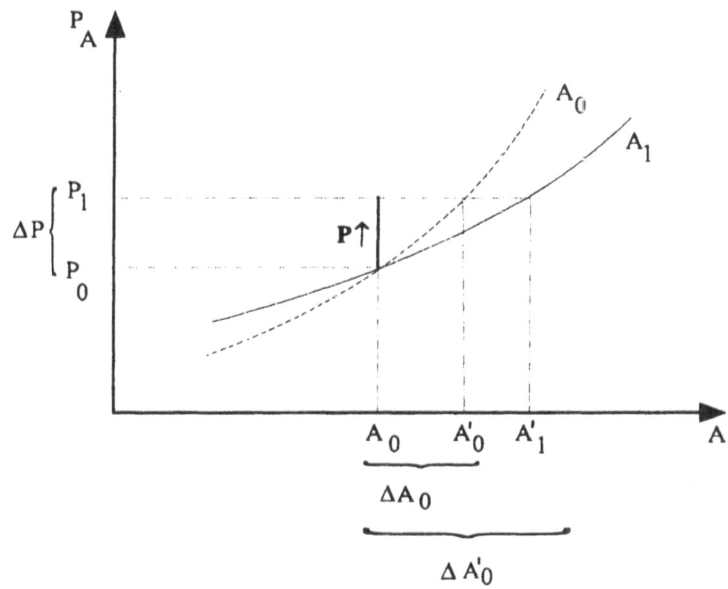

Wir vergleichen zwei Angebotsfunktionen mit unterschiedlichen Steigungen. Bei gleicher Preisniveauerhöhung Δ P steigtdasAngebot bei der flacheren Angebotsfunktion (A_1) mehr als bei der steileren (A_0). Der Grund: Bei A_1 reagieren die Wirtschaftssubjekte elastischer auf die veränderte Situation.

- Auf dem Arbeitsmarkt: je höher die Einstellungsneigung x, desto flacher verläuft die Arbeitsnachfragefunktion im (ℓ/P)-B-Diagramm. Die Unternehmer reagieren auf Reallohnsenkungen mit hoher Nachfrage nach Beschäftigten. Damit ist höhere Produktion und höheres Angebot verbunden.
- Bei der Produktion: je größer die Produktionselastizität der Arbeit, desto steiler verläuft die Produktionsfunktion im Q-B-Diagramm. Bei einer bestimmten Beschäftigungszunahme kann mehr produziert werden.

219. (A), (C)

Die Lage der Gesamtangebotsfunktion hängt von der Lage der einzelnen Bestimmungsfunktionen ab, und diese wurden in vorhergegangenen Anworten ausführlich behandelt:

Lage der ...	Lösung zu Aufgabe Nr.:
Beschäftigungsfunktion	166, 167
Arbeitsnachfragefunktion	171-177 u. insbes. 181
Arbeitsangebotfunktion	197
Gewinnfunktion	207
Importfunktion	209

220. (A) , (C)

Die gesamtwirtschaftliche Angebotsfunktion verlagert sich nach rechts, wenn die kapazitätserweiternden Faktoren Technologieniveau, Kapitalstock und Kapazitätsauslastung steigen. Damit wird eine höhere Produktion möglich, das Angebot kann steigen. Mit ähnlicher Argumentation kann der expansive Effekt der Einstellungsneigung x der Unternehmen begründet werden: die Arbeitsnachfrage steigt und es wird möglich, mehr zu produzieren und anzubieten. Schließlich: steigt die erwartete Produktionsmenge, dann wird auch die tatsächliche Produktionsmenge steigen; es kann mehr angeboten werden.

Die Gesamtangebotsfunktion verlagert sich nach rechts, wenn faktorpreismindernde Veränderungen auftreten, z.B. sinkende Geldlöhne. Die sinkenden Faktorpreise ermöglichen es, zu denselben Kosten mehr Faktormengen einzusetzen. Die Kapazität steigt. Diese Wirkung tritt aber nur auf, wenn man annimmt, daß die Unternehmen sich nicht mit den Kostensenkungen zufriedengeben und - unter Gewinnmaximierung- ein neues Kosten - Produktionsoptimum aufsuchen, sondern daß sie mehr Faktormengen nachfragen und für die Produktion einsetzen. Ist dieses Verhalten plausibel? Können wir (negativ geneigte) Nachfragefunktionen unterstellen, aufgrund derer die Unternehmen ihre Faktornachfrage einrichten?

Bei der Arbeitsnachfragefunktion ist dies unterstellt. Sinkender Lohnsatz führt (bei konstantem Preisniveau) zu steigender Nachfrage nach Beschäftigten. Ebenso plausibel ist es anzunehmen, daß sinkende Kapitalkosten und sinkende Preise für Investitionsgüter zu einer Mehrnachfrage führen, wenn die Unternehmen meinen, diese zusätzliche Kapazität auslasten zu können. Werden niedrigere Energie-, Rohstoff- und Materialpreise zu steigender Nachfrage und damit zu erhöhten Faktormengen führen? Wohl nur dann, wenn eine optimistische Einschätzung der Wirtschaftslage und der Absatzmöglichkeiten vorhanden ist. Dies kann durch die Gewinnerwartungen ausgedrückt werden. Sinkende Faktorpreise bei steigenden Gewinnerwartungen führen zu einer Rechtsverlagerung der Gesamtangebotsfunktion.

Die gesamtwirtschaftliche Angebotsfunktion verlagert sich nach rechts, wenn autonome Importe und Importneigung steigen. Dies bewirkt ein höheres inländisches Angebot an Gütern (und Dienstleistungen), die im Ausland produziert wurden.

221. (B) , (C) , (E)

Die gesamtwirtschaftliche Angebotsfunktion soll die Angebotsbedingungen in einer Volkswirtschaft beschreiben. Diese hängen entscheidend auch vom Produktionsniveau ab. Man kann zudem sagen, daß sie von der generellen Wirtschaftslage bestimmt werden.

Die Wirtschaftslage läßt sich mit dem Beschäftigungsgrad angeben. Extreme Beschäftigungsgrade sind Vollbeschäftigung (die Kapazitäten sind voll ausgelastet) und starke Unterbeschäftigung (mit vielen ungenutzten Kapazitäten und hohen durchschnittlichen Fixkosten).

Beschreibt man die Angebotsbedingungen in einem Preisniveau-Angebotsdiagramm, dann stellen sich die beiden Extrembereiche wie folgt dar: Im Unterbeschäftigungsbereich bestehen ungenützte Kapazitäten und hohe fixe Stückkosten, so daß einer Ausdehnung der Produktion technisch und ökonomisch nichts im Wege steht. Die ungenutzten Kapazitäten gestatten die technische Ausdehnung, die hohen fixen Stückkosten sinken durch die Ausdehnung, die Stückgewinne steigen. Es besteht kein Anlaß, Preiserhöhungen durchzuführen. Die "Angebotsfunktion" ist gekennzeichnet durch eine unendliche Preisniveauelastizität des Gesamtangebots (vgl. Bereich I der Angebotsfunktion im Diagramm).

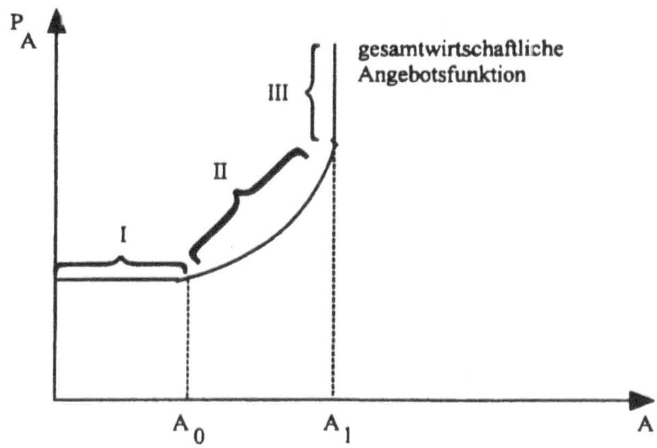

Es ist unterstellt, daß die Unternehmen bei einem konstanten Preisniveau jede gewünschte Menge (bis zu A_0) anbieten.

Erreicht das Gesamtangebot das Niveau A_0 (vgl. Diagramm), dann treten Produktionsengpässe auf, die Anpassung der Unternehmen an steigende Produktion wird schwieriger und verursacht steigende Stückkosten bei sinkenden Stückgewinnen (Bereich II). Die Ausdehnung von Produktion und Angebot lohnt sich nur bei steigendem Angebotspreisniveau. Denn auch die Faktorpreise steigen; eine Ausdehnung der Produktion ist vielleicht nur mit Überstunden möglich; Fachkräfte werden knapp und müssen von anderen Unternehmen abgeworben werden; Kredite müssen aufgenommen werden, etc.

Je schlechter die Anpassungsmöglichkeiten (strukturelle Verkrustungen, bürokratische Großunternehmen, monopolistische Märkte, institutionelle Starrheiten), desto steiler verläuft die Angebotsfunktion. Bei der Steigung der Funktion kommt es darauf an, wie stark die Unternehmen (allgemeiner: Anbieter) sich flexible Anpassungen verbaut haben oder wie der Staat die wirtschafts- und gesellschaftspolitischen Rahmenbedingungen gesetzt hat. Wie begrenzen auftretende Engpässe bei den Produktionsfaktoren (Arbeit, Kapital, Boden, Umwelt, Energie etc.) die flexible Ausdehnung der Produktion? Wie stark werden die Entscheidungsmöglichkeiten der Unternehmen eingeengt

(Kündigungsschutz, Mitbestimmung, Betriebs- und Personalräte, progressive Steuergesetzgebung, Produktionsverbote, Auflagen, Normen etc.)? In A_1 (vgl. Diagramm) ist die gesamtwirtschaftliche Kapazitätsgrenze erreicht: Alle Produktionsfaktoren sind vollbeschäftigt bzw. ausgelastet (Bereich III). Übersteigt die Nachfrage diese Grenze, dann kann das Angebot nur über das Preisniveau steigen, die Menge bleibt gleich. Dies ist der sog. "klassische" Bereich der gesamtwirtschaftlichen Angebotsfunktion. Dieser Bereich ist stabil insofern, als Abweichungen von der Vollbeschäftigung nur kurzfristig denkbar sind. Die "Neoklassiker" argumentieren: Die Volkswirtschaft ist stabil, da die Marktkräfte immer wieder auf das gesamtwirtschaftliche Vollbeschäftigungsgleichgewicht hinwirken. Man sorge nur für Preise, die nach oben und unten flexibel sind, dann werden die Märkte (Arbeits-, Geld-, Kapital- und Gütermarkt) für einen Ausgleich sorgen, und dies bei Vollbeschäftigung.

222.

$$P\downarrow \rightarrow \frac{l_a}{P}\uparrow \rightarrow B\downarrow;\; l_a\downarrow \rightarrow \frac{l_a}{P}\downarrow \rightarrow B\uparrow, \vec{B}, \vec{Q} \rightarrow \vec{A}$$

Das sinkende Preisniveau läßt den Reallohn steigen, die Beschäftigung sinkt und es entsteht Arbeitslosigkeit (Angebotsmengenüberschuß). Die Arbeitslosen konkurrieren um Arbeitsplätze, die Geldlöhne sinken. Der Reallohn sinkt auf sein ursprüngliches Niveau (bei konstantem Preisniveau), die Beschäftigung steigt (auf ihr ursprüngliches Niveau). Beschäftigung, Produktion und Angebot bleiben gleich.

223. (B) , (C) , (E)

Marktkräfte, also nach oben und unten flexible Preise, Löhne und Zinsen, das sind die entscheidenden Mechanismen in der "neoklassischen" Welt, die für Stabilität sorgen. Konkurrenzmärkte mit hoher Transparenz bilden den Rahmen. Der Staat sollte sich aus diesem freien Spiel der Kräfte heraushalten. Denn finanzpolitische Aktivitäten (antizyklische Konjunkturpolitik) sind wegen der auftretenden Crowding-out-Effekte wirkungslos; wegen der Wirkungsverzögerungen könnten sie sogar zyklusverschärfend wirken.

224. (A)

Die "neoklassische" Angebotsfunktion verändert sich nur, wenn die kapazitätserweiternden Faktoren steigen, und da $x = \gamma = 1$, sind dies Kapitalstock K^* und Technologieniveau. Ein elastischeres Arbeitsangebot kann im "neoklassischen" System keine Ausweitung des Gesamtangebots bewirken: die Marktkräfte sorgen dafür, daß immer Vollbeschäftigung erreicht ist. Daher verändern sinkende Geldlöhne die "neoklassische" Gesamtangebotsfunktion nicht.

225. (A) , (C) , (E)

In der Frage sind nur Faktoren aufgeführt, die den Arbeitsmarkt betreffen, mit Ausnahme der letzten Antwortmöglichkeit. Dies liegt auch an den Schwerpunkten der Darstellung des Angebots bei Keynesianern und "Neoklassikern": sie konzentrieren sich auf den Arbeitsmarkt. Die "Neoklassiker" können wegen ihrer Annahme vollkommener Konkurrenz auch den Gewinn ignorieren: alle Unternehmen produzieren im Minimum der Stückkostenkurve. Zur Außenwirtschaft (Importe) wird in der Lehrbuchdarstellung selten ein Wort verloren.

Somit bleibt der Arbeitsmarkt als prägender Faktor des gesamtwirtschaftlichen Angebots. Die Unterschiede wurden ausführlich in den Antworten zu 165 - 204 dargestellt.

226. (B) , (C)

"Neoklassiker" und Keynesianer vertreten zum Zusammenhang zwischen Gesamtangebot und Beschäftigung gegensätzliche Meinungen. Die angebotsorientierten "Neoklassiker" betonen die Rolle der Löhne, und zwar auf der Kostenseite. Die Gesamtnachfrage kann vernachlässigt werden, wenn man unterstellt, daß das Saysche Theorem gilt: jedes Angebot schafft sich seine Nachfrage. Die nachfrageorientierten Keynesianer betonen die Nachfrageeffekte der Löhne und die Kapazitätsauslastung bei der Produktion.

An diesen gegensätzlichen Meinungen über die Beeinflussung der Beschäftigung entzündet sich die Debatte über die Beschäftigungspolitikder letzten Jahre: Beseitigung der Arbeitslosigkeit durch Nachfragepolitik (Keynesianer), insbesondere staatliche Beschäftigungsprogramme oder durch Angebotspolitik ("Neoklassiker"), Stärkung der Gewinne zulasten der Löhne.

Bei allen Gegensätzen wird man jedoch davon ausgehen müssen, daß beide Seiten (Angebot <u>und</u> Nachfrage) eine wichtige Rolle für den Beschäftigungsgrad spielen. Für die Angebotsseite dürften die Gewinne den entscheidenden Einfluß auf die Beschäftigung ausüben: steigende Gewinne und Gewinnerwartungen führen wohl zu steigender Produktion und steigender Beschäftigung. Je höher jedoch der Preis für Arbeit, desto eher werden die Unternehmen nach Möglichkeiten suchen, Arbeit durch andere Produktionsfaktoren zu substituieren. Je mehr Arbeit zum fixen Faktor wird, den die Unternehmen nicht mehr den schwankenden Produktionsniveaus anpassen können, desto starrer wird die Nachfrage nach Arbeitskräften werden. Die Grenzleistungsfähigkeit des Kapitals spielt nur bei der Nachfrage eine Rolle.

227. (B) , (D)

Die Beziehung zwischen Unterbeschäftigung bzw. Vollbeschäftigung und Preisniveau wird von der ("modifizierten") Phillipskurve angegeben. Die Okun-Kurve kann wie folgt geschrieben werden:

$$u_k = u - u^* = \alpha^* (AN^* - AN).$$

Dabei bedeuten u_k und u^* konjunkturelle und strukturelle Arbeitslosenquiote.

Interpretiert man u und AN als Indikatoren für gesamtwirtschafliche Ziele, dann läßt sich die Okun-Kurve als Zielbeziehung zwischen den Zielen hoher Beschäftigungsstand und wirtschaftliches Wachstum deuten.

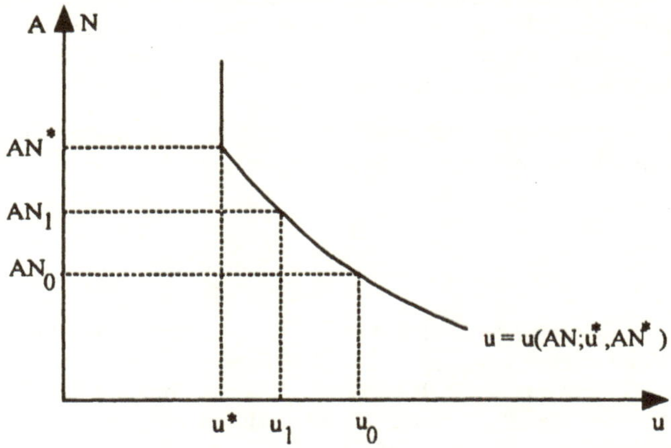

Gehen wir im Diagramm von u_0 -AN_0 aus, dann lautet die Frage: Wenn AN_0 um ΔAN (= AN_1 -AN_0) steigt, um wieviel sinkt dann die Arbeitslosenquote (bei Konstanz von u^* und AN^*)?

228.

a) (C) $u_k = u - u^* = \alpha^* (AN^* - AN).$

b)

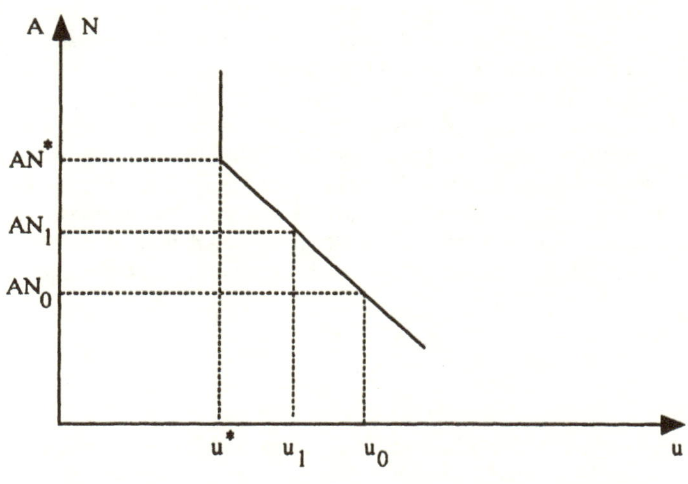

c) (B) , (C)

Die Arbeitslosenquote kann in eine konjunkturelle und eine strukturelle Komponente aufgespalten werden: $u = u_k + u^*$. Es handelt sich um einen puren Zufall, sollten beide einmal gleich hoch sein. Die Argumentationskette von steigender Gesamtnachfrage zu sinkender Arbeitslosenquote hängt von einigen Prämissen ab. Die wichtigsten sind, daß

- die Kapazitätsauslastung hoch ist, denn sonst werden die Unternehmen die zusätzliche Nachfrage bzw. Produktion mit Abbau von Kurzarbeit, Einführung von Überstunden, Sonderschichten etc. herstellen und keine zusätzlichen Beschäftigten einstellen,
- die zusätzliche Produktion nicht mit den bestehenden Kapaziitäten erstellt werden kann und daher Lieferfristen eingeführt werden,
- die benötigten Arbeitskräfte zur Verfügung stehen, d.h. in Bezug augf Qualifikation, Arbeitswünsche (Vollzeit, Teilzeit, Schichtarbeit), Wohnstätte etc.
- die Arbeitslosenquote durch die steigenden Beschäftigten wirklich sinkt. Dies wäre nicht der Fall, wenn die Erhöhung der Beschäftigten (B_d) durch eine Erhöhung der Erwerbspersonen B^* (z.B. geburtenstarke Jahrgänge, Zuzug von ausländischen Arbeitskräften) aufgehoben würde. Denn es gilt:

$$u = \left(\frac{B^* - B_d}{B_d} \right) \cdot 100 \,.$$

- zusätzliche Produktion nicht durch kurzfristig mögliche Produktivitätssteigerung (z.B. organisatorische Verbesserungen) erstellt werden kann,
- zusätzliche Nachfrage nicht durch Lagerabbau befriedigt werden kann.

229.

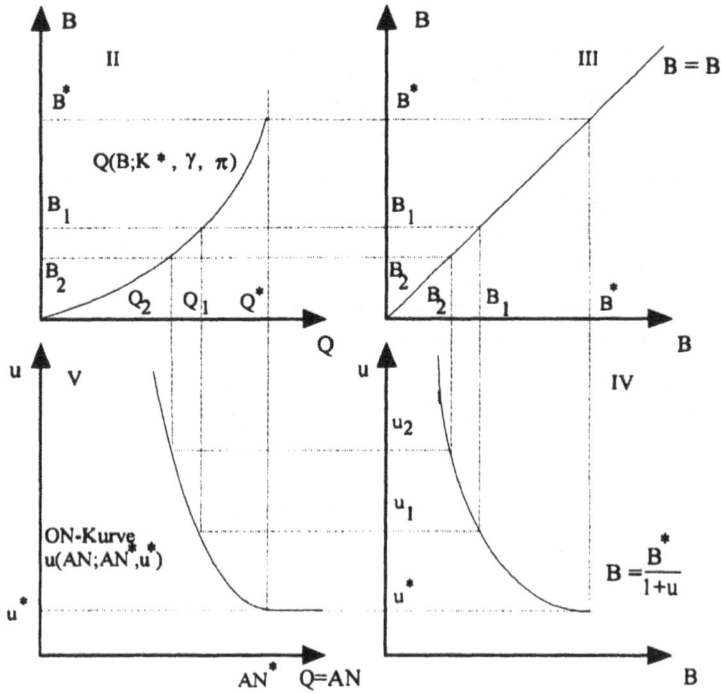

230. (B) , (E)

Wir betrachten zwei Okun-Kurven mit unterschiedlichen Steigungen:

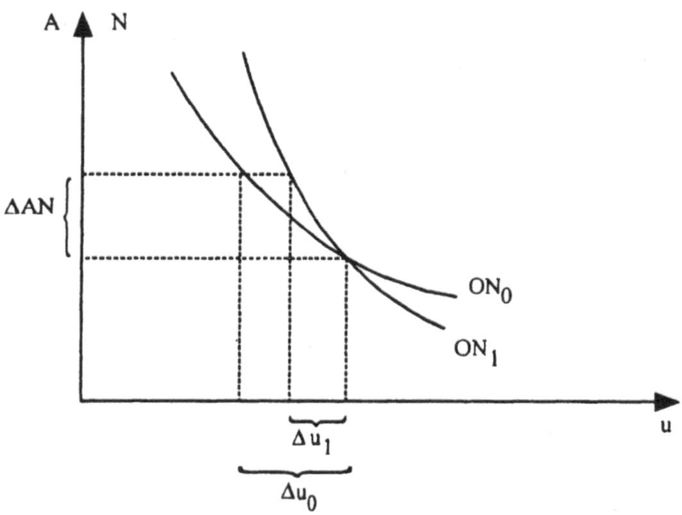

Je weniger die Arbeitslosenquote auf eine Erhöhung von Angebot und Nachfrage reagiert, weil die zusätzliche Produktion nicht mit zusätzlichen Arbeitskräften hergestellt wird, desto flacher verläuft dir Okun-Kurve (ON_1). Je teurer c.p. die Arbeitskräfte (ökonomisches Argument), desto eher werden dir Unternehmen auf die o.g. Möglichkeit ausweichen.

Das bedeutet, daß mit der Steigung der ON-Kurve (vor allem) das Verhalten der Unternehmen wiedergegeben wird. Und das Verhalten hängt, wie wir wissen, ab

- von den Zielen (Gewinnmaximierung, Arbeitsplatzsicherung in "Familienbetrieben")
- vom sozio-ökonomischen und politischen Umfeld (Produktivitätsniveau, Wirtschaftslage, Lohnniveau und -veränderung, Couleur der Regierung, Werte "des" Unternehmens),
- von der institutionellen Bedingungen (Unternehmensgröße, -konzentration, Bedingungen des Arbeitsmarktes, Arbeitsverträge, Kündigungsklauseln, Mitbestimmungsgesetz, Lohnfortzahlung im Krankheitsfall).

Mit dem letzten Punkt ist das soziale Netz angesprochen, das die Verhaltensweisen der Unternehmer natürlich wesentlich bestimmt.

231. (A), (B), (E)

Sowohl u^* als auch das (wertmäßige) Produktionspotential AN^* treten in der Okun-Gleichung als Verschiebungsparameter auf (vgl. aber Lösung zu Frage 287). Veränderungen der konjunkturellen Arbeitslosenquote verschieben die Funktion natürlich nicht, denn diese soll durch die Okun-Kurve erklärt werden.

232. (C)

Vgl. die Lösung zu Frage 230. Das Konkurrenzprinzip spielt auf dem amerikanischen Arbeitsmarkt eine viel größere Rolle; ein der Bundesrepublik vergleichbares soziales Netz und eine vergleichbare Arbeitsordnung (Betriebsverfassungsgestz, Mitbestimmungsgesetz) gibt es in den USA nicht. Außerdem ist die Grenzproduktivität in der BRD höher.

233. (A), (E)

234. (B), (C)

Mit der NL-Kurve wird versucht, die Wirkungen der Ausdehnung von gesamtwirtschafltlichem Angebot/Nachfrage (Wirtschaftswachstum) auf die natürlichen Lebensgrundlagen darzustellen. Dieses vieldimensionale Problem in einem zweidimensionalen Koordinatensystem abbilden zu wollen, muß naturgemäß mit starken Vereinfachungen erkauft werden. Dennoch: die schlimme WUmweltzerstörung zwingt uns dazu, wirtschaftspolitische Strategien auch unter dem ökologischen Aspekt anzusehen.

235.

a)

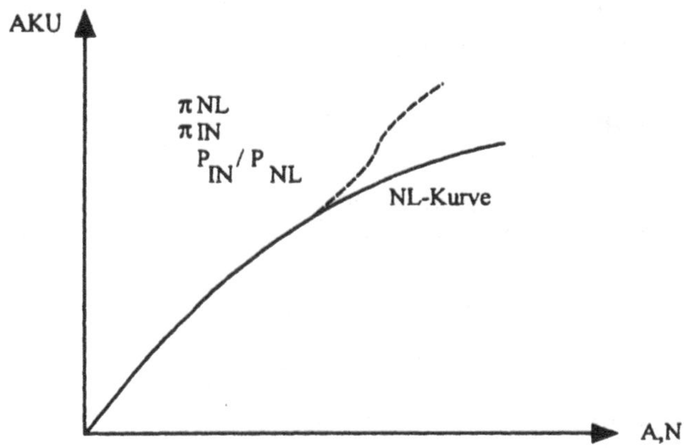

Der Verlauf der NL-Kurve läßt sich nur auf plausible Vermutungen stützen, denn das Maß für die Umweltverschmutzung, die AKU-Werte (Äquivalenzkennziffern) werden heute noch nicht systematisch gemessen. Sie sollen den Schadstoffgehalt von Luft, Wasser und Boden angeben. Es dürfte jedoch plausibel sein, daß es ein Ausmaß von Umweltzerstörung gibt, das - insbesondere wohl auch regional verschieden - von der Gesellschaft als kritisch eingeordnet wird. Die Tatsache, daß dieser kritische AKU-Wert erreicht ist, wird zu massiven Umwellschutzmaßnahmen führen (wie uns das Beispiel Japans in den 70er Jahren zeigt), so daß die NL-Kurve abflachen wird, bevor sie den Gefahrenbereich erreicht.

(Vgl. auch Aufg. 236)

b) (B) , (C)

Wachstumsgrenzen müssen in einer Sättigungsfunktion dargestellt werden, deren S-förmiger Verlauf nur im ersten Teil zunehmende Zuwächse (wie eine Exponentialfunktion) aufweist. Die Exponentialfunktion resultiert in konstanten Wachstumsraten; schon eine linear ansteigende Funtion in der Zeit setzt sinkende Wachstumsraten voraus.

Der "Gefahrenbereich" ist durch AKU-Werte gekennzeichnet, die eine kritische Umweltbelastung darstellen. Es ist realistisch, davon auszugehen, daß es eine - regional unterschiedliche - Fühlbarkeitsschwelle für die Gesellschaft gibt, ab der sie große Anstrengungen unternimmt, die Umweltzerstörung aufzuhalten. Der detailliert begründete Verlauf läßt sich jedoch aus der gesamtwirtschaftlichen Produktionsfunktion und aus der Umweltbeslastungsfunktion ableiten (vgl. auch Aufg. 236).

Der sog. umwelttechnische Fortschritt sorgt dafür, daß die NL-Kurve sich nach rechts verlagert. Dies könnte dazu führen, daß wirtschaftliches Wachstum bei konstanter Umweltqualität möglich wird. Es muß jedoch sehr bezweifelt werden, ob dieser Fortschritt "immer" die Umwelt erhalten wird. Denn nicht nur das wirtschaftliche Wachstum, der Zuwachs der Produktion, belastet und zerstört die Umwelt, auch das Produktionsniveau beutet jedes Jahr aufs Neue die Umwelt aus. Um eine konstante Umweltqualität zu erhalten, sind daher sehr große Anstrengungen notwendig. Politische Ansätze hierzu sind mittelfristig nicht zu erkennen.

236.

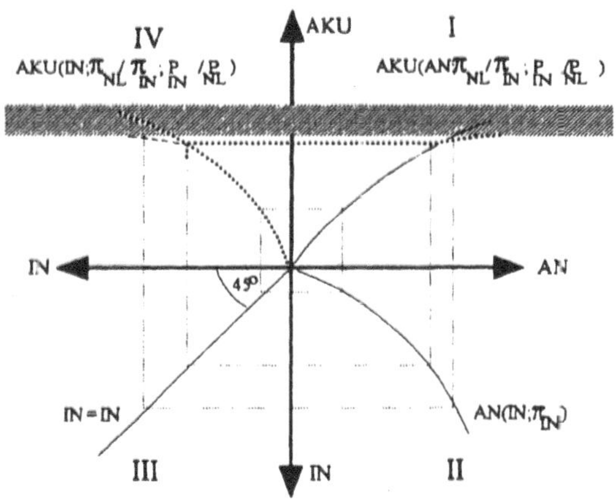

Die NL-Kurve (im I. Quadranten) wird aus der Produktionsfunktion (II.) und der Umweltbelastungskurve (IV.) abgeleitet.Dies sei im Detail erläutert. Über die Produktionsfunkton $AN(IN,\pi_{IN})$ muß nicht viel zu dem in Kap. III (Makroökonomik) Gesagten hinzugefügt werden. Mit IN sind alle Produktionsfaktormengen bezeichnet, mit deren Hilfe AN, die Güter und Dienstleistungen (Outputs), hergestellt werden. Es handelt sich um Arbeit, Kapital, Boden, Energie und natürliche Ressourcen. Mit π_{IN} ist die Qualität dieser Inputs bezeichnet. Die Lage dieser Funktion wird von diesem Technologieniveau bestimmt, die Steigung hängt von den Produktionselastizitäten der Faktoren ab.

Die Umweltbelastungsfunktion im IV. Quadranten gibt an, wie der Einsatz der o.g. Inputs die Umweltmedien Luft, Wasser und Boden beeinflußt. Die Verschlechterung oder Zerstörung der Umwelt ist mit den AKU-Einheiten dargestellt. Ich bin dabei in der Abbildung von einer kritischen Umweltbelastung ausgegangen, bei der sinnvolle Produktion und sinnvoller Verbrauch nicht mehr möglich sind. Natürlich kann diese Grenze nicht exakt angegeben werden; daher ist sie in der obigen Abbildung auch als Korridor skizziert. Doch unbestreitbar existiert eine solche Grenze; sie rückt auch immer deutlicher ins Blickfeld der Menschen.

237. (C) , (E)

Wie die Ableitung der NL-Kurve zeigt, sind die privaten Haushalte nicht berücksichtigt. Unbestreitbar stellen die privaten Haushalte durch Hausbrand, Müll, Verkehr etc. eine wichtige Gruppe dar, die die natürlichen Lebensgrundlagen wesentlich verschlechtert bzw. zerstört. Als spezifischen Energieverbrauch bezeichnet man den Energieverbrauch je produzierte Einheit. Je geringer dieser Koeffizient, desto geringer ist der Energiebedarf für zusätzliches Wachstum und desto geringer ist die Umweltbelastung und -zerstörung durch Energiegewinnug und -erzeugung. Dies gilt ebenso für eine strenge Umweltgesetzgebung, die wie TA-Luft oder die Großfeuerungsanlagenverordnung - Kraftwerke mit konkreten Auflagen belegt (wieviel t dürfen pro Zeiteinheit von einem bestimmten Schadstoff an die Umweltmedien Luft, Wasser, Boden abgegeben werden ?).

Die Antwortmöglichkeit (D) ist unbestimmt. Handelt es sich bei den externen Effekten um Kosten, dann wird die NL-Kurve steiler verlaufen, handelt es sich um externe Nutzen, dann wird sie flacher sein. Allerdings fallen bei der Produktion fast aussschließlich externe Kosten an, also Kosten, die die Unternehmen nicht selbst tragen wollen (im Gegensatz zu den internen Kosten, die sie tragen müssen). Die "Internalisierung von externen Kosten" wird versucht, indem man das Verursacherprinzip anwendet; die Verursacher von Umweltschäden haben danach dafür zu sorgen, daß diese Schäden wieder beseitigt werden.

238. (A) , (D)

Zum umweltsparenden technischen Fortschritt vgl. Lösung. von Aufg. 236.

Die Höhe der aktuellen Ausgaben für die Umweltforschung kann natürlich die Lage der aktuellen NL-Kurve nicht bestimmen, da die Forschungsarbeiten sich erst in entsprechenden Fortschritt umsetzen müssen. Die öffentliche Förderung der Umweltforschung ist sehr bescheiden: das BMFT (Bundesforschungsministerium) wendet dafür jährlich kaum 3 % seines Budgets auf.

Die Lage der NL-Kurve ist im AKU-AN-Diagramm mit dem Umweltindikator AKU exakt beschrieben. (Diese Antwortmöglichkeit ist recht spitzfindig. Sie soll darauf verweisen, daß es noch keine allgemeinen Konsens über einen (oder ein Bündel von) Umweltindiktor(en) gibt.)

Die Umweltsensibilität der Bevölkerung zeigt,sich beim Kauf von Gütern, die mit hoher Umweltbelastung hergestellt werden oder die umweltschädliche Wirkungen beim Gebrauch und/oder bei der "Entsorgung" (ein verharmlosendes Wort!) haben. Ein Teil der Bevölkerung trifft (als Manageer, Verwaltungsfachmann etc.) Entscheidungen über Produktionsverfahren, Infrastrukturinvestitionen (z.B. Kraftwerke, Straßenbau), die Wirkungen auf die Umwelt aufweisen. Solche Entscheidungen können die Umweltschäden mehr oder weniger begrenzen. Eine umweltsensible Bevölkerung wird auch im politischen Prozeß (Bürgerinitiativen, Wahlen) für die Umwelt votieren.

239. (A), (B), (E)

Öffentliche Güter haben keine (Markt-) Preise, niemand kann von ihrer Nutzung ausgeschlossen werden, sie weisen ausschließlich externe Effekte (die Umwelt-Kosten) auf. Die Verursacher der externen Kosten können selten zweifelsfrei festgestellt (und zur Kasse gebeten) werden. Dies und die Tatsache, daß in einem privatwirtschaftlich organisierten Wirtschaftssystem die Unternehmen völlig rational handeln, wenn sie ihre internen (externen) Kosten minimieren (maximieren), stellt das Hauptproblem einer erfolgreichen Umweltpolitik dar; in diesem System sind die Anreize gegen die Umwelt gerichtet.

Mittel- und langfristig schafft Umweltpolitik Arbeitsplätze. Die sog. Umweltindustrie erwirtschaftet heute schon eine jährlichen Umsatz von über 100 Mrd. DM. Das japanische Beispiel zeigt die Erfolge beim Export von Umweltgütern. Die Sanierung der Umwelt wird von vielen als <u>der</u> Wachstumsmotor der 90er Jahre angesehen.

Mit (D) ist ein sinnentstelltes Zitat des Nobelpreisträgers Robert Solow wiedergegeben. Es muß statt "gebührend" heißen: "gebühren<u>frei</u>". Das öffentliche Gut Umwelt wird eben meist zu billig abgegeben.

Kapital IV:
Gesamtwirtschaftliche Angebots-Nachfrageanalyse
(Das Sowohl-als-auch)

(Helge Majer, Makroökonomik, S. 165-225 und
Helge Majer, Gesamtwirtschafliche Angebots-
Nachfrageanalyse, S. 23 ff.)

LÖSUNGEN:

240. a)

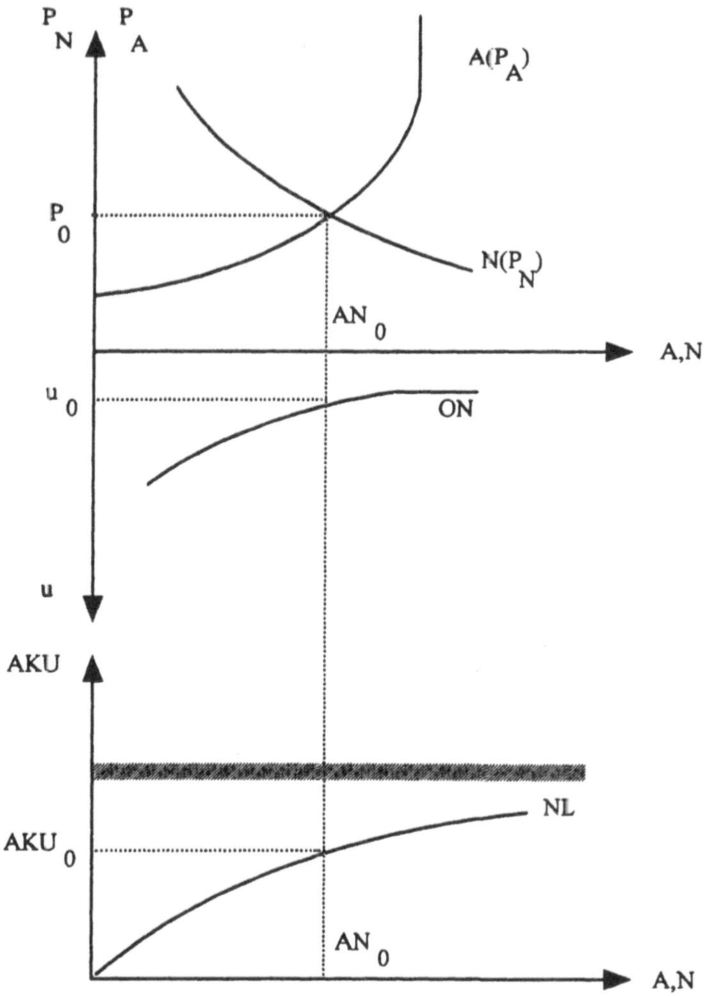

b) (B), (C)

Die gesamtwirtschaftlichen Angebots- und Nachfragefunktionen wurden als Gleichgewichtsfunktionen abgeleitet, die jeweils für mehrere Märkte gelten.

Zur Gesamtnachfragefunktion gelangt man, indem den Gleichgewichten auf dem Güter- und Geldmarkt P-N-Kombinationen zugeordnet werden.

Zur Gesamtangebotsfunktion gelangt man, indem den Gleichgewichten auf dem Arbeits-, dem Kapital- und dem Importgütermarkt P-A-Kombinationen zugeordnet werden.

Demnach bezeichnen alle Punkte der Gesamtangebots- und der Gesamtnachfragefunktion Simultangleichgewichte. Alle Teilmärkte sind gleichzeitig im Gleichgewicht (Partialgleichgewichte betreffen demgegenüber die Gleichgewichte einzelner Märkte mit Ungleichgewichten anderer). Im Schnittpunkt von Gesamtangebot und -nachfrage sind daher alle Märkte im Gleichgewicht.

Genaugenommen existiert von Gesamtangebots- und Gesamtnachfragefunktion nur der Schnittpunkt für einen bestimmten Zeitpunkt. Denn die Gesamtnachfragefunktion wurde unter der Prämisse N = A abgeleitet. (Zur Erinnerung: die Konsumfunktion hängt vom Angebot ab. Dieses kann aber im Nachfragemodell nicht bestimmt werden. Will man sehr komplizierte Modell-Konstruktionen vermeiden, dann ist der einfachste Ausweg, Gleichgewicht von N und A vorauszusetzen). Setzt man in der Angebotsfunktion Q = N, um das nicht erklärte Q zu bestimmen, dann wird damit auch von der Angebotsseite her Gleichgewicht vorausgesetzt. Es existieren somit nur die Schnittpunkte für die Angebots- und Nachfragefunktionen. Um die Bewegungen des gesamtwirtschaftlichen Systems nachzuvollziehen, genügt der Vergleich von solchen Gleichgewichtspunkten.

Warum werden dann aber die Funktionen abgeleitet und gezeichnet? In den Funktionen sind durch die festgesetzten Verhaltens- und Verschiebungsparameter (z.B.: c, b, C_a, ξ, π_a, K^*_a) die Größen genannt, deren Veränderung die Funktionen, und damit die Gleichgewichtspunkte, verlagern. Es handelt sich dabei immer um ex ante Gleichgewichte.

241. (A), (C), (E)

Werden die Geldlöhne erhöht, dann steigen die (Arbeits-) Kosten, die Gesamtangebotsfunktion verlagert sich (unter keynesianischen Prämissen) im P-A-Diagramm nach links (Kosteneffekt), weil Arbeitskräfte entlassen werden (Inputregel). Im neuen Gleichgewicht ist auch die Nachfrage geringer, da das zurückgegangene Angebot auch sinkende Einkommen (und damit geringeren Konsum) bedeutet.

Die gestiegenen Geldlöhne bedeuten für den einzelnen Beschäftigten eine gestiegene Kaufkraft. Wie die gesamtwirtschaftliche Kaufkraftveränderung ausfällt (Kaufkrafteffekt), hängt entscheidend von der Veränderung der Lohnsumme ($W = l * B$) ab. Dem positiven Lohneffekt bei dem einzelnen

Beschäftigten steht ein Rückgang in der Zahl der Beschäftigten gegenüber, weil die Unternehmen wegen des Kosteneffekts Entlassungen vornehmen. Der Gesamteffekt ist theoretisch nicht eindeutig bestimmbar ohne Kenntnis der Parameterwerte.

Im Angebots-Nachfragemodell ist nicht berücksichtigt, daß die entlassenen Arbeitskräfte weiterhin Einkommen (Arbeitslosenunterstützung) erhalten müssen. Dies entspricht einer Erhöhung der Staatsausgaben; in der Modelldarstellung verlagert sich die Gesamtnachfragefunktion nach rechts.

Investitionssteigerungen erhöhen die Gesamtnachfrage, weil sie eine Komponente dieser sind und weil zusätzlich eine Multiplikatorwirkung auftritt (sog. Einkommenseffekt). Mit einer zeitlichen Verzögerung erhöhen diese Investitionen den Kapitalstock und (in der Regel) das Technologieniveau (neue Maschinen sind "besser" als alte). Durch diesen Kapazitätseffekt wird eine Ausdehnung der Produktion (und des Angebots) möglich. Damit ist in der Lösung (B) das Verbindungsglied Investitionen richtig genannt, aber die Begründung ist falsch. Die Grenzleistungsfähigkeit des Kapitals hat nichts mit dem Angebot zu tun.

Der technische Fortschritt bestimmt in seinen output- und inputbezogenen Formen das Angebot, als outputbezogene Qualitätsverbesserung die Nachfrage. Im hier besprochenen Nachfragemodell ist dieser technische Fortschritt nicht explizit berücksichtigt, implizit ist dieser Faktor in C_{a}, ξ, R_{a}, Ex_{a} enthalten.

Indirekte Beziehungen zwischen Angebot und Nachfrage bestehen dadurch, daß die Wirtschaftssubjekte konsumieren (Nachfrage) und arbeiten (Angebot), investieren (Nachfrage) und produzieren (Angebot), etc.

Die Interaktionen im gesamtwirtschaftlichen System

Variablen	A-Kurve	N-Kurve	ON-Kurve	NL-Kurve
Investitionen steigen	(2) Rechtsverlagerung durch Kapazitäts- und Technologieeffekt	(1) Rechtsverlagerung durch Einkommenseffekt	(3) Rechtsverlagerung durch Kapazitätseffekt (4) Bei Rationalisierungs investitionen Rechtsverlagerung	(5) Rechtsverlagerung durch technische Fortschritte, insbesondere bei Umweltinvestitionen
Geldlöhne steigen	(1) Linksverlagerung durch Kosteneffekt	(2) Rechtsverlagerung durch Kaufkrafteffekt	(3) Rechtsverlagerung durch arbeitssparenden technischen Fortschritt	

242. (B), (C)

Lohnsatz
Investitionen

(Vgl. Lösung zu Frage 241).

243. (B), (D), (E)

244. (A) , (B)

In der Aufgabe werden die wichtigsten Prämissen behandelt, die bei der Wirkungsanalyse in den folgenden Aufgaben mit Hilfe des gesamtwirtschaftlichen Angebots-Nachfrage-Systems beachtet werden müssen.

Zur Lösung (a) vgl. die zur Frage 240. Dynamische Prozesse lassen sich insoweit durch komparativ-statische Analyse abbilden, wie eine Folge von Schnappschüssen den Film über ein Pferderennen ersetzen kann. Doch es tritt noch ein Weiteres hinzu: die Interaktion dynamischer Prozesse kann eine eigene Dynamik erzeugen, die aufgrund eines Modells mit Niveaugrößen nicht abgeleitet werden kann (dies ist z.B. bei der dynamischen Phillipskurvenanalyse der Fall). Daher stellt eine komparativ-statische Analyse immer eine sehr einfache Approximation dynamischer Prozesse dar!

Wachstumsraten lassen sich rein definitorisch durch Niveaugrößen ausdrücken:

$$w_N = \left(\frac{N_1 - N_0}{N_0} \right) \times 100$$

Ein Modell, das mit Niveaugrößen formuliert ist, läßt sich jedoch nicht für die Ableitung von Ergebnisse eines Wachstumratenmodells verwenden.

Die wirtschaftliche Realität ist in der Tat durch eine Abfolge von Ungleichgewichten gekennzeichnet; Gleichgewichte dürften dabei sehr zufällig auftreten. Für die Wirkungsanalyse ist es jedoch sehr kompliziert, Ungleichgewichtssituationen miteinander zu vergleichen (Eindeutigkeit). Daher arbeitet man in den Wirtschaftswissenschaften oft mit dem Gleichgewichtsbegriff, in der traditionellen Makroökonomik fast ausschließlich. In wichtigen Forschungsarbeiten der letzten Jahre spielen jedoch Ungleichgewichte eine zentrale Rolle.

Das Modell gilt für eine geschlossene Volkswirtschaft und ist damit ein Partialmodell.

245. a) (A) , (D) , (E)

Die nachfrageorientierte Beschäftigungspolitik wurde in einer Zeit erfolgreich angewendet, als die Produktionsbedingungen sehr günstig waren.

Seit einigen Jahren haben sich die wirtschaftlichen Bedingungen tiefgreifend geändert (vgl. Lösung zu Frage 138), insbesondere traten Sättigungprobleme in bestimmten Bereichen, Strukturverhärtungen, Kostensteigerungen etc. auf, die Schwierigkeiten in der Anpassung von Produktion und Angebot offenlegten. Es ist daher nur folgerichtig, daß der Verbesserung der Angebotsbedingungen nun das Hauptaugenmerk von Theorie und Politik gilt.

Eine extreme, einseitige Angebotspolitik ist jedoch - falls überhaupt - nur über ordnungspolitische Maßnahmen möglich (Wettbewerbspolitik, Abbau staatlicher Einflüsse auf die Wirtschaft). Prozeßpolitische Maßnahmen zur Steuerung des Angebots (z.B. Investitionsförderung) wirken immer auch auf der Nachfrageseite. Eine ausgewogene gesamtwirtschaftliche Steuerung muß also die Wirkungen auf der Angebots- und der Nachfrageseite beachten, auch wenn sie den Schwerpunkt auf der Angebotsseite setzt.

Es ist wenig sinnvoll, die Produktion auszudehnen ohne eine Aussicht auf Absatz. Das Saysche Theorem postuliert wohl solch ein ex ante Gleichgewicht ("jedes Angebot schafft sich seine Nachfrage"). Doch kann ein Nachweis dieses Theorems nur ex post erfolgen, und hier haben Inflation und Arbeitslosigkeit immer für einen Ausgleich von Gesamtangebot und -nachfrage gesorgt.

b)

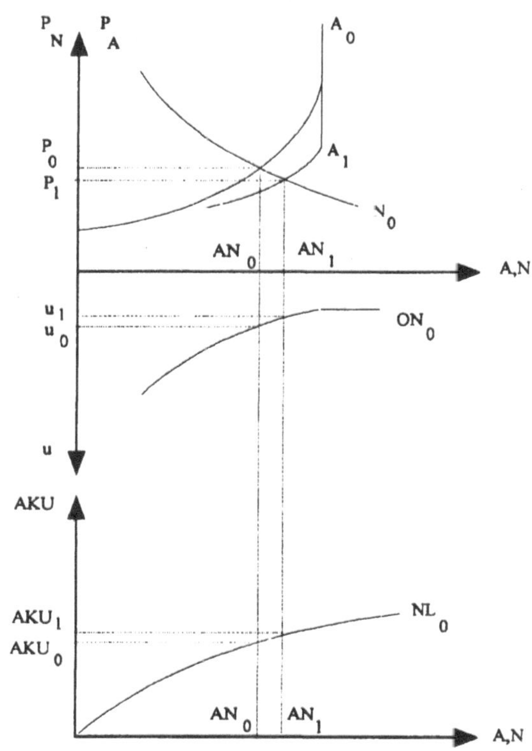

In der Zeichnung wird davon ausgegangen, daß die Angebotsfunktion durch ordnungspolitische Maßnahmen verschoben wird.

In der wirtschaftspolitischen Diskussion wird unter Angebotspolitik häufig auch eine Politik der Investitionsförderung verstanden. Will man dies im Diagramm darstellen, dann würde sich die Nachfragefunktion zusätzlich nach rechts verschieben.

Die hier beschriebenen Wirkungen treten nur bei einer kurzfristigen Analyse auf; langfristig verlagert sich mit der Angebotsfunktion auch die Nachfragefunktion, denn Kapazitätsausweitungen setzen Investitionen voraus; oder: verbesserte Produktionsbedingungen schaffen ein günstiges Angebotsklima, die Grenzleistungsfähigkeit des Kapitals erhöht sich, die Investitionen steigen.

c) (B), (E)

Das Preisniveau sinkt

Die Umweltqualität sinkt

d) (B) , (D) , (E)

Die Gesamtnachfrage<u>funktion</u> bleibt gleich, weil die Produktionsbedingungen über ordnungspolitische Maßnahmen verbessert werden (die nicht nachfragewirksam sind), z.B. Stärkung des Wettbewerbs, Abbau staatlicher Reglementierungen, Reprivatisierung ineffizienter staatlicher Betriebe, Stärkung der Eigeninitiative, Zurückdrängen des Versorgungs- und Besitzstandsdenkens, Erhöhung beruflicher und regionaler Mobilität, u.ä. Durch die Veränderung des Angebots ergibt sich eine Erhöhung der Gesamtnachfrage bei bestehender Gesamtnachfragefunktion.

Andererseits werden verbesserte Produktionsbedingungen die Unternehmen nur dann zu höherer Produktion anreizen, wenn die Gewinnerwartungen verbessert werden.

Die Okun-Kurve ändert sich mit der Veränderung der Produktionsbedingungen nicht, weil die Kapazitätsgrenze nicht ausgedehnt wird.

In der Realität können Freisetzungseffekte durch Rationalisierung bzw. technischen Fortschritt auftreten, die die Beschäftigungswirkungen abschwächen oder gar zunichte machen. Diese Effekte sind in unserer Modellanalyse nicht berücksichtigt.

246. a) (B) , (D)

Es ist schwer zu begreifen, wie eine Stimulierung der Investitions<u>nachfrage</u> im Kern eine <u>angebots</u>orientierte Politik sein soll. Die vorausschauende Globalsteuerung über die Nachfrage hatte immer mit Investitionen den Keim für eine Ausweitung der Kapazitäten gesetzt, sie war immer <u>auch</u> Angebotspolitik. Kurz: Durch die engen Beziehungen zwischen Angebot und Nachfrage ist es schwierig, eine Politik eindeutig zum Angebot oder zur Nachfrage zuzuordnen.

Der Gesamteffekt von Rationalisierungsinvestitionen auf die Beschäftigung ist ungewiß. Einerseits werden Arbeitsplätze geschaffen durch die vermehrte Produktion von Investitionsgütern, andererseits werden durch den Einsatz dieser Investitionsgüter Arbeitsplätze vernichtet. Erweiterungs- und Bauinvestitionen dagegen schaffen per Saldo Arbeitsplätze.

Für eine "generelle und nachhaltige Erhöhung des Beschäftigungsgrades" ist eine Nachfragestimulierung auf breiter Front notwendig, die auch Konsum, Staatsausgaben und Export einschließt.

b)

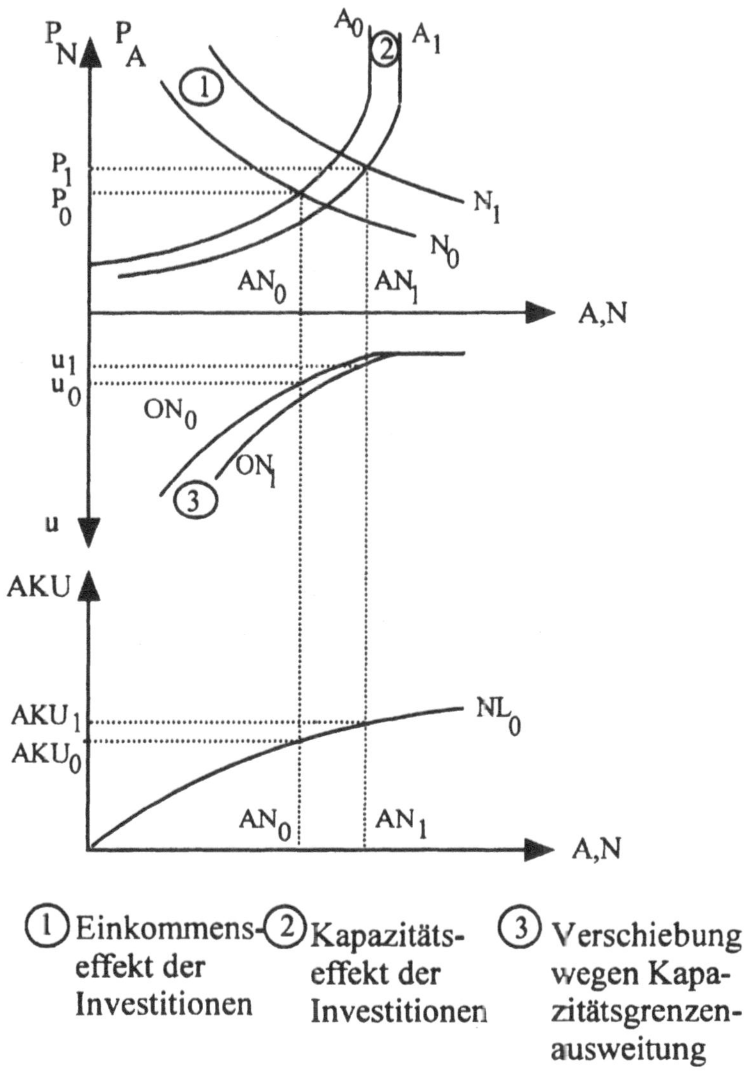

c) (E)

d) (B) , (D) , (E)

Die Abschreibungen spielen bei der Begründung des Kapazitätseffektes eine Rolle. Es gilt:

$$K_1 = K_0 + \Delta K - D$$

der Kapitalstock der Periode 1 K_1 entsteht aus dem der Periode 0 K_0, den Investitionen ΔK und den Abschreibungen D. Der Kapazitätseffekt kann nur auftreten,wenn (technisch) $\Delta K > D$. D muß hier nicht Null sein.

In der Investitionsgüterindustrie entsteht zusätzliche Beschäftigung, die die Freisetzungseffekte der Investitionen überkompensiert. In der Analyse wird nur die Erhöhung der Investition berücksichtigt. Dies birgt die Gefahr, daß eine Verlagerung der ON-Kurve den Beschäftigungseffekt zunichte macht. Würden die anderen Nachfragekomponenten auch steigen, dann wäre diese Gefahr gering.
Bei unterausgelasteten Kapazitäten wird kein Unternehmen nennenswert investieren, es sei denn, man rechnet mit einer schnellen Beseitigung der Unterauslastung. Das bedeutet positive Zukunftserwartungen (insbesondere in bezug auf die Gewinne). Auch bei pessimistischen Erwartungen (Rückgang der Grenzleistungsfähigkeit des Kapitals) wird keine Investitionsfreude aufkommen. Diese Aspekte sind jedoch in der Modellanalyse nicht berücksichtigt.

247. (A) , (C) , (E)

Investitionen reagieren nur auf Zinsänderungen, wenn die Investitionen zinsabhängig sind und wenn die Zinsen wirklich sinken. In der Liquiditätsfalle kann der Zins nicht sinken, weil eine Geldmengenausdehnung in der Spekulationskasse verpufft.

Dem Text ist nur durch einen Vergleich beizukommen. Unausgesprochen steht dahinter, daß sinkende Zinsen besser die Gesamtnachfrage oder die Beschäftigung stimulieren als "jedes" Konjunkturprogramm. Die Textaussage ist in dieser allgemeinen Form nicht haltbar. Das Zitat bezieht sich auf eine Situation, in der das Zinsniveau sehr hoch lag und zusätzliche Konjunkturprogramme mit dem Hinweis auf Zinswirkungen und Staatsverschuldung abgelehnt wurden. Das Zinsniveau wurde aus außenwirtschaftlichen Gründen hochgehalten. Die Wirtschaftspolitik bevorzugte die Strategie, zunächst die außenwirtschaftlichen Schwierigkeiten zu überwinden, um dann die Zinsen senken zu können. Von Konjunkturprogrammen befürchtete man nur eine Störung dieser Strategie, denn Konjunkturprogramme sind immer mit steigenden Zinsen verbunden, weil damit versucht wird, Angebot und Nachfrage zu stimulieren. Dies wird in der Regel auch das Preisniveau erhöhen. Somit sind vom sinkenden Geldangebot

$\frac{M_a}{P}$ und von der steigenden Geldnachfrage L (i, N) Impulse für eine Zinserhöhung zu erwarten.

Es wird unterstellt, daß die Grenzleistungsfähigkeit des Kapitals konstant bleibt (oder steigt).

248. a) (A) , (B)

Eine Verlagerung der Gesamtnachfragefunktion nach rechts unterstellt, daß durch die Geldlohnsteigerungen ein Kaufkrafteffekt auftritt (vgl., auch zum Kosteneffekt, die Lösung zu Frage 242). Im Text wird dabei nicht berücksichtigt, daß Lohnsteigerungen einen Kosteneffekt haben.

b)

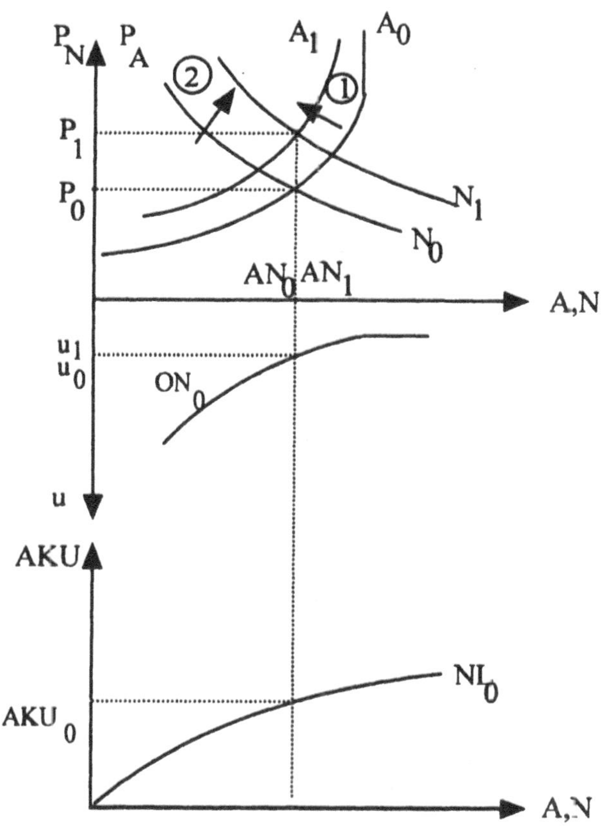

① Kosteneffektt der Lohnsteigerung ② Kaufkrafteffekt der Lohnsteigerung

Es bereitet Schwierigkeiten, im gesamtwirtschaftlichen Angebots-Nachfragemodell den Kaufkrafteffekt anhand der Modellgleichungen darzustellen, weil die Lohnsteigerungen Einkommenssteigerungen bedeuten; eine Einkommenssteigerung bedeutet aber keine Verschiebung der N-Kurve, sondern eine Wanderung auf der gegebenen Kurve.

c) (C)

Die Wirkung auf das Preisniveau ist eindeutig. Es steigt aufgrund des Kostendrucks und des Nachfragesogs. Je höher kapazitätserweiternde Faktoren, insbesondere Produktivitätswachstum, desto geringer fällt der Kosteneffekt (bei unveränderetem Kaufkrafteffekt) aus. Je mehr die Konsumenten von ihrem zusätzlichen Einkommen ausgeben (je höher c), desto größer ist der Kaufkrafteffekt. (Desto höher ist aber auch der Preisniveauanstieg).

Die Wirkungen von Lohnsteigerungen auf Beschäftigung und Wirtschaftswachstum sind ungewiß. Betrachten wir zunächst die kurze Frist. Entscheidend ist der Saldo aus Kaufkraft und Kosteneffekt. Er wird umso eher zugunsten der Beschäftigung ausfallen, je höher die Wirkung der kapazitätserweiternden Faktoren; je höher der Kaufkrafteffekt. Mittelfristig können sich diese Argumente gerade gegenteilig auswirken: Hohe Lohnsteigerungen können das Produktivitätswachstum über Rationalisierung beschleunigen; die kaufkraftverursachte Inflation bewirkt höhere Lohnforderungen. Die sog. Lohn-Preis-Spirale kommt in Gang.

Die Wirkungen auf das Wachstum sind bei den oben beschriebenen Faktoren (Kapazitätssteigerung mit Produktivitätswachstum, Kaufkrafteffekt) in der kurzen und mittleren Frist eher positiv.

d) (A) , (C) , (E)

Die Bedingungen für einen größeren Kaufkrafteffekt (im Vergleich zum Kosteneffekt) wurden in der Lösung zu der Frage c) schon behandelt. Dort habe ich auch die Rolle von (erwarteter und aktueller) Inflationsrate und Produktivitätswachstum deutlich gemacht.

Eine elastische Arbeitsnachfragefunktion bedeutet, daß die Unternehmen auf Lohnsteigerungen mit größeren Entlassungen reagieren als bei unelastischer Funktion; der Kosteneffekt in bezug auf die Beschäftigung wirkt stärker (negativ). Die Konsumneigung darf sich nicht ändern (c.p.!); werden die Lohnsteigerungen gespart, dann wird der Kaufkrafteffekt Null.

Die beschriebene Strategie kann nur durchgesetzt werden, wenn die Gewerkschaften eine starke Stellung haben. Dem steht die Gültigkeit neoklassischer Prämissen entgegen, denn diese unterstellen einen Konkurrenzmarkt für Arbeit. Höhere Lohnforderungen lassen sich danach nur durchsetzen, wenn Arbeitskräfte knapp sind.

Fassen wir zusammen: die Differenz zwischen Kaufkraft- und Kosteneffekt (ΔAN) wird umso größer sein, je

- größer das Produktivitätswachstum,

- höher die Wirkung der kapazitätserweiternden Faktoren,
- je geringer der Lohnkostenanteil der Wirtschaft,
- größer die Konsumneigung und je ungleichmäßiger die Einkommensverteilung.

Die positive Wirkung einer Nominallohnpolitik auf die Beschäftigung wird umso größer sein, je geringer das Produktivitätswachstum ausfällt (Freisetzungen); mittelfristig muß allerdings mit Reaktionen der Unternehmen gerechnet werden, welche die Substitution der (teueren) Arbeit durch Kapital zum Ziel haben.

Da eine Nominallohnpolitik immer Preisniveausteigerungen auslöst (wenn sie die Produktivitätssteigerungen übersteigt), muß die Reallohnentwicklung beachtet werden. Die beschriebene Lohn-Preis-Spirale wird die Reallöhne tendenziell immer senken. Daraus ergeben sich zwei Konsequenzen: Eine Nominallohnpolitik sollte sich nicht zu weit von der Kostenniveauneutralität entfernen; sie sollte ferner flankierend mit anderen wirtschaftspolitischen Maßnahmen eingesetzt werden, und zwar mit solchen, die die Kapazitäten erweitern und dämpfend auf den Preisniveauanstieg wirken.

249. a) (A) , (B) , (E)

Die Löhne sind zu hoch, und daher finden die Arbeitskräfte keine Arbeitsplätze: bei hohem Preis (Lohn) ist die Nachfrage gering. Diese Beziehung wird mit der negativ geneigten Arbeitsnachfragefunktion ausgedrückt, wobei H. Giersch offen läßt, ob die Arbeitsnachfrage vom Real- oder Nominallohn abhängt.

Aus diesen Marktgesetzen folgt, daß die Nachfrage nach Beschäftigten steigen muß, wenn die Löhne sinken.

Die Antwortmöglichkeit (d) argumentiert nicht mit dem Arbeitsmarkt, sondern mit dem Gütermarkt (den H. Giersch im Zitat nicht erwähnt). Sinkende Löhne bedeuten Kaufkraftausfall, hohe Löhne stützen die Konsumnachfrage, damit die Gesamtnachfrage, und schaffen Beschäftigung (Keynes).

b)

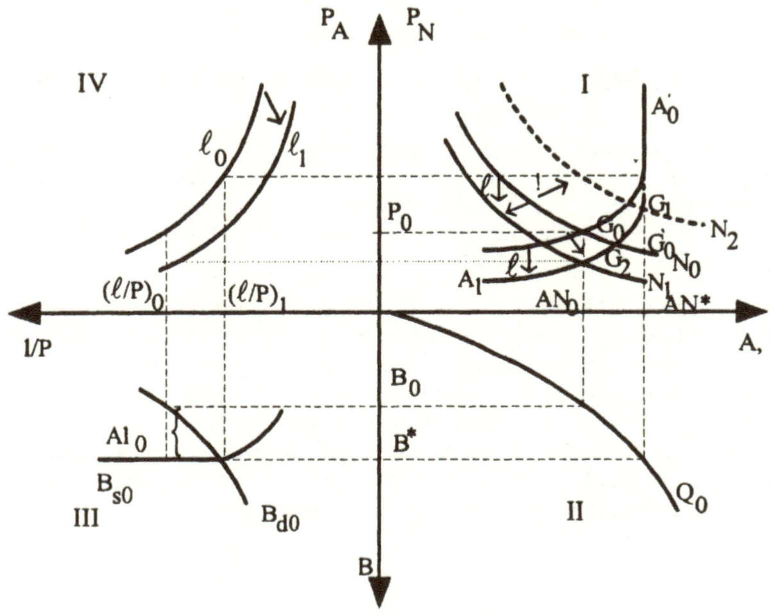

Wir gehen davon aus, daß es gelingt, sozusagen über Nacht auf dem Arbeitsmarkt Konkurrenzverhältnisse herzustellen. Die Arbeitslosen beginnen, sich gegenseitig Konkurrenz um die knappen Stellen zu machen. ℓ_0 sinkt auf ℓ_1 und die Lohnhyperbel im IV. Quadranten verlagert sich nach innen. Der Reallohn sinkt von $(\ell/P)_0$ auf $(\ell/P)_1$. Die gesamtwirtschaftliche Angebotsfunktion verlagert sich nach rechts ($A_0 \rightarrow A_1$).

Rein theoretisch gesprochen sind wir nun von einem keynesianischen in ein "neoklassisches" Regime übergewechselt. Wie wechseln von G_0 nach G_1, allerdings nur vom Angebot her betrachtet, denn in G_1 schneidet (noch) keine Gesamt-Nachfragefunktion! Wie soll sie auch? Die notwendige Verlagerung der Nachfragefunktion nach N_2 setzt voraus, daß zusätzliche Kaufkraft entstanden ist. Tatsächlich ist aber die Kaufkraft gesunken, denn die Löhne haben den Konsum reduziert. Die wahrscheinliche Wirkung der Lohnsenkung liegt wohl darin, daß N_0 auf N_1 zurückgeht und der Gleichgewichtspunkt G_2 realisiert wird, ein Unterbeschäftigungsgleichgewicht mit AN_0 und B_0, den Werten der kritischen Ausgangssituation!

Wie wahrscheinlich ist die skizzierte Entwicklung? Sie hängt davon ab, ob

- der negative Kaufkrafteffekt wirklich die Verlagerung von N_0 auf N_1 bewirkt,

- weitere, vielleicht expansive Effekte auftreten.

Über die erste Prämisse kann man streiten. Es ist wahrscheinlich, daß sich die Nachfragefunktion N_0 nach links verlagert. Das Ausmaß ist offen. Das zweite Argument würde H. Giersch wohl aufnehmen und darauf verweisen, daß durch die Lohnsenkungen die internationale Wettbewerbsfähigkeit der

Bundesrepublik gestiegen sei. Damit sei es möglich, die Exporte zu steigern. Dieser expansive Effekt verlagert die Nachfragefunktion nach rechts. Der negative Kaufkrafteffekt würde demnach durch einen positiven Exporteffekt überkompensiert, der das System in Richtung G_1 bringt.

Die beschriebenen Wirkungen sind ohne Frage theoretisch fundiert und plausibel. Sind sie auch erwünscht? Der Exportanteil der Bundesrepublik liegt - bezogen aufs Bruttosozialprodukt - z.Zt. bei etwa einem Drittel. Bei vielen Firmen bzw. Branchen bei zwei Dritteln und mehr. Und 1992 lag der Exportüberschuß trotz sehr ungünstiger Exportbedingungen (massive $-Abwertung) bei über 100 Mrd. DM! Wir hängen also stark vom Ausland ab, und wir verursachen dort Außenhandelsdefizite. Vor diesem Hintergrund erscheint die oben skizzierte Strategie als sehr problematisch!

Wahrscheinlich wird eine Lohnsenkung das gesamtwirtschaftliche Angebots-Nachfragesystem zu einem Gleichgewicht bringen, das zwischen den Punkten

G_0^1 und G_2^1 liegt.

c) (A), (D)

Vgl. Lösung unter b).

d) (A), (C)

Wir können auf die ausführliche Behandlung der "neoklassischen" Theorie verweisen. Diese wird von Herbert Giersch eindeutig unterstellt ("... sämtliche Argumente auf ihrer Seite ..."). Vgl. Lösung zu Frage 189. Einige ergänzende Anmerkungen sind jedoch nötig.

Die zentrale Hypothese der "Neoklassiker" lautet, die Beschäftigung hänge vom Reallohn ab. Unter den gemachten Prämissen ist dies auch schlüssig. Die erste Frage lautet aber, ob diese Prämissen in der Realität zutreffen. Inwieweit ist der Arbeitsmarkt Konkurrenzmarkt? Inwieweit gilt dies für Güter-, Geld-, Kapital- und sonstige Märkte?

Die zweite Frage betrifft den Kaufkrafteffekt, der in der "neoklassischen" Gesamtnachfragefunktion direkt nicht enthalten ist ($N = v\ M\ \frac{1}{P}$) und indirekt allenfalls über das Saysche Theorem eingebracht werden kann (jedes Angebot schafft sich seine Nachfrage). Ein zentrales Problem der Gierschen Argumentation ist daher der Kaufkrafteffekt. Die politische Praxis der Regierung Brüning in den dreißiger Jahren verdeutlicht dieses Problem empirisch. Brüning versuchte, der Arbeitslosigkeit durch Lohnsenkungen (der Beamten vor allem) Herr zu werden. Die Arbeitslosigkeit nahm (dramatisch) zu. (Kurz nach dieser Erfahrung erschien Keynes' Werk, 'Allgemeine Theorie ...").

Dieses Problem fehlender Kaufkraft könnte durch ein außenwirtschaftliches Argument (verbesserte Wettbewerbsfähigkeit, damit höhere Exporte) relativiert werden.

250. a) (B) , (C)

Wenn der Staat eingreifen soll, um Vollbeschäftigung herzustellen, kann die Volkswirtschaft nicht stabil sein in dem Sinne, daß die "Selbstheilungskräfte" aus sich heraus zur Vollbeschäftigung führen. Die Vorstellung einer stabilen Volkswirtschaft ist wesentlicher Bestandteil des "neoklassischen" Paradigmas. Demgegenüber vermuten die Keynesianer, daß die Volkswirtschaft instabil ist und des staatlichen Eingriffs bedarf.

Für die strukturell Arbeitslosen dürften in der Regel keine Arbeitsplätze vorhanden sein. Entweder müssen solche geschaffen werden oder die Arbeitslosen müssen auf vorhandene Arbeitsplätze umgeschult werden. Beides ist mit einem "Ausgabenprogramm zur Arbeitsbeschaffung" nicht notwendig verbunden.

Die zentrale Hypothese der Keynesianer in bezug auf die Beschäftigung lautet, daß diese von der Gesamtnachfrage abhängt. Fallen die Privaten als Nachfrager aus und resultiert daraus Unterbeschäftigung, dann muß der Staat einspringen. Das Problem besteht dann aber darin, daß Crowding-out-Effekte auftreten.

b)

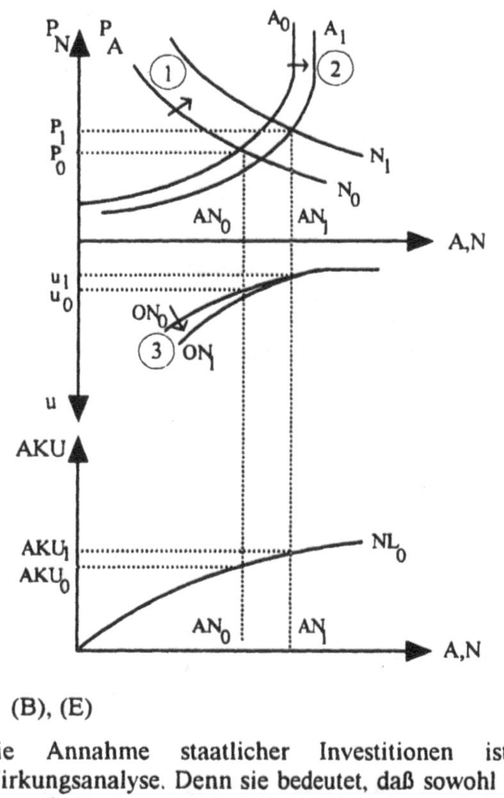

(1) Einkommens-effekt der Investitionen

(2) Kapazitäts-effekt der Investitionen

(3) Verschiebung wegen Kapazitätsgrenzen-ausweitung

c) (B), (E)

Die Annahme staatlicher Investitionen ist sehr wichtig für die Wirkungsanalyse. Denn sie bedeutet, daß sowohl die Gesamtnachfragefunktion als auch die Angebotsfunktion nach rechts verlagert wird.

Bei einer Erhöhung der staatlichen Konsumausgaben tritt wahrscheinlich ebenfalls ein Kapazitätseffekt auf, doch ist dieser ungewiß und auf jeden Fall dauert es seine Zeit, bis er eintritt. Denn steigende Konsumausgaben (welche die Gesamtnachfragekurve nach rechts verlagern), <u>können</u> über das Akzelerationsprinzip ($I = \beta \cdot \Delta C$) Investitionen auslösen, welche die Gesamtnachfrage nochmals nach rechts verlagern. Dies würde dann (nochmals mit einer zeitlichen Verzögerung) die Angebotsfunktion nach rechts verlagern.

Die Nachfragesteigerungen erhöhen das Preisniveau. Da der Preisniveau-Entlastungseffekt der Kapazitätsausweitung sehr verzögert eintritt, ist eine Gegensteuerung der Bundesbank (Drosselung der Geldmenge) nicht auszuschließen. Daher ist eine Politik staatlicher Konsumausweitung mit einigen Risiken behaftet.

Falls die staatlichen Ausgaben keine ausdrückliche umweltsparende Vorsorge treffen, sinkt die Umweltqualität.

d) (A) , (D) , (E)

Die Frage, ob konsumtive oder investive Staatsausgaben, wurde in c) behandelt. Für eine Finanzierung der Staatsausgaben muß die Geldmenge nicht ausgedehnt werden. Die Zinsen werden steigen und (unter keynesianischem Regime) ein partielles Crowding-out bewirken. Doch wird in der Regel der expansive Effekt durchschlagen. Wird die Geldmenge erhöht, um die Geldmärkte zu entlasten und die Zinssteigerungen zu bremsen, dann müssen Preisniveausteigerungen befürchtet werden.

Wird die Finanzierung durch Steuererhöhungen gesichert, dann tritt ein negativer Multiplikatoreffekt auf, der die Expansion bis auf einen schwachen Rest abdreht (Haavelmo-Theorem). Daher muß über Kredite finanziert werden. Ferner ist es notwendig, die Ausgaben dauerhaft zu erhöhen; ein einmaliger Investitionsstoß wird nur eine temporäre Belebung bewirken und Angebot und Nachfrage werden wieder auf ihr Ausgangsniveau absinken.

251. a)

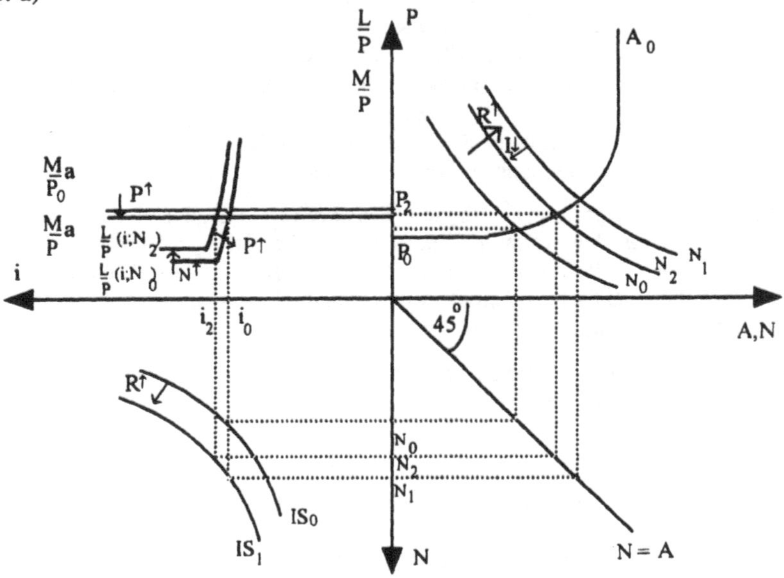

Zur Erläuterung vgl. die Lösung unter d)

b) (A), (B)

$$N\uparrow,\ P\uparrow,\ i\uparrow,\ R\uparrow,\ M_a\rightarrow,\ \frac{M_a}{P}\downarrow,\ \frac{L}{P}\downarrow,\ I\downarrow,\ C\uparrow$$

c) (D)

$$COE = N_1 - N_2$$

d) (A), (D), (E)

Die Erhöhung der Staatsausgaben verlagert die IS-Kurve nach außen. Unter Keynesianischen Prämissen enthält diese IS-Kurve Staatsausgaben und Steuern, und die Steigung hängt von der reziproken Sparneigung ab, die als "Multiplikator" wirkt, wenn die Staatsausgaben steigen (all dies gilt unter "neoklassischen" Prämissen nicht).

Auch die Gesamtnachfragefunktion verlagert sich (vorübergehend) nach außen (von N_0 nach N_1). Preisniveau und Angebot-Nachfrage steigen.

Diese Veränderungen von P und N sind ganz wesentlich für die Reaktionen auf dem Geldmarkt. Denn dort wird der Zins gebildet. (Im Gegensatz dazu wird bei den "Neoklassikern" der Zins auf dem Kapitalmarkt gebildet). Das Preisniveau erscheint in $\frac{M_a}{P}$ und $\frac{L}{P}(i;N)$, N erscheint in $\frac{L}{P}(i;N)$; Geldangebots-

und Geldnachfragefunktion werden verschoben. Die Geldangebotsfunktion verschiebt sich wegen des gestiegenen Preisniveaus im IV. Quadranten nach unten.

Die Geldnachfragefunktion wird von P und N verändert: Sie verlagert sich um den Betrag k N nach oben (Diagramm im IV. Quadranten) und wegen des gestiegenen Preisniveaus nach unten. Der Gesamteffekt dürfte dem im Schaubild dargestellten entsprechen. Dies wird auch daraus deutlich, daß sich P für L/P aus den Strukturgleichungen für L_T und L_S herauskürzt.

Der Zins i_0 steigt im neuen Geldmarktgleichgewicht auf i_1. Dadurch sinken bei den Keynesianern nur die Investitionen (weil die Konsumausgaben vom Angebot und Einkommen abhängen). Die Gesamtnachfrage verlagert sich um den Effekt des Crowding-out nach links ($N_1 \rightarrow N_2$). Der Nettoeffekt der Staatsausgabenerhöhung beträgt N_2 - N_0.

Crowding-out Effekte treten nicht nur bei Preisniveausteigerungen auf. Unterstellen wir eine unendlich elastische Angebotsfunktion, dann bewirkt eine Nachfragesteigerung ausschließlich Zinseffekte (die Nachfrage nach Transaktionskasse steigt nur über Zinssteigerungen, weil bei konstanter Geldmenge die Spekulationskasse sinken muß). Crowding-out tritt auf, weil durch diese Zinssteigerungen die Investitionen sinken (zinsinduziertes Crowding-out). Bei preisniveauelastischer Angebotsfunktion kommt zum zinsinduzierten noch ein preisniveauinduziertes Crowding-out hinzu. (Die Preisniveauerhöhung löst Zinssteigerungen aus: preisniveauinduziertes Crowding-out).

Bei der unterstellten Unterbeschäftigung haben die Veränderungen der Gesamtnachfrage keinen oder nur einen begrenzten Preisniveaueffekt (im sog. keynesschen Bereich der Gesamtangebotskurve ist der Preisniveaueffekt Null und das preisniveauinduzierte Crowding-out ebenfalls). Dieses preisniveauinduzierte Crowding-out wird damit wesentlich von den Steigungen der Gesamtangebots- und Gesamtnachfragefunktionen bestimmt. Je flacher der Verlauf der Funktionen, desto kleiner ist das preisniveauinduzierte Crowding-out. Im Extremfall einer vollkommen unelastischen Angebotsfunktion ("klassischer" Bereich) bewirkt die Verlagerung der Nachfragefunktion nur eine Erhöhung des Preisniveaus, die Menge bleibt gleich. Diese Preisniveausteigerung bewirkt ein vollkommenes Crowding-out.

252. (B) , (D)
Vgl. Lösung zu Frage 251

253.

a)

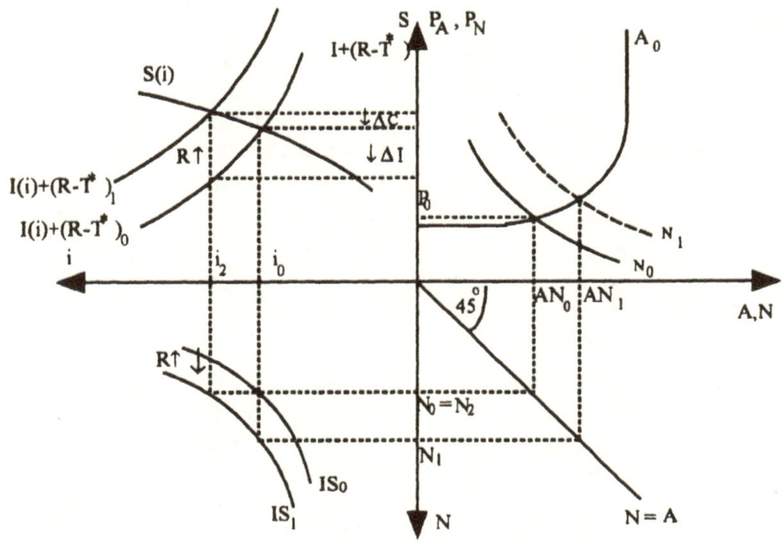

Die Ausgangssituation im Diagramm ist mit den mit Null indizierten Größen gegeben. Dieses Ausgangsgleichgewicht wird gestört durch eine Steigerung der Staatsausgaben, die IS-Kurve und Gesamtnachfragefunktion in den jeweiligen Quadranten nach außen verschiebt.

Die Gesamtnachfragefunktion verschiebt sich aber nicht dauerhaft, weil die gestiegenen Staatsausgaben auf dem Kapitalmarkt finanziert werden und den Zins in die Höhe treiben: Bei unveränderter Angebotskurve für langfristiges Kapital (Sparen) verschiebt sich die Kapitalnachfragekurve $(I + R - T^*)$, weil zusätzliche Wertpapiere (Staatsschuldverschreibungen etc.) ausgegeben werden.

Der gestiegene Kapitalmarktzins verdrängt die zinsabhängigen Investitions- und Konsumausgaben so, daß die Gesamtnachfragefunktion sich nach N_2 verlagert, dies entspricht der Ausgangssituation N_0. Dem Zuwachs der Staatsausgaben ΔR entspricht genau der Rückgang von C und I

$$(\Delta R = -(\Delta I + \Delta C))$$

Das Crowding-out ist vollständig. Erhöhungen von Staatsausgaben haben damit keine dauerhafte expansive Wirkung auf die Gesamtnachfrage.

b) (C)

$$N \rightarrow, P \rightarrow, i\uparrow, R\uparrow, M_a \rightarrow, \frac{M_a}{P} \rightarrow, \frac{L}{P} \rightarrow, I\downarrow, C\downarrow.$$

c) (E)

$$COE = N_1 - N_0$$

d) (B), (C), (E)

Vgl. hierzu die Lösung zu Frage 251. Zum Vergleich der Paradigmen und Crowding-out-Effekte nochmals zusammenfassend: Die Beschäftigungswirkungen steigender Staatsausgaben werden (c.p.) umso geringer sein, je

- höher die Zinsabhängigkeit der Nachfragekomponenten (in der "Neoklassik" gilt dies für alle),
- höher die Zinseffekte steigender staatlicher Geld- und Kapitalnachfrage (Geldmarkt bei Keynesianern, Kapitalmarkt bei "Neoklassikern"),
- unelastischer die Angebots- und Nachfragefunktionen ("Neoklassik" vollkommen unelastische Angebotsfunktion, Keynesianismus läßt auch vollkommen elastischen Bereich zu),
- geringer die Spekulationsneigung und je höher der Kassenhaltungskoeffizient.

254. (A), (B), (E)

vgl. Lösung zu Frage 253

255. (A), (D)

Das Preisniveau ist bei geschrumpftem AN gestiegen. Daher muß sich die Gesamtangebotsfunktion nach links verschoben haben.

Das Lösungsprinzip der Aufgaben 255 - 258 lautet:

– Durch einen Vergleich der beiden Diagramme feststellen in welche <u>Richtung</u> sich der Gleichgewichtspunkt (Schnittpunkt von A- und N-Funktion verlagert hat (ist P bzw. N gestiegen, gesunken, gleichgeblieben; ein Fadenkreuz durch den G-Punkt ist hilfreich).

- In welche <u>Richtung</u> wirken die aufgeführten Maßnahmen. Zu beachten ist, daß sich bei Lohn- und Investitionsänderungen beide Funktionen verlagern.

256. (A), (E)

Sinkendes Preisniveau und zurückgehendes AN wurden durch eine Linksverlagerung der Gesamtnachfragefunktion bewirkt.

257. (B), (E)

Höheres Preisniveau und AN lassen sich auf eine Rechtsverlagerung der Nachfragefunktion (bei gegebener Angebotsfunktion) zurückführen.

258. (A) , (D)

Ein Sinken des Preisniveaus bei gestiegenem AN ist durch eine Rechtsverlagerung der Angebotsfunktion zu erreichen.

259. a)

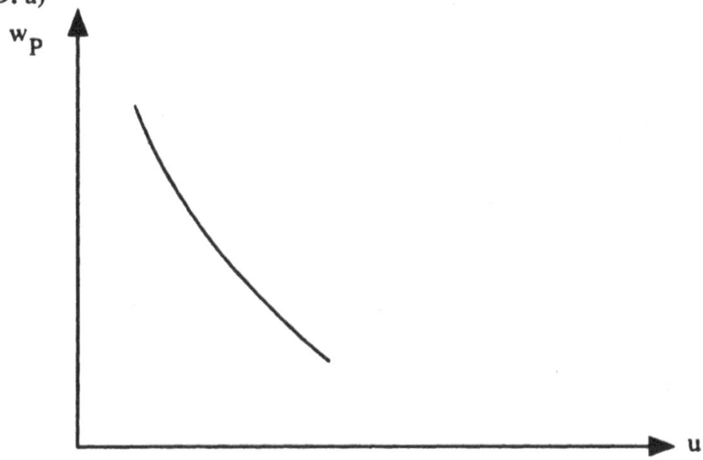

b) (D) Modifizierte Phillipskurve

W.A. Phillips hat in einer umfangreichen empirischen Untersuchung Lohnveränderungsraten und Arbeitslosenquoten für viele Jahre gegenübergestellt. Das Ergebnis: eine negativ geneigte Kurve in l-u-Diagramm. R.M. Solow und P.A. Samuelson haben zwischen der Inflationsrate und der Lohnveränderung eine feste theoretische Beziehung mit dem Argument postuliert, daß die Unternehmen die gestiegenen Lohnkosten auf die Preise überwälzen. Im w_P-u-Diagramm entsteht damit die modifizierte Phillipskurve (Maneval). Sie wurde vielfach empirisch getestet und für eine Reihe von Regionen und Zeiträumen ökonometrisch nachgewiesen.

In der Literatur dominieren drei Erklärungsansätze:

1. Die Arbeitsmarkthypothese: Bei Hochkonjunktur (und niedriger Arbeitslosenquote u) können die Gewerkschaften hohe Lohnforderungen durchsetzen (hohes $\Delta\ell$); in dieser Konjunkturlage ist auch die Überwälzung einfach.

2. Die Nachfragehypothese: In der Hochkonjunktur kann das Gesamtangebot mit der Gesamtnachfrage nicht mithalten, dies bewirkt Inflation. Gleichzeitig ist jedoch wegen der stark ausgelasteten Kapazitäten die Arbeitslosenquote gering.

3. Die Systemhypothese: Arbeitslosenquote und Inflationsrate hängen nicht nur vom Arbeitsmarkt oder von der Nachfrage ab, sondern vom gesamtwirtschaftlichen System. Bei gegebenen Angebotsbedingungen führt eine Globalsteuerung zu Inflation und zu einem Rückgang der Arbeitslosenquote.

Die Arbeitsmarkthypothese unterstellt dabei einen direkten Zusammenhang, bei dem die Arbeitslosenquote die Inflationsrate bestimmt. Nachfrage- und Systemhypothese beschreiben diesen Zusammenhang nicht als direkte Ursache-Wirkungsbeziehung.

Die "Neoklassiker" unterstellen eine ganz andere Beziehung: Die Arbeitslosenquote hängt nicht von der Inflationsrate ab, die "Phillipskurve" verläuft im w_P-u-Diagramm senkrecht. Tritt dennoch ein "trade-off" auf, dann liegt dies an einer mangelhaften Anpassung von Erwartungen ("natural rate Hypothese"). Diese Hypothese folgt konsequent aus dem "neoklassischen" Paradigma: ein stabiles Vollbeschäftigungsgleichgewicht hält die Arbeitslosenquote bei der "natürlichen", die konjunkturelle Komponente ist Null. Die Inflationsrate hängt von völlig anderen Determinanten ab, nämlich von der Geldmengenveränderung (und von der Umlaufgeschwindigkeit des Geldes), und nur davon. Da im "neoklassischen" Modell rationale Erwartungen unterstellt werden (die Wirtschaftssubjekte antizipieren richtig), können keine Anpassungsprobleme auftreten.

c) (C), (D)

Wir gehen aus von den Zielen Z_1 und Z_2. Die Ziele seien so definiert, daß sie sich verbessern, wenn ihre Zielwerte sich beide vergrößern bzw. verkleinern. (Bei der Inflationsrate und Arbeitslosenquote sollen sich beide Werte verkleinern).

Folgende Zielbeziehungen sind darstellbar (wir gehen davon aus, daß höhere Zielwerte eine Verbesserung der Ziele bedeuten):

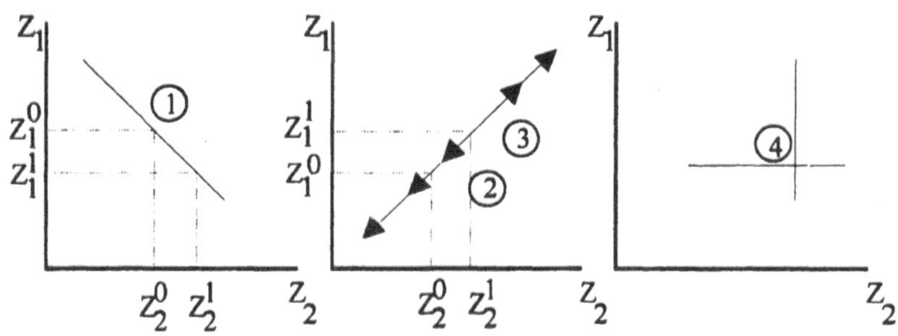

Mit 1 ist eine substitutive Zielbeziehung (Zielkonflikt) dargestellt. Will man Z_2^0 verbessern,dann muß dafür eine Verschlechterung von Z_1^0 in Kauf genommen werden; der bessere Zielwert wird für den schlechteren getauscht ("trade-off"). Mit 2 und 3 sind komplementäre Zielbeziehungen dargestellt. Negative Komplementarität 2 liegt vor, wenn wirtschaftspolitische Maßnahmen die Zielwerte $Z_1^0 Z_2^0$ beide verschlechtern ($Z_1^0 Z_2^0$); von positiver Komplementarität 3 sprechen wir, wenn sich die Zielwerte beide verbessern ($Z_1^1 Z_2^1$). Neutralität der Ziele 4 heißt, daß die Ziele unabhängig voneinander verfolgt werden können.

Das Hauptproblem der Wirtschaftspolitik liegt in den Zielkonflikten. Schwierigkeiten entstehen jedoch auch bei Komplementarität, wenn kein geeignetes Instrumentenbündel eingesetzt wird oder eingesetzt werden kann, das die Ziele in positiver Richtung beeinflussen könnte.

260. (A), (D)

Die erste Antwortmöglichkeit ist in der Lösung zu Frage 259 als dritte Interpretationsmöglichkeit aufgeführt. Diese Hypothese wird im vorliegenden Buch vertreten und später eingehend dargestellt und begründet.

Begründet man die Phillipskurve mit wirtschaftspolitischen Maßnahmenbündeln, dann steht dahinter die Vorstellung, daß die Kurve aus empirischen Kombinationen von Inflationsraten und Arbeitslosenquoten abgeleitet ist, die in einzelnen Jahren beobachtet und die durch solche (bewußte) Maßnahmen herbeigeführt wurden ("kontrolliert", "Makro-Politik"). Jeder Punkt auf der Phillipskurve entspricht also einem Maßnahmenbündel. Über diesen Aspekt hinaus geht die Vorstellung, daß diese Kombinationen durch die entsprechende "Makro-Politik" (jederzeit) wiederhergestellt werden können. Wie auf einer Menü-Karte können sich die (Wirtschafts-)Politiker jede gewünschte Kombination zwischen Arbeitslosenquote und Inflationsrate bestellen. Dabei denkt man vor allem an eine Steuerung der Volkswirtschaft durch die Gesamtnachfrage (Globalsteuerung). Der Verlauf der Phillipskurve hängt dann wesentlich von den Angebotsbedingungen ab.

261.

a)

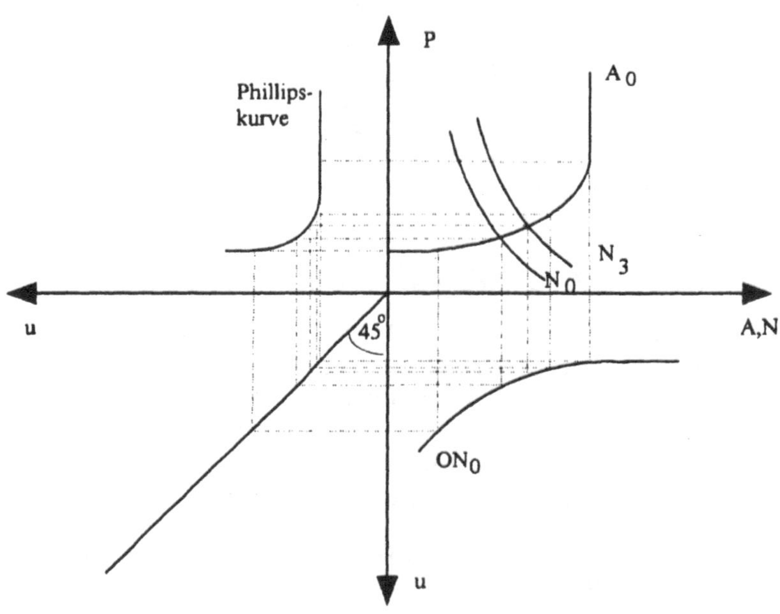

Bei dieser Darstellung wird die Gültigkeit der "Systemhypothese" (vgl. Lösung zu Aufgabe 259) unterstellt.

b) (B), (D), (E)

Wird die Gesamtnachfragefunktion Schritt für Schritt durch alle Punkte der (konstanten) Gesamtangebotsfunktion gelegt, dann läßt sich über den "Übersetzer" Okun-Kurve eine Phillipskurve ableiten, die wesentlich von der Gesamtangebotsfunktion bestimmt wird. Die Gesamtnachfragefunktionen sind dabei in ihren einzelnen Parameterwerten (z.B. Konsumneigung, autonomer Konsum, Geldmenge) definiert. Eine bestimmte Gesamtnachfrage bewirkt bei den gegebenen Angebotsbedingungen ein bestimmtes Preisniveau und eine bestimmte Arbeitslosenquote. Diese Kombination hängt ab von der Konstellation (der Parameterwerte) des gesamtwirtschaftlichen Systems. Gleichgewichtspunkte im P-AN-System können über die Okun-Kurve in das P-u-System transformiert werden.

Dabei ist es unerheblich, ob eine "neoklassische" oder keynesianische Nachfragefunktion unterstellt wird. Erstere schränkt die Verschiebungsparameter der Gesamtnachfragefunktion auf zwei ein, die Geldmenge und die Umlaufgeschwindigkeit, während bei der keynesianischen eine breite Palette von Möglichkeiten (Steueränderungen, Staatsausgabenvariation, Geldmengensteuerung, Konsumänderungen etc.) zur Verfügung steht.

Wir wissen, daß Gesamtangebot und -nachfrage über wichtige Verbindungsgrößen miteinander zusammenhängen (Lohn, Investition). Es ist daher nur für wenige Instrumente denkbar, und dies nur in der kurzen Frist, allein die Gesamtnachfrage beeinflussen zu wollen. Der Fall der reinen Nachfragesteuerung bedarf daher der Annahme (e).

262. (A), (D)

Vgl. Lösung zu Frage 261.

263.

a)

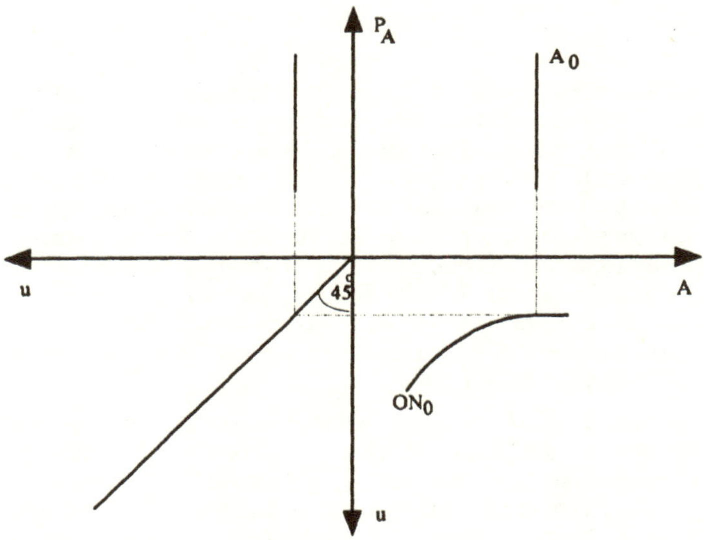

b) (A) , (C)

Die "natural rate hypothesis" der Phillipskurve unterstellt im w_P-u-Diagramm eine Senkrechte in Höhe der "natural rate of unemployment". Diese natürliche Arbeitslosenquote stellt sich bei konjunktureller Vollbeschäftigung ein, die konjunkturelle Arbeitslosenquote ist Null.

Unterstellt man eine "neoklassiche" Angebotsfunktion, dann läßt sich eine "Phillipskurve" ableiten, die im P-u-Diagramm senkrecht auf der natürlichen Arbeitslosenquote steht. (Vgl. auch Lösung zu Frage 260).

264. a) (B) , (C) , (E)

Reine Angebotssteuerung bedeutet, daß die Angebotsfunktion bei konstanter Nachfragefunktion verändert wird.

b)

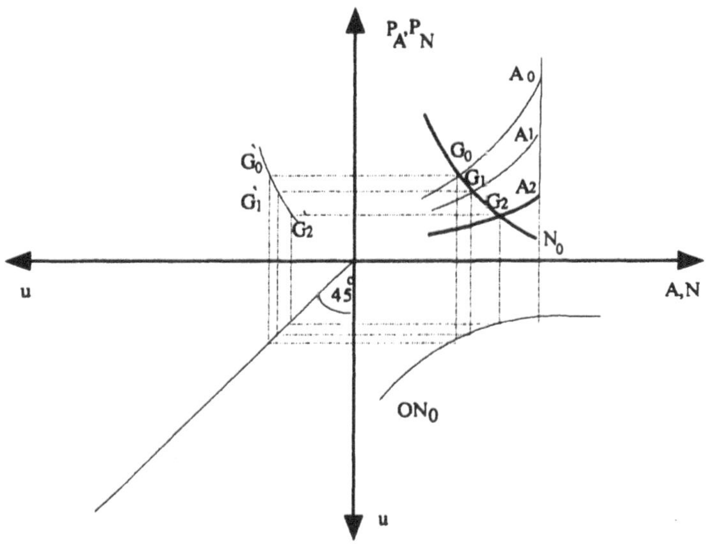

265. (A) , (D) , (E)

Vgl. die ausführliche Lösung zu Frage 221.

267. (B), (D)

Maßnahmen	Bereiche	
	G_0	G'_0
a)	I	V
b)	I / II	V / VI
c)	I / IV	V / VIII
d)	I	V
e)	I / II	V / VI
f)	III / IV	VII / VIII
g)	IV	VIII
h)	II	VI

268. a)

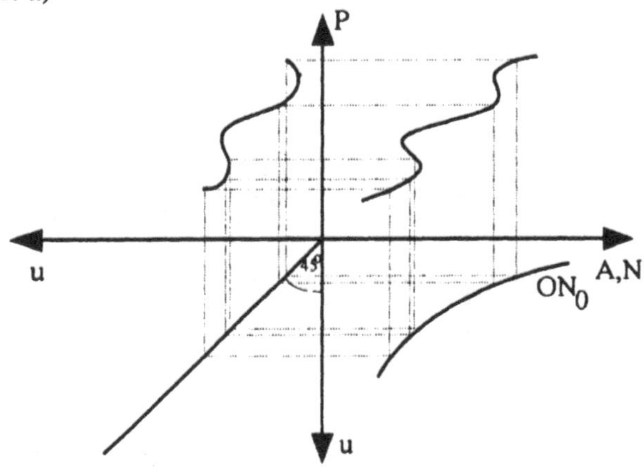

b)

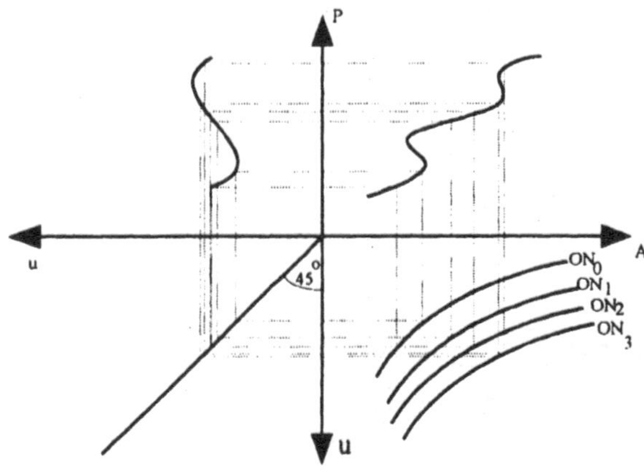

c) (C) , (D)

Vgl. Lösung zu Frage 227.

268. (C) , (D)

Die Deutsche Bundesbank verfolgt seit 1975 eine Geldmengenpolitik, die die Ausweitung der Zentralbankgeldmenge (seit 1988 von M_3) vor allem am voraussichtlichen Wachstum des gesamtwirtschaftlichen Produktionspotentials orientiert. Diese Politik ist von einem kurzfristigen Stop und Go zu einer mittel- bis langfristigen Orientierung übergegangen; sie strebt damit auch an, die Erwartungen der Wirtschaftssubjekte zu verstetigen.

Die Finanzpolitik versucht seit einigen Jahren(vor allem seit Frühjahr 1983) eine Politik der Verbesserung der Angebotsbedingungen (Haushaltssanierung, Stärkung der Eigeninitiative, Technologiepolitik, Strukturpolitik) zu betreiben.

Diese wirtschaftspolitischen Absichten gehen mit einer mittelfristig orientierten Konjunkturpolitik durchaus konform. Auch die Stärkung der Investitionen (des Staates und der Privaten) gehört zu diesem Politik-Mix, dem Versuch, durch Nachfrageausweitung mit Hilfe von Investitionen den Keim für Kapazitätserweiterungen zu legen. In der Lösung zu Frage 250 c) hatte ich ausgeführt, warum Konsumausgabensteigerungen nur bedingt dazu geeignet sind, den mittelfristigen Trend der volkswirtschaftlichen Leistung zu steigern.

269. (B) , (C) , (E)

Die Ziele des sog. magischen Vierecks sind die des §1, Stabilitätsgesetz: Preisniveaustabilität, hoher Beschäftigungsstand, außenwirtschaftliches Gleichgewicht und stetiges, angemessenes Wirtschaftswachstum. Die binnenwirtschaftlichen Ziele haben wir im gesamtwirtschaftlichen Angebots-Nachfragesystem mit P, u und AN dargestellt: Systemveränderungen bestimmen die Zielkombination. Um mit dem Diagramm der Aufgabe 243 zu sprechen: Die Maßnahmen müssen so aufeinander abgestimmt sein, daß sie G_0 in den Bereich I / II bringen. Eine mittelfristig ausgelegte Wirtschaftspolitik, eine potentialorientierte Geldpolitik, eine potentialorientierte Nachfragesteuerung, eine Verbesserung der Angebotsbedingungen durch ein Bündel von ordnungs- und strukturpolitischen Maßnahmen sowie eine ausgewogene Einkommenspolitik sollen dazu beitragen. Die Durchsetzung eines solchen Politikbündels ist schwer.

270. (A) , (B) , (E)

Eine Konzentration aller wirtschaftspolitischen Maßnahmen auf das Angebot oder auf die Nachfrage kann bedeuten, daß entweder die Unternehmen (Anbieter) oder die privaten oder öffentlichen Haushalte (Nachfrager) einseitig bevorzugt werden.

Es muß ein Kompromiß gefunden werden zwischen einer effizienzsteigernden Angebotspolitik und der Nachfragesteuerung, die eher Spielraum für soziale Gerechtigkeit läßt.

Die monetaristische Geldmengensteuerung muß eher in die Nähe des "neoklassischen" Musters gerückt werden, denn auch hier wird die Rolle der (effizienten) Marktkräfte betont.

271. (A) , (B) , (E)

Eine Ergänzungsabgabe zur Einkommens- und Körperschaftssteuer würde die Bezieher hoher Einkommen und die Unternehmen zur Finanzierung von Beschäftigungsprogrammen heranziehen. Die Einkommensverteilung würde zugunsten der Arbeitnehmer verändert. Eine sozial-liberale Koalition wird eine solche Maßnahme nur unter großem Druck der Gewerkschaften durchsetzen, denn die Wählerklientel der Liberalen wäre von der Steuererhöhung wohl wesentlich betroffen.

Um die geforderte Maßnahme durchzusetzen, wird die Existenzgefährdung der Regierung beschworen. Doch auch ohne diesen Hintergrund wird man in der politischen Praxis den Zusammenhang zwischen Regierungsaktivität und Wahlen oder Meinungstrends als wesentlich erkennen müssen.

Betrachtet man die wirtschaftspolitische Situation von 1992/93, dann fallen bemekenswerte Analogien auf!

272. (A) , (B) , (C)

Empirische Untersuchungen zeigen einen signifikanten Einfluß von Inflationsrate, Arbeitslosenquote, Realeinkommenswachstum. Diese ökonomischen Einflußgrößen werden durch die politischen eines breiten Wählerpotentials (Kanzlerbonus, Stammwähler) ergänzt.

Der Entwicklung der Leistungsbilanz kommt keine wesentliche Erklärungskraft für die Regierungspopularität zu.

"Phillipskurve" und Popularitätsfunktion enthalten P und u als wesentliche Variablen. Im Schnittpunkt beider Kurven stimmen realisierte wirtschaftspolitische Zielkombination und tatsächliche Regierungspopularität überein.

273. (A) , (B) , (E)

Eine umfassende Theorie des Preisniveaus kommt mit der Aussage aus, daß das Preisniveau von den gesamtwirtschaftlichen Angebots- und Nachfragefunktionen bestimmt wird. Damit sind alle Kräfte, die diese Funktionen bewegen, in die Theorie eingeschlossen.

Wir wissen, daß diese Kräfte ganz wesentlich davon bestimmt werden, welches theoretische Paradigma wir zugrunde legen. Nach dem "neoklassischen" Paradigma wird die gesamtwirtschaftliche Nachfragefunktion ausschließlich von der Umlaufgeschwindigkeit des Geldes (reziproker Kassenhaltungskoeffizient) und von der Geldmenge bestimmt.

Die Angebotsfunktion ist durch ein stabiles Vollbeschäftigungsgleichgewicht definiert. Damit können wir als "neoklassische" Inflationstheorie feststellen: nur die monetären Faktoren v_N und M beeinflussen das Preisniveau. Diese Theorie ist monokausal.

Unterstellen wir keynesianisches Paradigma, dann kann eine Vielzahl von Faktoren Inflation verursachen, nämlich alle, die als Verhaltens- oder Verschiebungsparameter in den Gesamtangebots- und Gesamtnachfragefunktionen enthalten sind, z.B. Kosten, Technologieniveau, Staatsausgaben.

Kapitel V: Die gesamtwirtschaftlichen Ziele in einer offenen Volkswirtschaft

(Helge Majer, Makroökonomik, S. 227-247 und
Helge Majer, Gesamtwirtschaftliche Angebots-Nachfrageanalyse, S. 70 ff.)

LÖSUNGEN:

274. (A) , (B) , (E)

In der Zahlungsbilanz sind alle Güter-, Dienstleistungs-, Geld- und Devisenströme aufgezeichnet, welche die Ländergrenzen überschreiten und über DM 500 ausmachen. Sie gliedert sich in

Handelsbilanz Dienstleistungsbilanz Übertragungsbilanz	} Leistungsbilanz oder Bilanz der laufenden Posten

Kapitalverkehrsbilanz

- kurzfristiger Kapitalverkehr
- langfristiger Kapitalverkehr

Gold- und Devisenbilanz

Die Zahlungsbilanz ist nach dem System der doppelten Buchhaltung aufgebaut; sie ist daher immer ausgeglichen. Z.B. werden Warenexporte auf der Passivseite der Handelsbilanz verbucht, die dadurch induzierten Kapitalimporte auf der Aktivseite der kurzfristigen Kapitalverkehrsbilanz.

Trotz der intensive Reisetätigkeit der Bundesbürger (Defizit des Reiseverkehrs 1991: 35 Mrd. DM) schloß die Dienstleistungsbilanz 1991 mit einem Überschuß von knapp 2 Mrd. DM ab. Durch die Überweisungen von ausländischen Arbeitnehmern in der Bundesrepublik ins Ausland (unentgeltliche Übertragungen), Beiträge zu internationalen Organisationen, Entwicklungshilfe etc. ist die Übertragungsbilanz (Defizit 1991 58 Mrd. DM) stark im Defizit. Diese Defizite können in der langen Frist nur in internationalem Geld (Devisen) bezahlt werden. Diese Devisen müssen im Warenexport verdient werden. Für eine ausgeglichene Leistungsbilanz ist es daher notwendig, in der Handelsbilanz einen Überschuß zu erzielen, der die Defizite der anderen Teilbilanzen ausgleicht.

Allerdings kann ein Ausgleich auch über weitere Teilbilanzen stattfinden. Kurzfristig können Leistungsbilanzdefizite finanziert werden durch

Kapitalimporte, langfristig durch Direktinvestitionen aus dem Ausland. Ferner kann die Gold- und Devisenbilanz kurzfristig Defizite ausgleichen. Erschöpfen Gold- und Devisenvorräte und/oder versiegen Kapitalimporte (weil anhaltene Defizite zu einem Vertrauensschwund ausländischer Kapitalgeber führen können), dann ist es unerläßlich, die Handelsbilanz zu einem Überschuß zu bringen.

Die Exporte der (ressourcenarmen) Bundesrepublik konzentrieren sich vor allem auf Fertigwaren, dagegen nehmen die Rohstoffe auf der Importseite einen wichtigen Platz ein. Auch bei ausgeglichener Handelsbilanz wirken die außenwirtschaftlichen Transaktionen auf die Binnenwirtschaft. Die Erlöse der Exportwirtschaft in Höhe von fast achthundert (?- prüfen!) Milliarden DM schlagen sich natürlich in den Einkommen der Inländer und anderen Größen nieder. Eine Analyse der Volkswirtschaft der Bundesrepublik kann daher ohne die außenwirtschaftlichen Einflüsse nur zu groben oder falschen Ergebnissen führen.

Keynes hatte in seiner Analyse der geschlossenen Volkswirtschaft die Vereinigten Staaten von Amerika im Blick, und diese waren mit einem Exportanteil von ca. 4 % in der Tat durch eine geschlossene Volkswirtschaft zu approximieren. Der wesentliche Grund für diese Annahme liegt darin, daß es erheblich einfacher ist, eine geschlossene Volkswirtschaft in einem Modell abzubilden als eine offene. Ist ein kleines Land zu untersuchen, wie z.B. die extrem außenhandelsabhängigen Niederlande, dann wird ebenfalls eine vereinfachende Untersuchung möglich: ein kleines Land wird in der Regel im internationalen Handel Preisnehmer und Mengenanpasser sein, internationale Rückwirkungen können ausgeschlossen werden. Die wichtigsten außenwirtschaftlichen Größen können dann für das kleine Land als Daten vorgegeben werden, die es selbst nicht beeinflussen kann. Anders die Bundesrepublik, die durch ihr Gewicht im internationalen Handel Rückwirkungen auslöst und daher mindestens in einem Zwei-Länder- Modell untersucht werden muß.

Das Niveau und die Entwicklung der Zahlungsbilanz (bzw. ihrer Teilbilanzen) hängt ab von den Devisenkursen, den Preisniveaus, Zinsen und dem Einkommen (Gesamtangebot und -nachfrage) in den Ländern. Dabei lösen Änderungen von Devisenkursen und Zinsen kurzfristige Veränderungen der Zahlungsbilanz aus, Preise und Einkommen dagegen haben mittel- bis langfristige Wirkungen. Die Anpassungsreaktionen lassen sich denn auch auf diese Größen zurückführen. Dabei sind die Devisenkurse und ihre Änderungen bei allen außenwirtschaftlichen Größen wichtig, denn sie bestimmen die Umrechnung von inländischen in ausländische Währungseinheiten.

Es ist richtig, daß die Bundesrepublik arm ist an (natürlichen) Ressourcen und diese importieren muß. Doch daraus kann nicht die Forderung nach möglichst hohen Überschüssen abgeleitet werden, denn diese bedeuten Defizite in anderen Ländern. Dies ist keine Basis für ausgewogene internationale Wirtschaftsbeziehungen.

Die hohen Devisenreserven der Deutschen Bundesbank stellen einen Bestand dar, der durch laufenden Finanzierungsbedarf in wenigen Jahren aufgezehrt wäre.

275. (B) , (D)

Vgl. Lösung zu Frage 274 (Gegenbuchung).

276. (A) , (E)

Unternehmen, Privatleute, Öffentliche Haushalte verfügen über (kurzfristig) freie Geldmittel, die bei gegebenen Präferenzen und Risiken kurzfristig mit maximalen Erträgen angelegt werden sollen; die multinationalen Konzerne verfügen über mehrere hundert Milliarden solcher Mittel.

Für die Anlage von Kapital im Ausland spielen dabei folgende Größen eine Rolle: Inlandszins (i), Auslandszins (i*), Devisenkassakurs (e), Devisenterminkurs (ê), Transaktionskosten (ρ). In der Regel ist der Kapitalexport (von DM) mit einem Devisentermingeschäft gekoppelt: der Anleger tauscht DM zum Devisenkassakurs (z.B. am 1.1.85) in $ (Auslandswährung) und verkauft diese zum Devisenterminkurs (per 30.3.85). Wenn der Kassakurs am 30.3.85 dem Terminkurs (am 1.1.85) entspricht, dann hat das Devisentermingeschäft für den Anleger weder Gewinne noch Verluste gebracht (sehen wir von den Transaktionskosten ab). Liegt der realisierte Kassakurs (am 30.3.85) unter dem Terminkurs (vom 1.1.85), dann muß der Anleger Verluste hinnehmen, weil seine Währung abgewertet wurde; er erhält für die $ am 30.3. weniger DM als im Terminkurs vorgesehen. Hätte er in diesem Fall jeweils zu den Kassakursen getauscht, dann hätte er diese Verluste vermeiden können; seine Spekulation ist nicht aufgegangen.

Außer den internationalen Zinsdifferenzen müssen demnach die Devisenkursentwicklungen berücksichtigt werden. Abwertungstendenzen der eigenen Währung bringen Währungsgewinne und können zum Zinsgewinn dazugeschlagen werden. Transaktionskosten hingegen schmälern diese Gewinne. Demnach lohnt sich ein Kapitalexport, wenn

$$i^* + \frac{\hat{e}_a - e_a}{e_a} - \rho > i$$

Daraus läßt sich eine Beziehung zwischen Nettokapitalexporten

(= Kapitalexport -Kapitalimport) und den inländischen Zinsen (bei gegebenen Devisenkursen, Transaktionskosten und konstantem Auslandszinsniveau) ableiten. Vernachlässigt man die Transaktionskosten ρ, dann gibt es keine zinsinduzierten Kapitalexporte und -importe, wenn

$$i^* - i + \frac{\hat{e}_a - e_a}{e_a} = 0$$

In diesem Fall gehen von den Zinsdifferenzen und Devisenkurserwartungen keine Einflüsse auf den Kapitalverkehr aus.

Diese "Entscheidungsregel" läßt sich über einen Faktor g mit den Nettokapitalexporten verbinden, z.B. in der Form

$$KEx - KIm = g\,(i^* - i + \frac{\hat{e}_a - e_a}{e_a})$$

Je höher das inländische Zinsniveau i (bei gegebenem Auslandszins und Devisenkurs), desto geringer sind die Nettokapitalexporte.

277. (B) , (D) , (E)

Vgl. Lösung zu Frage 276.

278. (A)

Die Nettokapitalexportneigung g stellt die Verhaltensweisen der Kapitalexporteure und -importeure in bezug auf den inländischen Zins dar. Gegeben sind Auslandszinsniveau und Devisenkassa- und -terminkurs. Denn in der Bestimmungsgleichung für Nettokapitalexporte

$$KEx - KIm = g\,(i^* - i + \frac{\hat{e}_a - e_a}{e_a})$$

wurde der Inlandszins i als unabhängige Variable gewählt.

Die Devisenkurserwartungen sind durch $\frac{\hat{e}_a - e_a}{e_a}$ festgelegt.

279. (A) , (B)

Die Zahlungsbilanz besteht aus der Handels-, Dienstleistungs- und Übertragungsbilanz (Leistungsbilanz, Bilanz der laufenden Posten), der Kapitalverkehrsbilanz und der Gold- und Devisenbilanz. Wenn wir die Übertragungsbilanz vernachlässigen, dann läßt sich schreiben

$$ZB = (Ex - Im^*) - (KEx - KIm).$$

Hierbei ist die Zahlungsbilanz ZB als Gold- und Devisenbilanz ausgedrückt, die Kapitalverkehrsbilanz ist ferner wegen des Gegenbuchungsprinzips von der Leistungsbilanz abgezogen. Wir definieren als ein

Leistungsbilanzgleichgewicht ZB = 0. Dann ist die Gold- und Devisenbilanz Null und Waren- und Dienstleistungsströme entsprechen genau den Kapitalströmen. (Würden wir die Übertragungsbilanz berücksichtigen, dann müßte eine Gegenbuchung bei der Gold- und Devisenbilanz vorgesehen werden). Eine solche Situation kann als Gleichgewichtssituation interpretiert werden, denn die Zuflüsse an Waren und Kapital entsprechen dann den Abflüssen, die Konten sind ausgeglichen.

280. (A) , (B) , (E)

Für die Ableitung der Kurve außenwirtschaftlichen Gleichgewichts (ZB-Funktion) setzt man in die Definitionsgleichung

$$ZB = (Ex - Im^*) - (KEx - KIm)$$

die Bestimmungsgleichungen für Export (Ex), Import (Im*) und Nettokapitalexport (KEx- KIm) ein, ferner ist im Gleichgewicht ZB = 0. Es gilt $Ex = Ex\,(Tot)$, $Im^* = Im\,(A)$, $(KEx - KIm) = f\,(i,e)$, wobei $Tot = P/P^*e$. Es gilt also

$$ZB = ZB\,(P, A, e, i),$$

das außenwirtschaftliche Gleichgewicht hängt ab vom Preisniveau, dem Gesamtangebot (Gesamtnachfrage), dem Devisenkurs und vom Zinsniveau.

281. (B) , (D)

Die Steigung der ZB-Funktion ist über den Zusammenhang von Preisniveausteigerungen und Angebotssenkungen definiert. Dieser Zusammenhang wird durch das Verhalten der Exporteure und Importeure (für Güter, Dienstleistungen und Kapital) hergestellt. Die Kausalkette lautet

$$P\uparrow \;\rightarrow\; Ex\downarrow \;\rightarrow\; (N = A)\downarrow \;\rightarrow\; Im\downarrow \;\rightarrow\; A\downarrow.$$

Der erste Teil des Zusammenhangs wird durch die Exportfunktion beschrieben; die Exporte sinken. Dadurch sinkt die Gesamtnachfrage, die inländische Wirtschaftstätigkeit sinkt, dadurch sinken die Importe und damit auch das Gesamtangebot.

282. (A) , (C) , (E)

Die Lage der ZB-Funktion wird bestimmt durch die autonomen Größen in der Export-, Import- und der Nettokapitalexportfunktion.

283. (C) , (D)

Wir gehen aus von einem Punkt P_0A_0 auf der ZB-Funktion im folgenden Diagramm.

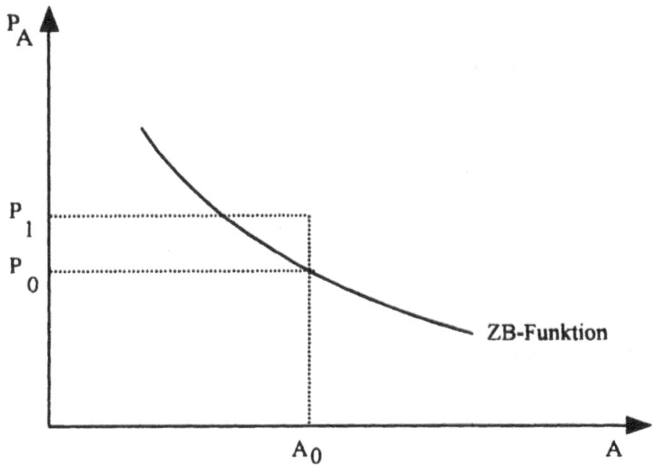

P_0A_0 ist ein Punkt außenwirtschaftlichen Gleichgewichts. P_1A_0 dagegen beschreibt eine Ungleichgewichtssituation. Die Frage lautet, ob es sich um eine Defizit- oder Überschußsituation handelt. Es gilt

(Ex - Im) > NKEx Überschuß

(Ex - Im) < NKEx Defizit

(Ex - Im) = NKEx Gleichgewicht

und analog, daß bei Δ (Ex - Im) < Δ NKEx oder Δ Ex - Δ Im < Δ NKEx ein Ungleichgewicht entsteht. Gehen wir im Diagramm von P_0A_0 aus und vergleichen mit P_1A_0, dann ist Δ Im = 0, weil sich A nicht verändert. Eine Überschußsituation entsteht also, wenn Ex < Δ NKEx.

Steigt das Preisniveau, dann sinkt Ex. Es entsteht ein Zahlungsbilanzdefizit. Dieses könnte kompensiert werden, wenn die Nettokapitalexporte stärker sinken würden. Dies hängt davon ab, ob die Inlandszinsen steigen. Steigendes Preisniveau läßt die Realkasse zurückgehen und die Zinsen steigen. Gleichzeitig wird aber wegen der sinkenden Exportnachfrage die Gesamtnachfrage zurückgehen und die Transaktionskasse sinkt, dadurch auch der Zins.

Als Gesamteffekt für den Zins ist ein gebremstes Ansteigen zu erwarten. Der Nettokapitalexport sinkt. Die Antwort auf die Frage, ob Defizit oder Überschuß hängt also davon ab, ob die Exporte stärker sinken als die Nettokapitalexporte. P_1A_0 liegt im Defizitbereich, wenn die Exporte elastisch auf Preisniveausteigerungen und die Nettokapitalexporte unelastisch auf Zinssteigerungen reagieren, ceteris paribus.

Betrachtet man die nominale Zahlungsbilanz, d.h. sind Ex, Im, KEx und KIm als nominale Größen definiert, dann schlagen die Preisniveauwirkungen auf alle Größen durch (nicht nur auf die preisniveauabhängigen Exporte) und P_1A_0 liegt im Überschußbereich.

Zusammenfassend ist demnach zu beachten, wie der Handelsbilanzsaldo (Ex - Im*) auf Preisniveauänderungen reagiert und wie die preisniveauinduzierten Zinsänderungen die Nettokapitalexporte beeinflussen. Dies soll nochmals verdeutlicht werden für eine Situation, in der die Nettokapitalexporte nicht kompensatorisch wirken können, für den Fall KEx - KIm = 0 nämlich. Dann gilt

$$ZB \overset{!}{=} Ex - Im = 0 \quad \text{oder } Ex = Im \quad \text{und mit}$$

$$Ex = Ex(P),$$

$$Im = Im(A)$$

im folgenden Diagramm:

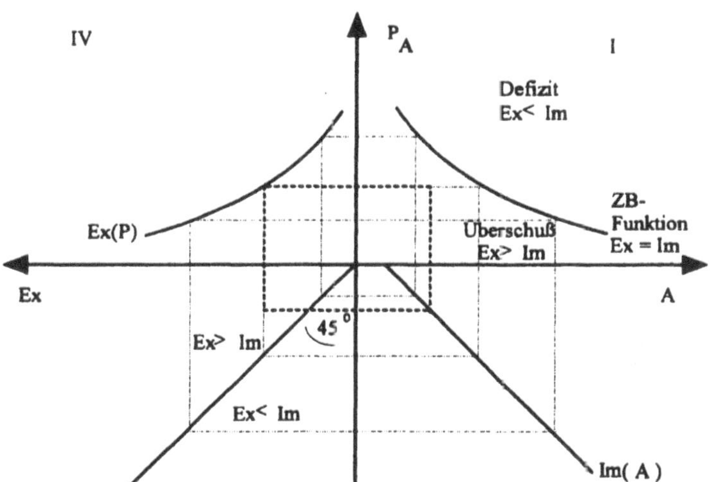

Die ZB-Funktion im I. Quadranten wird aus der Exportfunktion (in IV), der Importfunktion (in II) und der Bedingung für Zahlungsbilanzgleichgewicht (in III) abgeleitet. Geht man von einer Überschußsituation Ex > Im in III aus, dann läßt sich diese in I übertragen (gepunktete Linie).

284. (A) , (B)

Simultanes inneres und äußeres Gleichgewicht liegt im Schnittpunkt von Gesamtnachfrage-, Gesamtangebots- und ZB- funktion vor:

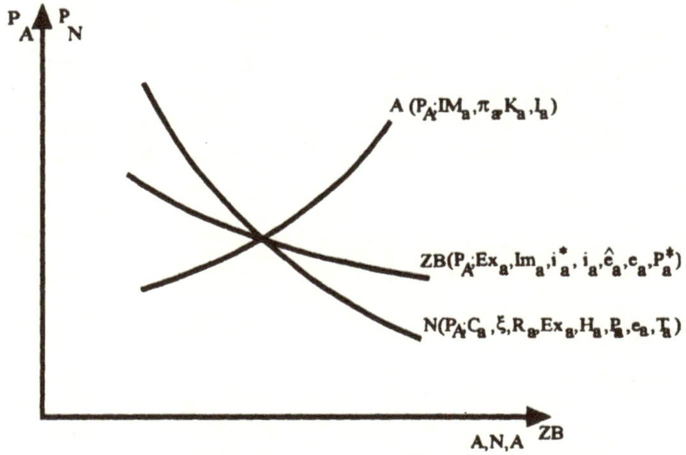

Interpretiert man die aus der Volkswirtschaftlichen Gesamtrechnung gewonnene (ex post) Identität $S + T^* + Im^* = I + R + Ex$ als (ex ante) Gleichgewichtsbedingung, dann liegt auch bei

$$S + T^* + Im^* \overset{!}{=} I + R + Ex$$

inneres und äußeres Gleichgewicht vor.

285. (A) , (D)

Zunächst eine definitorische Vorbemerkung: Devisen- und Wechselkurse stehen in einem reziproken Verhältnis zueinander. Der Devisenkurs e ist definiert als Inlandswährung je Auslandswährung (z.B. DM/$), der Wechselkurs ist 1/e.

Devisen sind ausländische Währungseinheiten, die im Inland nicht hergestellt werden können. Der Kurs bildet sich durch Devisenangebot und -nachfrage auf den Devisenmärkten. Nennen wir die Auslandswährung bzw. Devise $, dann werden auf einem deutschen Devisenmarkt (in Frankfurt a.M. z.B.) Devisen angeboten, wenn deutsche Exporteure ihre $-Erlöse oder wenn Kapitalimporteure ihre $-Anlagen in DM eintauschen (lassen). Andererseits entsteht Devisennachfrage, wenn Importeure $-Rechnungen bezahlen müssen oder Kapitalexporteure DM im Ausland anlegen wollen. Es gilt also

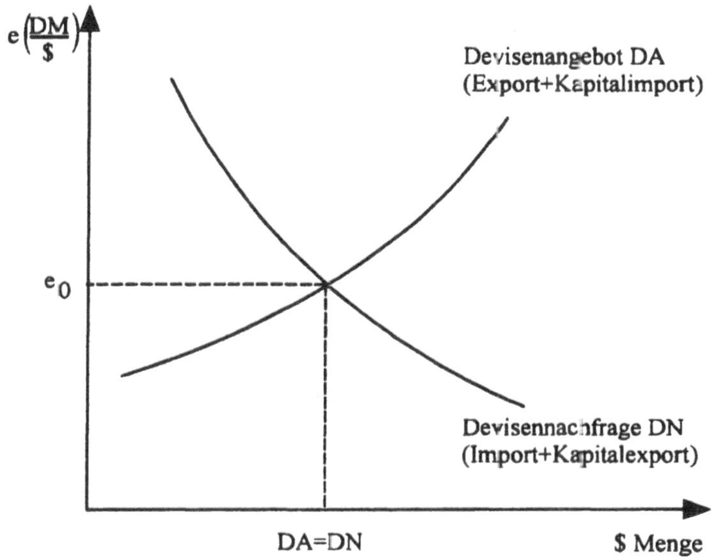

Der gleichgewichtige Devisenkurs e_0 bildet sich im Schnittpunkt von Devisenangebots- und Devisennachfragefunktion. Die Kurse müssen dabei frei nach oben und unten schwanken können. Dabei können auch Zentralbanken als Devisenanbieter oder -nachfrager auftreten.

Gleichgewichtige Wechselkurse können sich auch in einem festen Wechselkurssystem bilden, und zwar innerhalb der Bandbreite der Interventionspunkte. Interventionen der Notenbanken können die Bildung von Gleichgewichtskursen erschweren oder verhindern.

286. (A) , (D) , (E)

Vgl. Lösung zu Frage 285.

287. (B) , (D) , (E)

Vgl. Lösung zu Frage 285

288. (C) , (D)

Alle Größen, die Waren- und Kapitalexporte und -importe beeinflussen, bestimmen den Devisenkurs. Dabei geht man davon aus, daß Export und Import an Waren und Dienstleistungen sowie langfristige Kapitalbewegungen vor allem von P und AN bestimmt werden, und diese wirken in der mittleren Frist. Kurzfristige Kapitalexporte und -importe dagegen hängen vor allem von den internationalen Zinsdifferenzen (und den Devisenkursen selbst) ab. Die mittel-

und langfristigen Wirkungen des Preismiveaus (Terms of trade) und der Einkommen (AN) werden daher überlagert von kurzfristigen Bewegungen der zinsinduzierten Kapitalströme. Diese sind in den letzten Jahren immer wichtiger geworden.

289. (B), (D)

Die internationalen Kapitalströme hängen von ökonomischen Faktoren ab, wie Erwartungen über die Entwicklung von Erträgen, von den Risikoeinstellungen und von den Präferenzen der Anleger, aber sie hängen auch ab von psychologischen, politischen und sonstigen Größen, die man nicht unmittelbar als "ökonomisch" bezeichnen würde (soweit sich dies überhaupt trennen läßt). Daher stehen diese Einflußgrößen hinter allen Kapitalbewegungen, die nicht durch Waren- und/oder Dienstleistungsexporte bzw. -importe oder Zinsunterschiede induziert wurden. (Doch auch diese Kapitalströme werden häufig unter den o.g. Aspekten umgeleitet).

Dabei ist der Devisenmarkt keinesfalls ein künstliches Modellkonstrukt. Vielmehr ist dies einer der Märkte, in dem die Prinzipien der vollkommenen Konkurrenz am besten verwirklicht sind, denn die Devisenbörsen sind durch ein enges und fast lückenloses internationales Kommunikationsnetz miteinander verbunden.

290. (B), (E)

Ein Regime flexibler Devisenkurse besteht zwischen den EG-Ländern und dem Rest der Welt. (Vgl. auch Fragen 293-295). Die Devisenkurse sind nach oben und unten flexibel, sie floaten.

"Schmutziges" Floaten liegt vor, wenn Zentralbanken kurspflegend durch Devisenangebot und -nachfrage eingreifen, um zu starke Kursschwankungen zu vermeiden. Es bestehen jedoch keine oberen und unteren Grenzen für die Kursbildung.

291. (A), (D)

Die Zentralbanken sind verpflichtet, durch Devisenkäufe (-nachfrage) oder Devisenverkäufe (-angebot) einzugreifen, wenn der Devisenkurs einen Interventionspunkt erreicht hat (vgl. Diagramm). Dabei treten für eine Zentralbank die folgenden Probleme auf: Muß sie zur Kursstabilisierung Devisen aufkaufen (Kurs liegt am unteren Interventionspunkt), so wird die inländische Geldmenge erhöht, die Zinsen sinken. Dies kann konjunkturpolitisch unerwünscht sein (Boomphase); die Zentralbank muß dann durch geld- und kreditpolitische Maßnahmen neutralisieren. Ferner können die gekauften Devisen kaum sinnvoll eingesetzt werden. Die Deutsche Bundesbank verfügt heute (1993) trotz der schweren Leistungsbilanzkrise von 1980/81 über einen Devisenbestand (vor allem US-$) von ca. 100 Mrd. DM.

Muß die Zentralnotenbank Devisen verkaufen (Kurs liegt am oberen Interventionspunkt), dann stößt sie (oft) an die Grenze der Verfügbarkeit. Sie muß Währungskredite aufnehmen. Diese Politik stößt an die Grenze, die durch Kreditgeber gezogen wird. In diesem Fall wird der Kurs beim oberen Interventionspunkt liegen. Die ultima ratio liegt in einer Abwertung: Das Band wird um den Abwertungssatz verschoben.

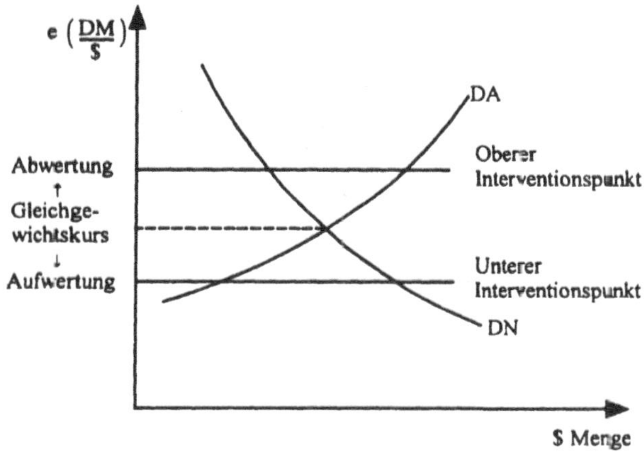

292. (B) , (D)

Erhöht die Notenbank das Devisenangebot, dann verlagert sich die DA-Funktion im Diagramm nach rechts und e sinkt. In einem System fester Wechselkurse ist die Notenbank zu dieser Maßnahme verpflichtet. Es würde nicht genügen, mit Diskonterhöhungen indirekt einzugreifen, um Kapitalimporte anzulocken, die auch Aufwertungstendenzen nach sich ziehen würden. (Im EWS - vgl. Aufgaben 294 - 295 müssen die Notenbanken eine solche Maßnahme ergreifen, wenn der Devisenkurs 75 % vom mittleren Kurs abweicht).

293. (A) , (D)

Das Wechselkurssystem ist entscheidend für die Übertragung der Inflation von einem Land ins andere. Dabei ist zu unterscheiden zwischen Nachfrageinflation (durch Exportüberschuß) und Angebotsinflation (über den internationalen Preiszusammenhang).

Die Nachfrageinflation kann durch freie Wechselkurse weitgehend ausgeschaltet werden: Exportüberschüsse lösen eine Aufwertung aus, diese verteuert Exporte und verbilligt Importe bis zum Ausgleich.

Der direkte Preiszusammenhang hingegen kann nicht ausgeschaltet werden: die Inflationsimpulse aus dem Ausland schlagen auf das Inland durch.

Die Praxis zeigt, daß über lange Perioden hinweg die Interventionen der Notenbanken auf den Devisenmärkten vermeidbar sind und die flexiblen Kurse ihre Ausgleichsfunktion erfüllen können.

294. (B), (D)

Nach dem endgültigen Zusammenbruch des Wechselkurssystems von Bretton Woods gründeten einige europäische Länder 1973 die Europäische Währungsschlange, innerhalb derer die Devisenkurse dieser Länder fest verbunden waren, gegenüber Drittländern aber frei schwankten. Daraus entwickelte sich im März 1979 das Europäische Währungssystem, dem die Länder der EG angehören (mit Ausnahme Griechenlands).

Im Zentrum steht das ECU (European Currency Unit), der jeweils 2.25 % nach oben und unten schwanken darf. Die Zentralbanken der betroffenen Länder intervenieren bei Kursabweichungen. Die Finanzierung erfolgt über ein (praktisch unbegrenztes) Kreditliniensystem. Bei fundamentalen Ungleichgewichten können Auf- bzw. Abwertungen der betroffenen Währungen vorgenommen werden.

Der ECU wird errechnet aus der Summe der mit ihren Gewichten multiplizierten Paritäten der Währungen der einzelnen Länder vom März 1979 (Paritätengitter). Die Gewichte richten sich nach der Wirtschaftskraft (Sozialprodukt), dem Außenhandelsanteil und der Gold- und Deviseneinlage beim EFWZ (vgl. Aufgabe 295) der einzelnen Länder.

$$ECU = g_{BR} \frac{DM}{ECU} + g_F \frac{FF}{ECU} + \dots + g_{NL} \frac{HFL}{ECU}$$

Aus der Gleichung wird die komplizierte Berechnung deutlich: der ECU hängt selbst wieder vom ECU ab.

295.

a) (B) Erhöhung des Diskontsatzes

b)

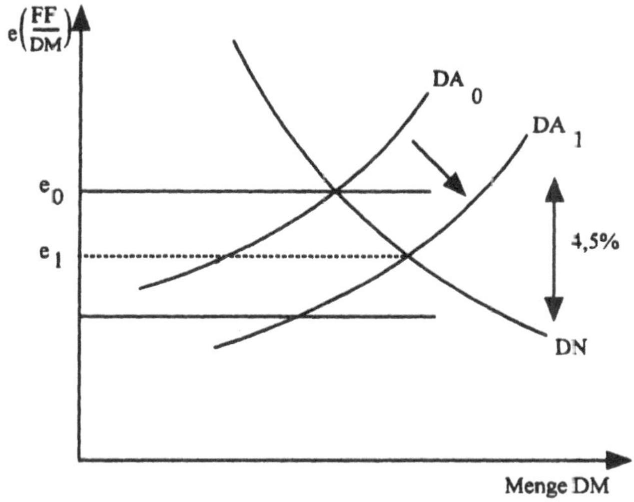

c)

Verkauf von DM verlagert die Devisenangebotsfunktion nach rechts (von DA_0 nach DA_1), der Kurs sinkt vom e_0 auf e_1 (Aufwertung des FF).

d)

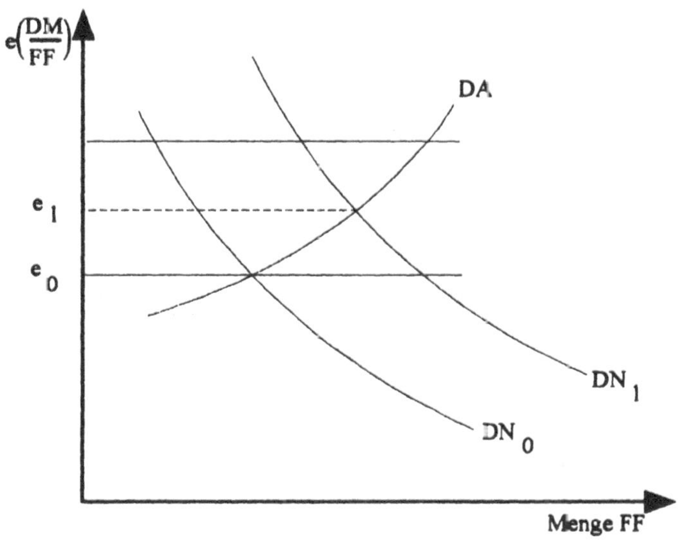

Kauf von FF durch die Deutsche Bundesbank verlagert die Devisennachfragefunktion nach rechts (von DN_0 nach DN_1), der Kurs steigt von e_0 nach e_1 (Abwertung der DM).

Jede Notenbank der Mitgliedsländer des EWS besitzt über den Europäischen Fonds für Währungspolitische Zusammenarbiet (EFWZ) ausreichende kurz- und mittelfristige Kreditlinien für ihre Interventionen. Die Salden der Ziehungen werden periodisch verrechnet. Der EFWZ besitzt als Basis seiner Kreditschöpfung Gold- und Deviseneinlagen der Mitgliedsländer.

Zum Geldmengen- Preismechanismus vgl. Aufg. 297.

296. (B), (C) , (E)

Der Einkommensmechanismus beschreibt den Ausgleich der Zahlungsbilanz durch eine Variation des Einkommens, es gilt, daß in

$$ZB = ZB\,(P,e,AN,i)$$

P, e und i festgesetzt werden; die Anpassungslast wird von AN (dem Sozialprodukt) getragen.

Man geht bei der Analyse des Einkommensmechanismus aus von einer ausgeglichenen Zahlungsbilanz und einem Zwei-Länderfall. Die Störung kann durch eine Erhöhung der autonomen Exporte im Land 1 erfolgen. Das Sozialprodukt (Y_1) im Land 1 steigt.

$$Y_1 = C_1 + I_1 + R_1 + Ex_1 - Im_1.$$

Im Zwei-Länderfall gilt aber

$$Ex_1 = Im_2,$$

$$Ex_2 = Im_1.$$

Daher sinkt Y_2:

$$Y_2 = C_2 + I_2 + R_2 + Ex_2 - Im_2.$$

Der Prozeß läuft nun so, daß Y_1 und Y_2 sich wieder an ein neues, höheres Sozialprodukt annähern, das näher am außenwirtschaftlichen Gleichgewicht liegt als unmittelbar nach der Störung. (Dem Einkommensmechanismus gelingt nicht die gesamte Anpassung). Der Prozeß läuft über die beiden Verhaltensgleichungen

$Im_1 = Im_1\,(Y_1)$ und

$Im_2 = Im_2\,(Y_2)$ ab, die auch als

$Ex_2 = Ex_2\,(Y_1)$ und

$Ex_1 = Ex_1\,(Y_2)$

geschrieben werden können.

Steigt also - wie oben beschrieben - Y_1 wegen Ex_a, dann steigt wegen $Ex_2(Y_1)$ auch der Export des Landes 2 und dessen Einkommensrückgang wird zu einer Steigerung.

$$Ex_a\uparrow \;\longrightarrow\; Y_1\uparrow \;\longrightarrow\; (Im_1 = Ex_2)\uparrow$$
$$Y_1\uparrow \;\longleftarrow\; (Ex_1 = Im_2)\uparrow \;\longleftarrow\; Y_2\uparrow$$
$$(Im_1 = Ex_2)\uparrow \;\longrightarrow\; \ldots\ldots\ldots\ldots$$

Dieser Mechanismus ist wegen der Präsmissen P= konstandt, AN = variabel keynesianisch.

297. (A), (D) , (E)

Der Geldmengen-Preis-Mechanismus beschreibt den Ausgleich der Zahlungsbilanz durch eine Variation des Preisniveaus; dieses wird von der Geldmenge bestimmt. Es gilt, daß in

$$ZB = ZB\,(P, e, AN, i)$$

e, AN und i festgesetzt werden (AN ist das Volkseinkommen bei Vollbeschäftigung), die Anpassungslast wird von P getragen.

Die Störung des Zahlungsbilanzgleichgewichts erfolge wieder durch eine Erhöhung der autonomen Exporte. Daraufhin steigt das Devisenangebot im Inland, die Geldmenge steigt und erhöht das Preisniveau. Dies senkt die Exporte und die Zahlungsbilanz kommt wieder (durch diese Anpassungsinflation) zum Gleichgewicht.

Dieser Mechanismus ist wegen der Prämissen AN= konstant, P = variabel "neoklassisch".

298. (B) , (D)

Der Zinsmechanismus beschreibt den Ausgleich der Zahlungsbilanz durch eine Variation der Zinsen. Es gilt, daß in

$$ZB = ZB\,(P, e, AN, I)$$

e und AN festgesetzt werden; die Anpassungslast wird von i getragen, das P unterstützt. Zur Störung des Zahlungsbilanzgleichgewichts erfolge eine Erhöhung der autonomen Exporte. Diese verlagern die Gesamtnachfragefunktion im P-AN-Diagramm nach rechts, das Preisniveau steigt. Dadurch sinkt die reale Geldmenge M_a/P, die Zinsen steigen und locken Kapitalimporte an, welche die Zahlungsbilanz verbessern.

Der Zinsmechanismus wirkt auch bei variablem AN. Dann steigt aber P nicht so stark und die dadurch induzierten Zinserhöhungen fallen niedriger aus.

299.

Anpassungs-mechanismus	P	AN	i	e	voll-ständig
Wechselkurs-mechanismus	var.	var.	var.	var.	x
Einkommens-mechanismus	konst.	var.	konst.	konst.	
Geldmengen-Preis-Mechanismus	var.	konst.	konst.	konst.	x
Zins-mechanismus	var.	konst.	var.	konst.	

Vgl. Lösungen zu den Fragen 288-293 sowie 296-298.

300. (B), (C) , (E)

Emminger befürchtet die inflationstreibenden Wirkungen eine Abwertung auf die Importe. Daher muß eine Abwertung der DM verhindert werden.

Zinssenkungen im Inland stimulieren wohl die Binnennachfrage, aber sie treiben die Inflationsrate hoch (die Exporte sinken) und regen Kapitalexporte an. Beides wirkt defizitär auf die Zahlungsbilanz und erhöht den Devisenkurs (Abwertung). Um diese Abwertung zu vermeiden, soll eine "harte Geldpolitik" die Inlandszinsen hochhalten. Für diese Politik können zwei Beweggründe Dr. Emmingers sprechen: Entweder er hat die internationale Reserverolle der DM im Auge und sieht es als eine wichtige Verpflichtung der Bundesbank an, das Vertrauen in die DM nicht durch eine Abwertung zu erschüttern. Oder er schätzt die Wirkungen einer DM-Abwertung auf die Handeslbilanz pessimistisch ein: Eine Abwertung verteuert mit Sicherheit die $-fakturierten Importe; die abwertungsbedingte Stimulierung der Exporte ist weniger sicher, sie hängt davon ab, ob die Elastizität der Exportnachfrage hoch ist.

301. (A), (C) , (E)

Vgl. Lösung zu Frage 300.

302. (A), (B)

Die Funktion kann im folgenden Diagramm dargestellt werden:

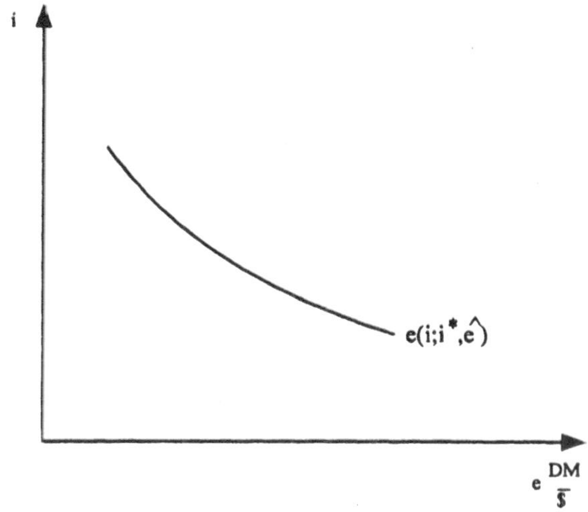

Steigender Inlandszins i führt zu Kapitalimporten, die Zahlungsbilanz verbessert sich (Überschuß). Durch das vermehrte Devisenangebot sinkt der Devisenkurs (Aufwertung). Steigt der Auslandszins i*, dann werden die Kapitalimporte gebremst und der Aufwertungseffekt fällt geringer aus. Dies gilt ebenso für steigenden Devisenterminkurs, die Funktion verlagert sich nach rechts. Die damit verbundenen Abwertungserwartungen bremsen den Kapitalimport und sorgen eher für mehr Kapitalexport.

303.

a)

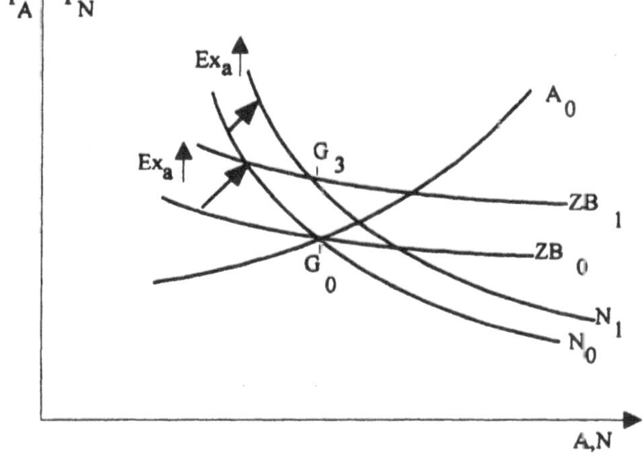

Die Verlagerung der Nachfragefunktion ist geringer als die der ZB-Funktion,

weil $\frac{1}{m^*} > \varepsilon$

b) (B)

c)

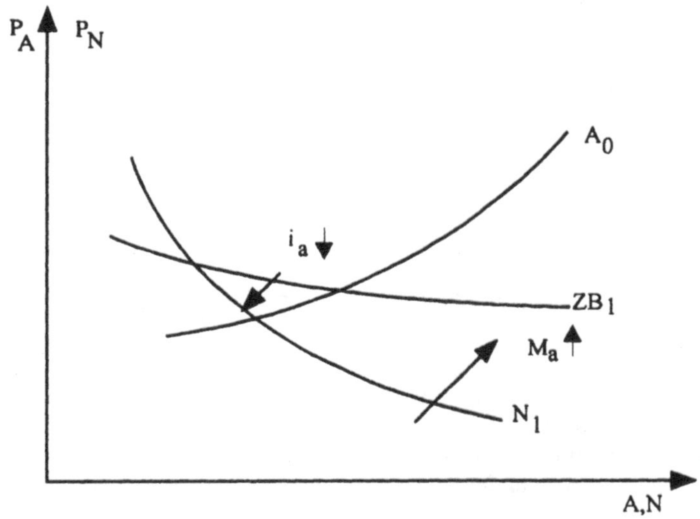

Eine expansive Geldmengenpolitik ($M_a \uparrow$) müßte die Gesamtnachfragefunktion nach rechts verlagern. Dadurch sinken aber die internen Zinsen, welche die ZB-Funktion nach links verlagern.

Prinzipiell läßt sich externes und internes Gleichgewicht herstellen über eine Inflations- und eine Deflationspolitik: Mit der Inflationspolitik verlagert sich die Angebotsfunktion (Nachfragefunktion) nach links (rechts). Bei der Linksverlagerung der Angebotsfunktion wird auch das Sozialprodukt schrumpfen, und dies bei Inflation. Diese Strategie ist daher praktisch ungeeignet.

Ein weiteres Problem besteht darin, daß die Veränderung einiger Parameter sowohl die Nachfrage als auch die ZB-Funktion beeinflußt. In den folgenden Aufgaben wird dargestellt, wie Geld-, Fiskal- und Einkommenspolitik jeweils das interne und externe Gleichgewicht beeinflußt.

d) (B), (D), (E)

e) (C), (E), (J) (P)

304.

a)

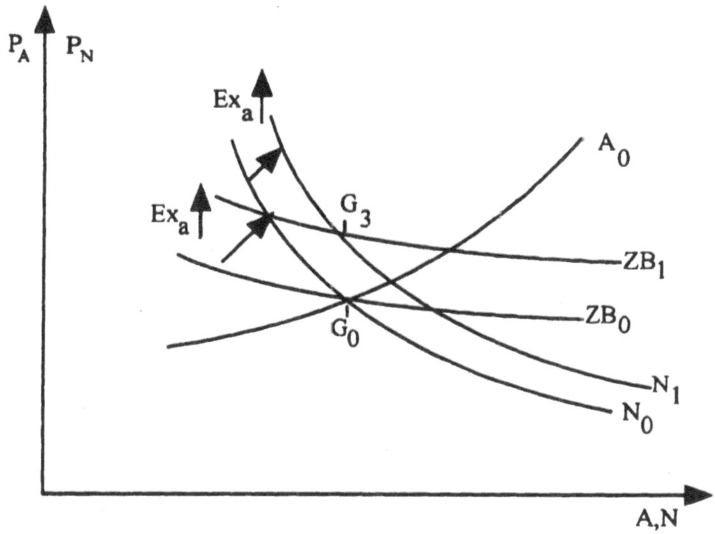

Die Verlagerung der Nachfragefunktion ist geringer als die der ZB-Funktion,

weil ${\frac{1}{m^*}}^{*} > \varepsilon$

b) (B)

c)

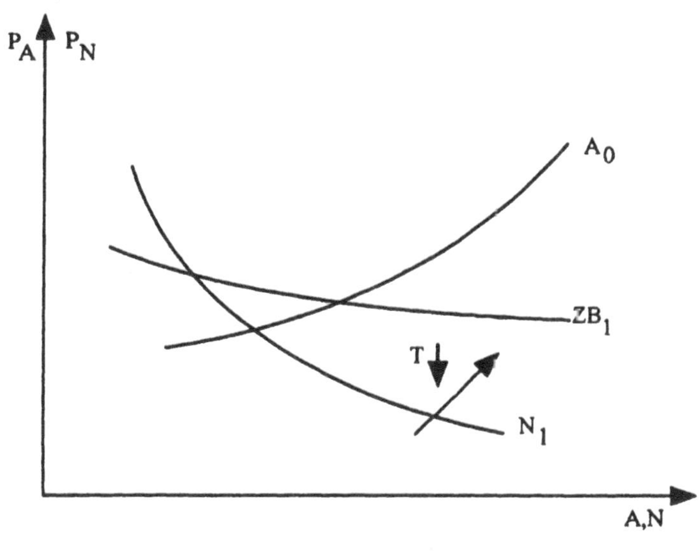

Eine expansive Finanzpolitik wirkt nach "neoklassischen Prämissen gar nicht.

Nach keynesianischen Prämissen könnte die Gesamtnachfragefunktion nach rechts verschoben werden. Dabei sollte an Maßnahmen (Parametern) angesetzt werden, die nicht in der ZB-Funktion erscheinen bzw. diese nur unwesentlich verändern. Eine Staatsausgabenerhöhung bzw. Steuersenkung entspricht dieser Forderung. Von ersterer sind Zinssteigerungen zu erwarten, die die Zahlungsbilanz verbessern.

Man wird davon ausgehen können, daß die Zinswirkungen der Finanzpolitik schwach sein werden.

d) (A) , (E)

e) (C) , (E) , (K) , (P)

305.

a)

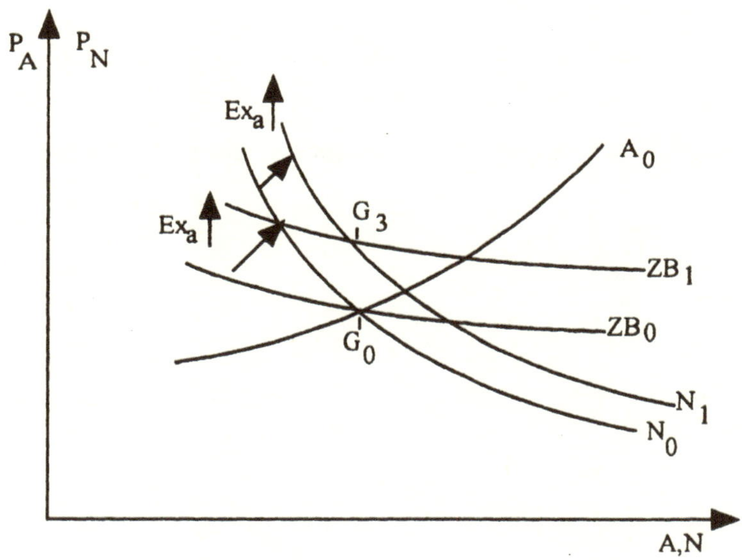

Die Verlagerung der Nachfragefunktion ist geringer als die der ZB-Funktion,

weil $\frac{1}{m^{*}}{}^{*} > \varepsilon$

b) (B)

c)

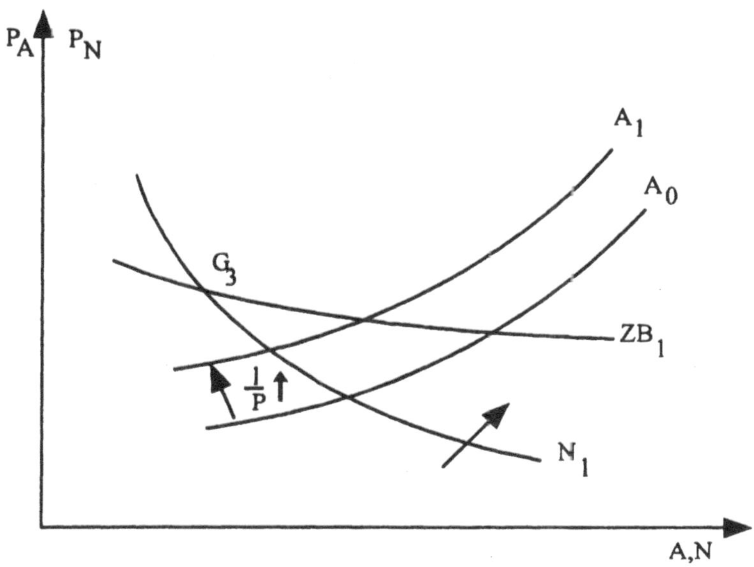

Nun paßt sich die Gesamtangebotsfunktion durch Linksverlagerung an, indem die Geldlöhne steigen. (Die Angebotsfunktion muß bei vollständiger Anpassung N_1 <u>und</u> ZB_1 schneiden). Der Kaufkrafteffekt steigender Geldlöhne kann bewirken, daß sich die Nachfragefunktion nach rechts verlagert und die Anpassung erleichtert.

d) (B) , (D)

e) (B) , (E) , (K) , (N)

306. (D) , (E)

Eine Abwertung würde alle drei Funktionen nach links verlagern und der Gesamteffekt ist nicht eindeutig. Entscheidend ist, wie die Abwertung die Exporte stimuliert bzw. die Importe behindert. Dies hängt von den Elastizitäten der Exportnachfrage und des Importangebots ab.

Die wirkungsvollere Wechselkurspolitik bestünde in einer Freigabe der Kurse (flexibles Wechselkursregime). Der Wechselkursmechanismus könnte dann für einen (fast) vollkommenen Ausgleich sorgen.

307. (A) , (D)

Die Fragen und Antworten dieses Repetitoriums über die Außenwirtschaft beziehen sich ausschließlich auf die monetäre Theorie und die Frage, wie sich Zahlungsbilanzgleichgewichte und -ungleichgewichte auf andere makroökonomische Größen auswirken und durch welche Mechanismen

Ungleichgewichte ausgeglichen werden (können). Damit liegt die monetäre Theorie näher an der Wirklichkeit.

Die reine Theorie hingegen ist zum Teil außerordentlich abstrakt und arbeitet mit dem Instrumentarium der Mikroökonomik und der Wohlfahrtstheorie, fast ausschließlich in statistischen Modellen, Geld spielt keine Rolle.

Im vorliegenden Text wurden mit den Terms of trade und Export- und Importelastizitäten Größen angesprochen, die im Mittelpunkt der Analyse der reine Theorie stehen.

Korrekturen

AUFGABEN

5. (S. 3) Der *Indikator* des Wirtschaftswachstums ist definiert als...
8. (S. 4) **B:** ... für die Messung *der Änderung* des ...
11. (S. 4) **D:** Gewerkschaften und *Arbeitgeber*verbände
15. (S. 5) **A:** ... wird, *indem man nur Teile des Ganzen betrachtet.*
54. (S. 17) Σ - Zeichen ist oben durch „n",unten „t=1" zu ergänzen.
72. (S. 22) In der Tabelle ist „Ex" durch „Ex_a" zu ersetzen.
77. (S. 24) Folgende Werte sind zu ergänzen:
autonome Größen: $C_a = 50$; $T_a = 300$; $\xi = 0{,}1$; $i_a = 0{,}0525$; $R_a = 300$; $Ex_a = 30$; $P_a^* = 1.2$; $e_a = 2.5$; $P_a = 1$
Verhaltensparameter: c = 0,7; b = 4000; d = 180
81. (S. 27) **A:** N = 3570
88. (S. 30) **A:** $M_1 = 1 + 3$
93. (S. 31)

Das Schaubild ist zu ergänzen

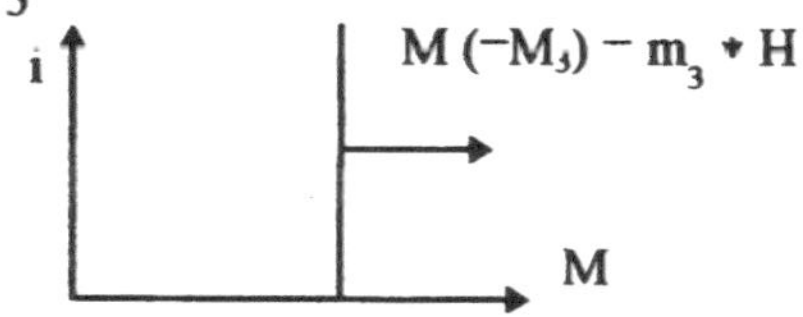

99. (S. 33) Das Monatsgehalt beträgt *3000 DM* und nicht 6000 DM.
109. (S. 36) **(4)** $L_T = kNP$
112. (S. 38) **E:** das Überangebot an Geld zu steigenden Kursen und steigenden Zinsen führt.
119. (S. 40) **E:** $N = \varepsilon\,(b\xi - C_a - b\delta) + \varepsilon\, b/a\, M_a\, l/P$

195. (S. 70) a) $\Delta l/P$ und ΔB_s ist durch l/P und B_s zu ersetzen.
200. (S. 75) e) Es ist ein **l/P_A - B_s,B_d** - und ein **l/P_A - P_A - Schaubild** zu ergänzen (siehe Lösung).
212. (S. 80) **E:** $A = (x\alpha\pi_a)^{1/1-\alpha}\left(\gamma_a K_a^{*}\right)^{\beta/1-\alpha}(P_A)^{\alpha/1-\alpha}(l_a)^{-\alpha/1-\alpha} + Q\left(1 - 1/(\pi_a P_A)\right)$
250. (S. 102) d) *Totales* Crowding - out muß in jedem Fall ...
251. (S. 103) c) **o C**: $COE = N_2 - N_1$
261. (S. 108) a) Im Schaubild ist "i" durch "u" zu ersetzen.

LÖSUNGEN

33. (S. 145)

	C_a	c	Av
(1) Realeinkommen			X
(2) Arbeitslosigkeit		(X)	X
(3) Kurzarbeit		(X)	X
(4) Staatlicher Sozialtransfer			X
(5) Lohnpause			X
(6) Sättigungsgrad		X	
(7) Sparneigung		X	
(8) Konsumkredite	X		
(9) Darlehensverlängerung	X		
(10) Weltpolitische Spannungen		X	
(11) Wirtschaftliche Aussichten		X	
(12) Vorsichtssparen		X	
(13) Konsumklima		X	
(14) Pessimistische Stimmung		X	
(15) Lohnsteuer			X
(16) Bevölkerungsentwicklung	X		

54. (S. 157) **(B)** , **(E)**

Geht man der Einfachheit halber von n = 1 aus, so läßt sich

$K_{I0} \langle \sum_{t=1}^{n} \frac{G_t}{(1+i)^t}$ umformen zu $i \langle \frac{G - K_{I0}}{K_{I0}}$ Da laut Definition gilt:

$K_{I0} = \sum_{t=1}^{n} \frac{G_t}{(1+\xi)^t}$ erhält man analog $\xi = \frac{G - K_{I0}}{K_{I0}}$ Aus der

Gleichsetzung ergibt sich: $\xi = \frac{G - K_{I0}}{K_{I0}} > i$, also $\xi > i$ oder $(\xi - i) > 0$

72. (S. 164) In der Tabelle ist „Ex" durch „Ex_a" zu ersetzen.

85. (S. 171)

Die Achsenbezeichnung ist zu vertauschen

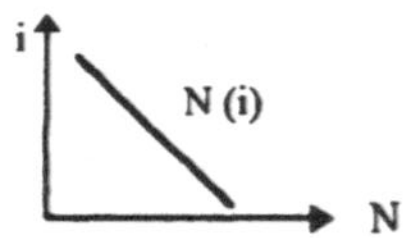

106. (S. 180) Nur Lösungsmöglichkeit **(A)** ist richtig.

109. (S. 182) **(4)** $L_T = kNP$

168. (S. 214) Nur die Lösungen **(C) und (E)** sind richtig.

178. (S. 219) b) Die „93" ist durch „57" zu ersetzen.

192. (S. 225)

Folgende graphische Lösung ist richtig:

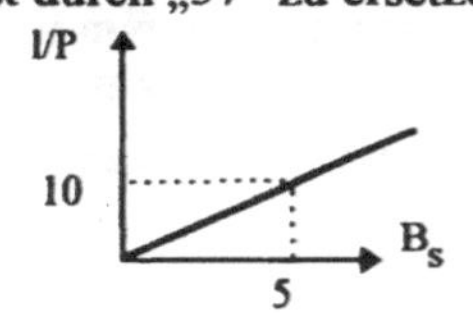

195. (S. 226) Nur Lösungsmöglichkeiten **(B) und (E)** sind richtig

201. (S. 230) Die Lösungen **(A) und (E)** sind richtig.

205. (S. 232) Im rechten unteren Schaubild muß die *Kurvenbezeichnung Q(B)* ergänzt werden.

216. (S. 240) a) Nur Lösungsmöglichkeit **(C)** ist richtig.

230. (S. 248)

Neue Grafik im u-AN Format

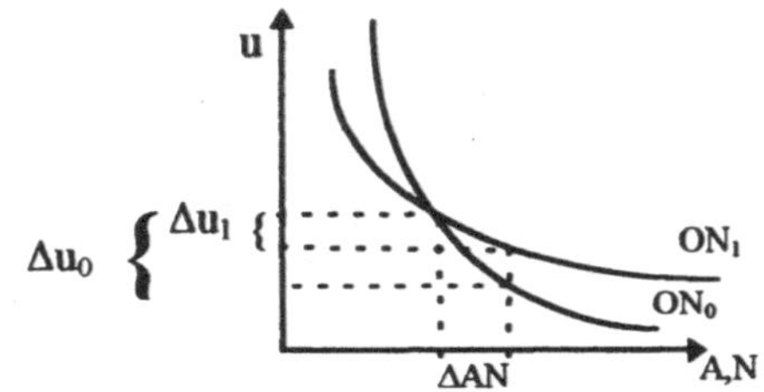

237. (S. 252) Nur die Lösung **(C)** ist richtig.

247. (S. 262) **(A)** , **(C)** , **(E)** *Die Antwort (C) ist hier richtig, zum Zitat selber aber einige Anmerkungen:*

Dem Text ist nur durch einen Vergleich beizukommen. Unausgesprochen steht dahinter, daß sinkende Zinsen besser die Gesamtnachfrage oder die Beschäftigung stimulieren als "jedes" Konjunkturprogramm. Die Textaussage ist in dieser allgemeinen Form nicht haltbar. Das Zitat bezieht sich auf eine Situation, in der ...

248. (S. 262) c) Nur die Lösungen **(A) und (E)** sind richtig

249. (S. 267) b) letzte Zeile:...G'_0 und G_2 liegt. c) Nur Lösung **(D)**

250. (S. 268) c) Die Lösungen **(A), (B) und (D)** sind richtig

d) Nur die Lösungen **(C), (D) und (E)** sind richtig.

251. (S. 270) d) siehe auch Lösung für Aufgabe 105

253. (S. 272) c) Die Lösungen **(A), (B) und (E)** sind richtig.

[Wegen N = N gilt auch (A) und (B).]

266. (S. 279) Die Tabelle ist überflüssig

www.ingramcontent.com/pod-product-compliance
Lightning Source LLC
LaVergne TN
LVHW091726021026
849161LV00003BB/329